Désamorcer les conflits relationnels par l'Analyse Transactionnelle

Groupe Eyrolles
61, bd Saint-Germain
75240 Paris Cedex 05

www.editions-eyrolles.com

Ce titre a fait l'objet d'un relookage à l'occasion de son deuxième tirage
(nouvelle maquette intérieure et nouvelle couverture).
Le texte reste inchangé par rapport au tirage précédent.

Jean-Yves FOURNIER

Désamorcer les conflits relationnels par l'Analyse Transactionnelle

Troisième édition

Deuxième tirage 2016

EYROLLES

SOMMAIRE

Première partie
Le recours à l'analyse transactionnelle

Deuxième partie
Bien gérer les relations

Troisième partie
Découvrir son interlocuteur

AVANT-PROPOS

La jeune élève au professeur :
*« Ne pouvant me fier à mon raisonnement,
j'ai appris par cœur tous les résultats possibles
de toutes les multiplications possibles. »*
IONESCO, *La leçon*

Il n'est pas toujours facile de trouver les mots qu'il faudrait… Face à un interlocuteur inconnu, à quelqu'un qui vous déroute, il est souvent difficile, après les banalités d'usage, de converser de façon authentique et intelligente.

Face à une agression verbale ou à une complicité déplaisante, il n'est pas toujours possible d'envoyer promener l'interlocuteur, ne serait-ce que parce qu'il a sur vous un pouvoir hiérarchique. Et il est fort désagréable de devoir plier devant lui…

On adopte alors un comportement qu'après-coup on juge soi-même stupide, faute d'avoir trouvé sur le champ la bonne réponse. C'est seulement après qu'on se dit : « J'aurais dû répondre ceci… » Mais il est trop tard. « La prochaine fois, je lui répliquerai cela… » Et la prochaine fois, on a tout oublié. Ou la situation n'est pas tout à fait la même. Et tout recommence.

Comment faire alors pour avoir en tête toute une panoplie de réponses adéquates ? Apprendre, tel l'héroïne de Ionesco, toutes les réparties possibles à toutes les conversations possibles ? Impossible, bien évidemment.

Mais s'il est impossible d'apprendre tous les résultats possibles de toutes les multiplications possibles, il est cependant facile de résoudre toute espèce de multiplication grâce à la seule table de multiplication. Tel est précisément l'objectif de cet ouvrage : proposer une méthode permettant de répondre efficacement à toute espèce de situation relationnelle.

Il ne s'agit donc pas dans ce livre de vagues et généreux préceptes ou de recettes dispensées çà et là. Non seulement les exemples y foisonnent, mais surtout ils font l'objet d'une classification rigoureuse et méthodique, présentés systématiquement en référence à une théorie qui a fait ses preuves, l'Analyse Transactionnelle, ici extrêmement approfondie dans son application à la communication.

L'Analyse Transactionnelle n'est pas une théorie complexe, comme le désirait d'ailleurs son fondateur E. Berne qui la voulait à la portée de tous. Elle est ici présentée graduellement : chaque début de chapitre en expose un élément ; viennent ensuite les applications pratiques pour que le lecteur puisse, par la suite et dans tous les cas, trouver les mots justes ou la bonne réponse, sans heurts ni pleurs ou selon une expression souvent employée : ni hérisson, ni paillasson.

Ce livre par ailleurs apportera au lecteur bien d'autres éclairages :
- *comment prendre soi-même l'initiative d'une relation positive avec son entourage ;*
- *comment discerner à quel type d'interlocuteur on a affaire et quel canal de communication adopter pour avoir la meilleure relation avec lui ;*
- *comment désamorcer un conflit naissant et déjouer une agression verbale ;*
- *comment se faire respecter de ceux qui vous traitent de haut et échapper à ceux « qui ne veulent que votre bien ».*

Et pour ce faire, le lecteur trouvera des éléments explicatifs de psychosociologie :
- *pourquoi certaines personnes communiquent-elles si mal et se font-elles si mal comprendre ou accepter ?*
- *pourquoi certaines autres passent-elles leur temps à agresser ou à vouloir dominer leur entourage ?*
- *pourquoi d'autres ont une telle facilité de relation, ces autres dont vous ferez bientôt partie…*

Ce livre, enfin, donnera la clé qui permet d'établir avec autrui une communication authentique, condition essentielle à un véritable épanouissement intellectuel, affectif et social.

INTRODUCTION

Ce qui a donné naissance à cet ouvrage est une constatation faite dans nombre d'enquêtes sociologiques : 80 % des personnes doivent subir sur leur lieu de travail ou au détour de leur vie quotidienne de petites agressions de la part de leurs collègues et surtout de leurs supérieurs hiérarchiques[1]. Des petites agressions, certes, mais qui, telles les vagues sur la falaise, entament peu à peu toute joie de vivre, amoindrissent les potentialités psychiques et peuvent même finir par ruiner la santé.

▨ Les petites agressions quotidiennes

La plupart des individus se trouvent directement en situation de subordonnés (employés, salariés, étudiants, etc.) ; quant aux autres, même s'ils exercent quelque fonction d'autorité, ils sont également les subordonnés de quelqu'un d'autre. Lorsqu'on les interroge sur la communication, on s'aperçoit que leur problème majeur est de devoir subir les réflexions désagréables de leurs collègues et surtout de leurs supérieurs et de ne pas savoir comment réagir sans risquer de perdre leur place tout en conservant leur dignité :

> ▶ *ou bien ils se taisent, perdent toute considération pour eux-mêmes et c'est la porte ouverte à la déprime et à la maladie ;*

---

1. Petites… ou très sévères, comme en témoigne l'ouvrage de M.-F. HIRIGOYEN, *Le harcèlement moral.*

> *ou bien ils se rebellent en risquant d'avoir de grosses difficultés professionnelles.*

En bref, le problème est d'arriver à être « ni paillasson, ni hérisson » et de préserver son intégrité personnelle.

Le paradis des petits chefs

Dans nos pays occidentaux, si la conquête de la démocratie politique est acquise, celle de la démocratie aux niveaux les plus quotidiens reste à faire. Lorsque dans une administration, une entreprise, une institution, une personne est désignée à un poste de responsabilité, c'est par des instances supérieures. Elle doit rendre des comptes à ces instances supérieures et à elles seules. D'où bien souvent une sorte de désinvolture, voire de mépris pour le subalterne, non pas forcément par méchanceté mais parce qu'il est encore bien porté, dans notre société, d'être un chef autoritaire dont on ne discute pas les ordres et qui, comme on dit, « sait se faire respecter ».
D'où une sorte de paradis des petits chefs, des tyrans en tout genre, des dictateurs en herbe qui finissent à long terme par détruire tout climat positif de travail, toute communication efficace et mènent à la ruine leur propre entreprise.
Pour eux, l'autorité ne se partage pas. Ce qui les autorise à toutes sortes d'abus sur les personnes de leurs employés.

Le droit au respect et à la dignité

Ce droit fondamental reste souvent encore à conquérir.
Certains pensent même que cette conquête sera la grande affaire du XXIe siècle. Être traité comme une personne à part entière, avec respect et considération, est essentiel à la survie de l'individu : qui se laisse perpétuellement critiquer sans rien dire met sa santé en danger, qui au contraire réagit violemment met sa situation professionnelle en péril.
C'est pourquoi nous proposons ici une conquête en douceur par la maîtrise de la communication.

Communiquer peut-il s'apprendre ?

Il y a des lourds préjugés dans notre société. Il est courant d'entendre par exemple que certaines choses ne s'apprennent pas : on posséderait certaines qualités ou non, on serait doué ou on ne le serait pas. Certes, grâce à leur environnement culturel, leurs modèles parentaux, certaines personnes peuvent avoir des facilités ou des prédispositions à la relation à l'autre – tout comme la bosse des maths. Mais de là à penser, comme certains, que tout est affaire de don, c'est un préjugé qui a été dénoncé de longue date et **nous pouvons affirmer au contraire que tout travail visant à améliorer la communication améliorera effectivement la capacité à communiquer.**
Pour travailler à l'amélioration de la communication, il faut un outil d'analyse logique. Sinon tout semble fait d'impondérables, de recettes inapplicables ou de pieuses exhortations. Nous travaillerons donc dans ce livre à l'amélioration de la communication, grâce à un outil bien rodé : l'Analyse Transactionnelle.

Utiliser l'Analyse Transactionnelle pour mieux communiquer

L'Analyse Transactionnelle (en abrégé A.T.) a été créée vers 1950 par Éric BERNE, psychiatre et psychanalyste. Insatisfait par la psychanalyse freudienne qui employait un vocabulaire compliqué, il voulut offrir une théorie sur la personnalité et les relations humaines facile à comprendre, avec un vocabulaire simple.
BERNE avait remarqué que c'est surtout dans les contacts avec les autres que se révèlent les problèmes d'une personne mal dans sa peau. Cela se traduit par des difficultés de communication.
Chaque échange (en particulier verbal) entre deux ou plusieurs personnes peut être considéré comme une TRANSACTION (du latin *transigere* : faire passer au travers, fig. : traiter). *On l'appelle « transaction » parce que chacune des deux parties en présence y gagne quelque chose, c'est la raison pour laquelle elles s'y livrent* (BERNE).

L'Analyse Transactionnelle étudie particulièrement les transactions favorites d'une personne pour mieux analyser sa personnalité. Si elle suit une psychothérapie, celle-ci pourra changer peu à peu son style de transactions avec les autres afin de se construire une vie plus agréable. Ainsi, la thérapie transactionnelle se centre-t-elle sur la communication parce que :

- *celle-ci est révélatrice des troubles d'une personne ;*
- *c'est en changeant le mode de communication qu'on est amené à guérir ces troubles.*

L'A.T. symbolise la communication entre individus par des diagrammes comme celui-ci :

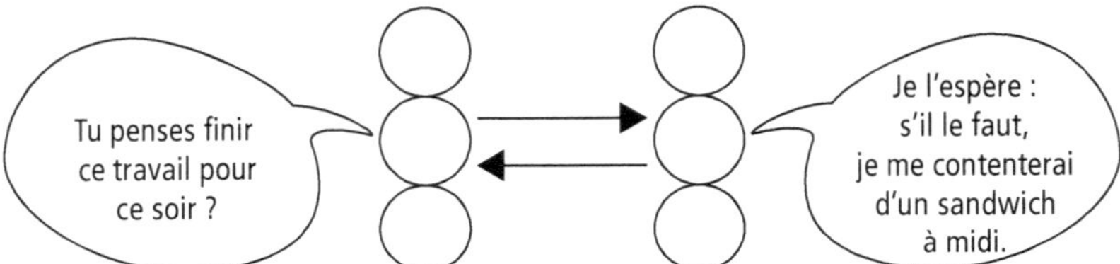

Les flèches sont parallèles : la communication est bonne.

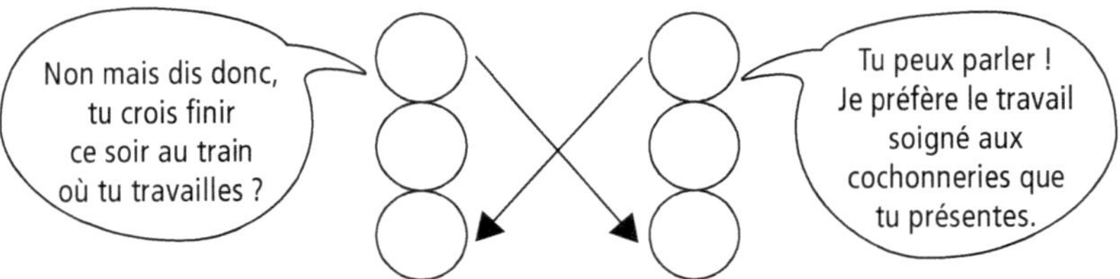

Les flèches sont croisées : la communication est conflictuelle.

Ces diagrammes illustrent ce que E. BERNE appelle des TRANSACTIONS et ce sont leurs caractéristiques que nous allons approfondir pour étudier les phénomènes de communication. On en trouvera une présentation synoptique en fin de chapitre.

Paradoxalement, cet aspect communication est une des parties de l'A.T. qui jusqu'ici a le moins été étudiée. On peut imputer cela au fait que les transactionnalistes sont souvent des psychothérapeutes pour qui la façon de communiquer d'une personne n'est qu'un indicateur, voire un symptôme[2]. Quant à ceux qui étudient la communication en tant que telle,

---

2. Actuellement cependant, des champs transactionnels autres que thérapeutiques sont en pleine expansion : éducation, organisation, guidance. Ces derniers étudient beaucoup plus les transactions dans la mesure où ils en observent les effets sur toute la personnalité.

ils ne font appel à l'A.T. qu'à titre d'adjuvant ou d'explications complémentaires. Ils n'en font pas le centre fondamental de leurs recherches.

Il était temps, et c'est ce que propose cet ouvrage, d'approfondir au maximum les ressources offertes par les modèles de transactions proposés dès l'origine par E. BERNE, afin d'étudier les phénomènes de communication à la lumière d'une théorie unique et cohérente qui permette à une personne – parfois en difficulté – d'avoir en tête un schéma «modèle» directement utilisable.

Ensuite seulement, nous nous attacherons à mieux déterminer les différentes sortes d'interlocuteurs auxquels on peut avoir affaire afin de mieux cerner les différences des individualités.

Communication et différence

Cette notion de différence est centrale dans l'étude de la communication : on peut même affirmer qu'il n'y aurait pas de communication s'il n'y avait pas de différences : les individus ne seraient que le pâle reflet d'eux-mêmes et n'auraient rien à gagner au contact les uns des autres. Le but premier de cet ouvrage est de trouver la parade aux agressions verbales de ceux qui nous entourent. À chacune d'elles seront proposées des réponses efficaces, style trousse de premiers secours. Mais on s'apercevra vite qu'on ne peut éternellement répondre au coup par coup en accumulant une série de recettes même ordonnées par une théorie solide.

Il faut donc aller plus loin et découvrir que toute bonne parade passe par le souci d'une authentique communication avec autrui, même si la relation avec celui-ci est superficielle : puisque le monde du travail oblige à communiquer avec tel ou tel, autant le faire avec sincérité.

Nous devrons donc nous intéresser d'abord à une philosophie de la communication. Philosophie qui considère autrui comme une personne à part entière, aussi différente soit-elle de vous. À cette seule condition celle-ci finira par vous rendre la pareille.

Cette perspective philosophique nous conduira d'ailleurs très loin, puisque nous découvrirons à la fin de ce livre que la pratique régulière d'une véritable communication fondée sur l'ouverture à autrui mène non seulement à un épanouissement affectif sans pareil, mais à un développement intellectuel insoupçonné.

Conseils de lecture

Cet ouvrage, qui s'appuie sur une théorie de la communication – l'Analyse Transactionnelle –, est présenté selon une démarche déductive : dans chaque chapitre les principes sont d'abord exposés ; viennent ensuite les applications sous forme d'exemples.
Cette façon de procéder ne convient pas à tous : les lecteurs dont l'intelligence est de type inductif préféreront procéder autrement : lire d'abord les exemples donnés qu'ils repéreront rapidement puisqu'ils sont présentés sous forme de transactions, puis ensuite revenir en arrière pour découvrir les lois qui président à ces transactions. Ils effectueront ainsi une lecture à l'anglo-saxonne en quelque sorte.

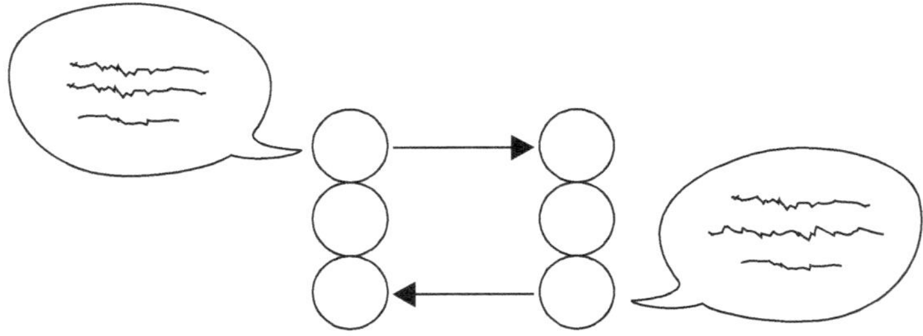

De même le plan général de l'ouvrage est composé de la façon suivante :

- *les chapitres 1 et 2 exposent quelques notions essentielles de base ;*
- *les chapitres 3 à 7 exposent comment manier au mieux la communication ;*
- *les chapitres 8 et 9 décrivent les différents types d'interlocuteurs à qui l'on peut avoir affaire afin de mieux appliquer les règles énoncées dans les chapitres qui précèdent.*

Certains lecteurs préféreront commencer par les chapitres 8-9, c'est-à-dire connaître leurs partenaires d'abord, pour découvrir ensuite seulement les règles des chapitres 3-7 permettant de mieux atteindre tel ou tel interlocuteur. À tous cependant nous conseillons de commencer par les chapitres 1 et 2.
Le plan proposé ne saurait donc être impératif. Bonne lecture aux uns et aux autres...

Coup d'œil synoptique sur la signification des schémas

Pour bien se faire comprendre, l'Analyse Transactionnelle utilise des schémas.
Une personnalité se compose de trois pôles ainsi représentés :

On voit donc qu'elle est divisée en trois parties :

- *une position haute*   (appelée PARENT)
- *une position moyenne*   (appelée ADULTE)
- *une position basse*   (appelée ENFANT)

Deux personnages qui ont une conversation sont en conséquence ainsi représentés :

Lorsqu'une personne adresse la parole à quelqu'un d'autre, on représente son message sous forme d'une flèche :

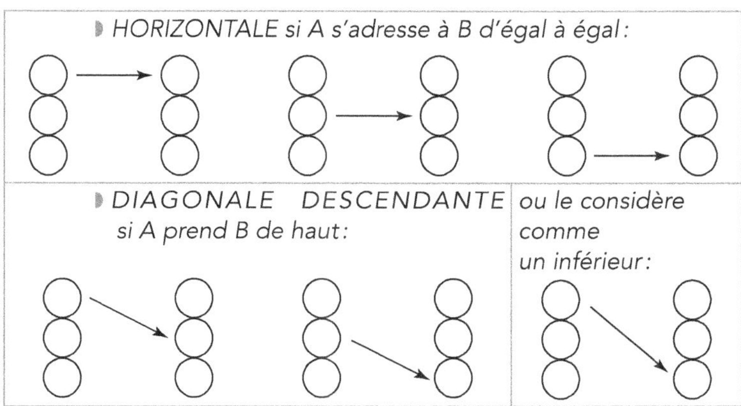

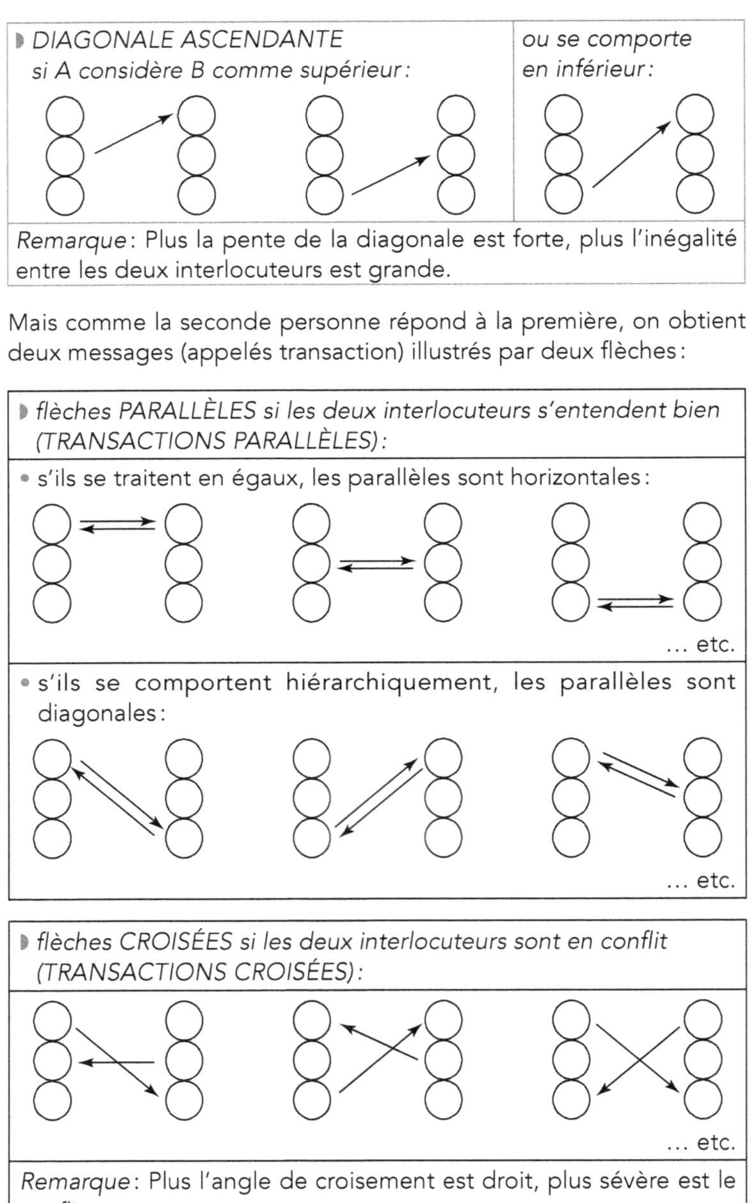

▶ *DIAGONALE ASCENDANTE*
  si A considère B comme supérieur : | *ou se comporte*
en inférieur :

Remarque : Plus la pente de la diagonale est forte, plus l'inégalité entre les deux interlocuteurs est grande.

Mais comme la seconde personne répond à la première, on obtient deux messages (appelés transaction) illustrés par deux flèches :

▶ *flèches PARALLÈLES si les deux interlocuteurs s'entendent bien (TRANSACTIONS PARALLÈLES) :*

• s'ils se traitent en égaux, les parallèles sont horizontales :

... etc.

• s'ils se comportent hiérarchiquement, les parallèles sont diagonales :

... etc.

▶ *flèches CROISÉES si les deux interlocuteurs sont en conflit (TRANSACTIONS CROISÉES) :*

... etc.

Remarque : Plus l'angle de croisement est droit, plus sévère est le conflit.

> ▶ *Restent des échanges plus subtils où les flèches ne sont ni croisées, ni parallèles :*

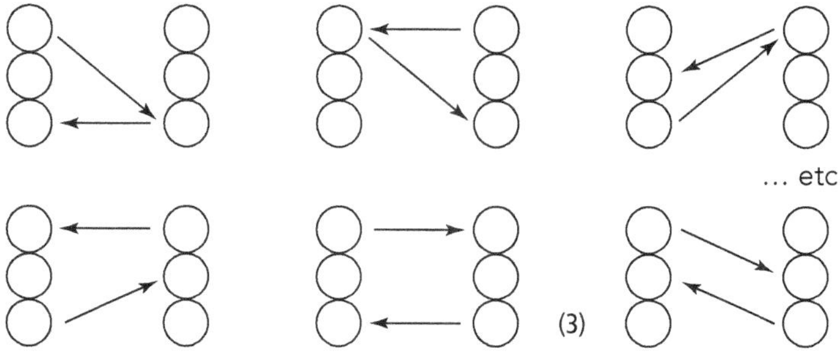

… etc.

(3)

… etc.

C'est dans ces derniers cas de figures que nous puiserons les finesses de la communication *ni hérisson, ni paillasson*.

---

3. Malgré les apparences, ces deux dernières transactions ne sont pas considérées comme parallèles. Tout cela sera explicité en détail au cours du livre.

Partie I

LE RECOURS À L'ANALYSE TRANSACTIONNELLE

Chapitre 1

LES POSITIONS DE VIE

Il n'y a pas de véritable communication sans désir de communication. De toute façon, nous n'avons guère le choix : nous sommes obligés, sur les lieux de travail entre autres, d'avoir des relations avec autrui. Alors plutôt que de rater ou saboter ces relations, autant chercher à rendre cette obligation agréable et efficace en mettant en œuvre une véritable communication avec son entourage : la « récompense » en arrivera merveilleusement vite…

Mais on ne peut tricher pour communiquer efficacement : il faut être d'abord sincère et authentique, ce qui n'est pas toujours une mince affaire.

Certes, un outil d'analyse est nécessaire pour comprendre les mécanismes d'une bonne communication et ainsi se conduire de façon plus adéquate.

Mais cela ne suffit pas. Communiquer véritablement, c'est avant tout acquérir un état d'esprit de sincérité et de transparence, qui mène à considérer l'interlocuteur comme un être humain à part entière, libre et respectable, différent de soi, certes, mais complémentaire. C'est se placer dans ce que l'Analyse Transactionnelle appelle **une position de vie** (+ +).

Seule cette attitude (+ +) engendrera chez le partenaire la réciprocité, seule cette attitude (+ +) de votre part amènera l'autre à vous considérer également avec respect et dignité.

Telle est la condition première d'une véritable communication : utiliser l'outil qui va suivre sans souci de sincérité ne pourrait que mener à la manipulation (qui considère l'interlocuteur comme un adversaire à dominer ou devant qui faire mine de se soumettre) et toute manipulation, aussi adroite soit-elle à court terme, finit toujours par être repérée comme telle par le partenaire et aboutit, à long terme, à un échec de la communication.

Être ainsi authentique n'est pas toujours évident. Il faut apprendre à se mettre en condition, tel le sportif qui s'échauffe avant la performance.

Mais il faut d'abord aborder le premier élément d'analyse nécessaire et parler de ce que l'A.T. appelle les positions de vie.

Les différentes positions de vie

Selon l'Analyse Transactionnelle, il y a deux façons de penser le monde et deux façons de se penser dans le monde.

On peut penser de soi-même :

— *Je suis quelqu'un de bien* ;

ou — *Je suis quelqu'un de nul*.

On peut penser des autres :

— *Les autres sont bien* ;

ou — *Les autres sont nuls*[1].

Ce qui détermine quatre possibilités de ce que l'A.T. appelle positions de vie :

Moi	Les autres	Symbole
Je suis bien	*Ils sont bien*	+ +
Je suis nul	*Ils sont bien*	− +
Je suis bien	*Ils sont nuls*	+ −
Je suis nul	*Ils sont nuls*	− −

---

1. En anglais : *OK : I'm OK, I'm not OK, you're OK, you're not OK.* Cette conception de soi et du monde peut paraître quelque peu simpliste et réductrice. Mais la théorie nécessite souvent de tels raccourcis parce qu'en caricaturant la réalité, elle en fait mieux ressortir les points forts. En lisant la suite, le lecteur s'apercevra que ce point de départ est d'une richesse extrêmement heuristique.

Chacun de nous est dominé par une position existentielle profonde qui est ancrée très tôt dans l'enfance (mais qui n'est jamais définitive : on voit parfois des revirements spectaculaires dans la vie des individus).

La position (+ +) : c'est l'état de la personne qui a confiance en elle et les autres, qui considère ceux-ci comme des égaux, différents d'elle, certes, mais complémentaires. Elle serait la position naturelle de l'être humain équilibré et épanoui. C'est à cette position (+ +) que nous ferons appel pour établir une véritable communication.

La position (− +) : c'est l'état de la personne qui n'a aucune confiance en elle et multiplie les situations d'échec. Cela peut aller du simple « complexe d'infériorité », avec demande d'aide et appels au secours, à la « déprime » profonde avec menaces de suicide.

La position (+ −) : position qui va du simple « complexe de supériorité » au mépris des autres quand ce n'est pas de l'humanité tout entière ; du petit chef au grand dictateur ou plus subtilement du bon apôtre au psychothérapeute qui veut faire votre bonheur à votre place de pauvre type.

En fait, le complexe de supériorité n'existe pas en soi. Il est une défense contre un sentiment latent d'infériorité. Dans le moins grave des cas, la personne lutte contre un (− +). En ce cas elle se groupe souvent avec des gens semblables à elle (amis, club, secte, parti, etc.) et forme avec eux une « position tripartite » (+ + −) (BERNE) où l'on passe le plus clair de son temps à se couvrir de fleurs et à dire du mal des autres ou, plus subtilement, à les plaindre, ces pauvres types (moi ⊕ et vous ⊕ on est bien, les autres ⊖ sont pourris ou nuls), position qui à l'extrême peut aboutir aux camps d'extermination.

Dans les cas les plus graves, la personne s'isole avec misanthropie de cette triste humanité dans sa position (+ −). Cela peut aller jusqu'à la paranoïa : le sujet lutte alors contre une tendance (− −) (Tel est le cas du *Misanthrope* de Molière).

La position (− −) : position tragique mais rare, heureusement ! : ni moi ni personne n'en vaut la peine ; tout et tous, moi y compris, n'est en ce monde qu'absurdité et dérision. Cela finit toujours mal : le suicide, certes, mais aussi la mort qu'on laisse « simplement » venir (accident stupide dans la rue, maladie non soignée, sous-alimentation, etc.). (Tel est le cas de l'*Étranger* de Camus – qui se laisse condamner sans mot dire). Cette position peut également conduire à la schizophrénie.

Positions de surface

Chacun de nous peut facilement imaginer à quoi correspondent les quatre positions de vie décrites ci-dessus, parce que nous vivons quotidiennement, en tout petit, chacune d'entre elles, au cours de la journée selon notre humeur, les circonstances et les gens. Ce sont les positions de surface, des positions sociales qui se superposent à notre position profonde de base.

Ainsi, on peut se trouver en situation (+ +) avec ses bons copains, se sentir (– +) dans une assemblée où il faut prendre la parole, mais tout à fait (+ –) devant un débutant et complètement (– –) après avoir enregistré un échec cuisant.

Ce sont ces positions de surface de la vie quotidienne que nous allons travailler pour la communication et non la position profonde qui ne nous concerne pas ici.

Étagement des positions

Il est à remarquer qu'on peut se trouver dans plusieurs positions à la fois. Ainsi, si l'on doit faire une conférence devant un groupe de personnes qui ont les mêmes préoccupations professionnelles, on peut se sentir (+ +) avec son public (« *Que c'est chouette d'être là tous ensemble* ») ; mais on peut avoir également un sentiment (+ –) (« *C'est moi qui vais leur expliquer comment faire, eux n'y connaissent rien* ») ; et également un sentiment (– +) (« *Pourvu que je réussisse mon exposé et qu'ils me trouvent bien… * »).

Ces deux dernières positions ne sont pas toujours d'ailleurs bien dissociées : on peut par exemple avoir une sensation (– +) devant un supérieur hiérarchique ou un partenaire impressionnant, mais en même temps avoir un sentiment (+ –) face à lui (« *Je me plie à ton autorité, mais ce que je pense de toi, mon vieux si tu savais…* »). On peut mesurer ici à quel point un tel état d'esprit est peu propice à la communication.

Positions de surface et communication

▶ La position (+ +) est la seule valable pour entrer en véritable communication avec autrui. Sinon on reste dans l'artifice et la fausse tonalité, et l'interlocuteur qui cherche peut-être une relation sincère le ressent plus ou moins inconsciemment.

«Me voici dans cette nouvelle entreprise… Très impressionnante ! Je sens que cela va ne pas être facile, mais j'ai déjà fait mes preuves et si on m'a embauché ici, c'est que l'on me pense capable d'assurer mes fonctions. Prenons contact avec mes collègues les plus proches. Je vais commencer par le plus souriant d'entre eux, pour les autres, on verra après…»

▶ La position (– +) engendre le malaise : s'inférioriser, même si on est en position de subordonné hiérarchique, est une attitude gênante qui bloque la communication. Pire, et c'est là son côté le plus redoutable, elle peut favoriser, voire créer chez l'interlocuteur une position (+ –) et du coup la personne qui avait pris l'initiative de se comporter en (– +) ne le supporte plus (elle explose ou tombe malade).

Cette position se manifeste par une attitude de soumission, en particulier par le fait d'acquiescer à tout ce que dit l'interlocuteur et de ne pas oser avoir une opinion différente de lui.

«Trop impressionnant ! Mais qu'est-ce que je fais ici ? Jamais je ne serai à la hauteur… Mes collègues ont tellement l'air à l'aise, je ne vais pas oser les aborder, ils vont tout de suite sentir que mon embauche a été une erreur…»

▶ La position (+ –) est celle qui, dans les relations publiques et professionnelles, est source de toutes les difficultés relationnelles et induit le plus des conflits de toutes sortes. Elle est d'autant plus exacerbée si elle correspond à une très forte position profonde (– +) qui ne s'avoue pas à elle-même et qui cherche à inférioriser les autres par peur d'être soi-même infériorisé.

Cette position se manifeste par une attitude de supériorité qui considère autrui comme plutôt minable ou comme victime à secourir. Et en cas de contre-attaque d'un tiers, par un comportement de personne injustement persécutée.

«Qu'est-ce que je fous ici ? La gueule des collègues ! Avec leur air sûr d'eux, des routiniers enfoncés dans leurs habitudes. Ils vont voir à qui ils ont affaire, et dès que je le peux, je quitte cet endroit de demeurés qui ne me donne pas mes chances.»

Une grande partie de cet ouvrage sera d'ailleurs consacrée à examiner comment répondre sans soumission ni contre-attaque (ni paillasson, ni hérisson) aux agressions (+ –).

▶ La position (– –) quant à elle, est ressentie lorsque, victime de ce qu'on estime par exemple être une injustice, on est écœuré par l'humanité entière, soi y compris, et tout le reste par-dessus le marché.

Elle se manifeste par une attitude aigrie faite de récriminations incessantes et d'esprit de contradiction systématique.

« Ça devait finir comme ça : tous des nuls et moi avec… Mais ça ou autre chose… Cette entreprise est à l'échelle de la société : un travail inutile pour une cause inutile… »

Or, toutes ces positions avec un ⊖ quelque part sont inadéquates à une communication harmonieuse. Seule la (+ +) est efficace et performante. Comment repérer cette position ? Comment s'y placer ?

▨ Repérez votre propre tendance

Vous êtes invité chez quelqu'un que vous connaissez encore peu, quelle est votre réaction la plus fréquente ?

▶ *Si vous avez tendance à juger tout ce que fait votre hôte selon des critères préétablis (« Tiens, il sert ce vin avec ce plat, visiblement il ne sait pas que ça ne se fait pas »), vous êtes en position (+ −).*

▶ *Si vous découvrez tout avec bonheur, avec le sentiment que vous allez glaner là plein d'idées nouvelles et passer un bon moment (« Tiens, il sert ce vin avec ce plat, je me demande ce que ça va donner, c'est une idée, il faut que je goûte cela »), vous êtes en position (+ +).*

▶ *Si vous vous sentez dépassé par le style de votre hôte et impressionné par ses manières (« Tiens, ce n'est pas moi qui aurais osé transgresser la règle de tel vin avec tel plat, tandis que lui n'a pas peur de ne pas avoir l'air à la hauteur »), vous êtes en position (− +).*

▶ *Et si vous pensez que cette réception est nulle, et que de toute façon vous vous en doutiez bien, et que vous êtes nul vous-même d'avoir quand même accepté, c'est la position (− −).*

Seule la position (+ +) est adéquate à une véritable communication. Au moment où l'on désire établir une relation constructive il va falloir donc exclure tous les ⊖ qui la parasitent. Facile à dire, n'est-ce pas ? Et pourtant… peut-être pas si difficile à réaliser qu'on pourrait le penser.

En position !

Si vous êtes un habitué du (+ +), aucun problème. Passez vite au chapitre suivant qui va vous révéler l'outil Analyse Transactionnelle.

Si vous n'êtes pas coutumier du (+ +) (ce qui dans notre société hiérarchisée est plus que fréquent), communiquer authentiquement ne sera pas une impossibilité, mais simplement une difficulté à surmonter grâce à un entraînement que cet ouvrage est destiné à vous faire acquérir. Il faudra vous habituer de façon comportementale à changer de position au moment du contact avec l'interlocuteur avec qui on cherche une relation véritable. Sinon la conversation qui suivra ne sera que simulacre et superficialité.

Il s'agit donc en ce cas de changer provisoirement de peau en se persuadant fortement que l'interlocuteur en face de soi, fût-il balayeur ou sénateur, est un être humain à part entière avec des qualités intrinsèques, originales, irremplaçables ; que le balayeur en tant que personne en vaut bien d'autres, moi y compris, sous certains rapports et que moi-même en tant que personne j'en vaux bien d'autres, sénateur y compris, sous d'autres rapports ; que l'un comme l'autre a autant de valeur dans sa propre perspective que moi-même, ni plus, ni moins. Nous sommes simplement DIFFÉRENTS. Et j'ai tout à gagner à m'imprégner de leur différence comme eux ont tout intérêt à s'imprégner de la mienne. C'est ainsi que j'enrichirai ma personnalité tout en les enrichissant de la mienne. Un échange : telle est l'essence de la véritable communication. N'importe qui a toujours quelque chose à apporter à quelqu'un d'autre. La difficulté pour la majorité d'entre nous, c'est que nous avons été accoutumés, de par notre éducation et les habitudes culturelles qui régentent notre société, à osciller entre un (+ −) en certaines occasions (face au balayeur) et un (− +) en d'autres occasions (face au sénateur). Si l'on a pour objectif le souci d'une authentique communication (la seule qui soit réellement efficace, la seule à donner un véritable plaisir), toutes ces positions existentielles sont inadéquates. Il faut, ne serait-ce que pour un instant, se repositionner en (+ +) et nous allons voir qu'avec un peu d'entraînement, c'est tout à fait possible et même facile.

Adopter un comportement nouveau pour changer en profondeur

Amorcer une pompe peut faire surgir l'eau des profondeurs.
De même un comportement nouveau peut induire un changement en profondeur.

C'est ce dont il s'agit lorsque nous proposons au lecteur de se comporter ne serait-ce qu'un instant en personne (+ +).

Se positionner provisoirement dans un état qui n'est pas habituellement le sien peut sembler difficile au début, et pour certains, cela posera un problème moral, parce qu'ils auront l'impression d'être hypocrites (voir encadré). Mais chacun, non sans surprise, s'apercevra que cette capacité de changement provisoire d'attitude s'acquiert très rapidement.

Des résultats positifs en effet viennent immédiatement encourager cet effort : pénétrer sans restriction dans l'univers des autres est une expérience tellement enrichissante qu'on y revient de (+) en (+), que la philosophie qu'on se fait de la vie peut en être complètement bouleversée et que ce peut être l'accès à une position de vie (+ +) définitive.

- -

Hypocrisie ou libre arbitre ?

L'hypocrisie est le fait d'adopter une attitude contraire à ce qu'on ressent vraiment afin de tromper l'autre : ainsi celui qui vise la fortune d'une belle et fait semblant d'être amoureux fou de celle-ci alors qu'il ne l'est pas du tout est sans aucun doute hypocrite.

Mais que dire d'une personne qui, dans un but louable, se force à montrer par exemple des sentiments qu'elle ne ressent pas en profondeur ? Voici par exemple quelqu'un qui vous semble très antipathique, et cela d'une façon tout à fait irrationnelle : vous ne le connaissez même pas. Vous décidez donc, en individu libre et autonome, de témoigner de l'amitié à cette personne malgré vos réticences profondes. Est-ce de l'hypocrisie ? Ce serait plutôt l'acte d'un humain possédant son libre-arbitre. Mieux : celui qui s'oblige à aimer son prochain a certainement plus de mérite que celui qui l'aime par inclination naturelle, puisqu'il lutte contre une tendance intérieure, diabolique peut-être, dont il n'est pas responsable.

Ainsi il y a des gens qui se réjouissent secrètement du malheur des autres et qui pourtant se forcent, par obligation morale, à faire le bien autour d'eux (ce processus lorsqu'il est inconscient est baptisé par la psychanalyse « formation réactionnelle »). Comment en ce cas définir ces gens ? Bons ou méchants ?

Pour J. P. Sartre, il n'y a pas de doute : c'est à son comportement qu'on juge un individu, non à ses tendances profondes dont il n'est pas responsable. Ce dont il est responsable, c'est de ses seules actions. Dire d'un tel individu qu'il est hypocrite, c'est supposer que la seule part de VRAI chez lui serait

ses instincts profonds, et que sa façon d'être en société n'est que du faux. Sartre (telle est l'idée centrale de sa philosophie, l'existentialisme) renverse ces valeurs : ce qui définit un individu, ce qui est vrai en lui, c'est son existence, ses actes, son comportement social. Le reste n'est que chimère.
En un tel cas, la notion d'hypocrisie ne signifie plus rien : ainsi si vous vous sentez souvent (− +) ou (+ −), vouloir vous situer (+ +) en face d'un interlocuteur n'est pas signe d'hypocrisie, mais de liberté d'une personne qui se met à égalité un instant avec un partenaire pour mieux l'écouter, le comprendre et communiquer avec lui.

Prêt ?

Le (− +) : cette personne qui m'impressionne, je veux en tirer le maximum, mais je vais lui donner également le maximum de moi-même au lieu de toujours sourire niaisement à ce qu'elle dit. Au lieu d'être centré sur ma soi-disant infériorité, je vais commencer à l'écouter réellement, analyser en quoi ses propos peuvent m'apporter quelque chose.

Le (+ −) : cette personne que je méprisais, c'est à tort : j'ai besoin d'elle puisque nous voici dans la nécessité de communiquer. À moi d'être assez intelligent pour trouver la richesse qui m'intéresse en elle afin de m'en imprégner. Seule façon de faire : lui donner moi aussi tout de moi-même qui peut l'intéresser.

Le (− −) : si je lis ce livre, c'est que je suis malgré tout motivé à communiquer, ne serait-ce que parce que c'est une nécessité pour mon travail. Alors autant, plutôt que de massacrer cette communication nécessaire, essayer de l'optimiser au maximum, ne serait-ce que pour en tirer profit, même si tout ça au fond ce n'est que de la « connerie »…

Que répondez-vous à l'agression d'un « ami » ?

Êtes-vous en position pour aborder « tout atout » l'acte communication ? Vous rencontrez dans la rue un ami que vous n'avez pas vu depuis quelque temps. Tout heureux, vous lui demandez :
– Où vas-tu comme ça que je t'accompagne un peu ?

– Je n'aime pas cette manière que tu as de toujours vouloir espionner les gens !

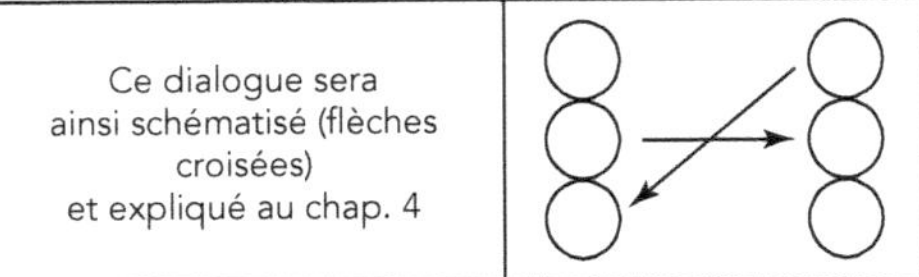

Avant de lire ce qui suit, que lui répondez-vous spontanément ?
Parmi celles proposées ci-dessous, quelle attitude pensez-vous adopter ?

☐ *1 – Va te faire voir !*
☐ *2 – Navré de te déranger… une autre fois, alors !*
☐ *3 – Je t'assure que ce n'est nullement dans mes intentions.*
☐ *4 – J'ai même amené mon calepin pour noter exactement où tu vas !*
☐ *5 – Mais… c'était juste pour le plaisir de faire un bout de chemin ensemble…*
☐ *6 – Moi t'espionner ? Encore faudrait-il qu'il y ait de quoi !*
☐ *7 – Là, tu m'attristes : tu n'as aucune raison de dire cela…*
☐ *8 – Je suis désolé de t'avoir donné cette impression.*
☐ *9 – Espèce de parano, tu ne changeras jamais.*
☐ *10 – À qui le dis-tu ! Ne me parle pas des gens qui vous espionnent !*
☐ *11 – Mais non, je t'assure ! Je ne fais de toute façon que passer.*
☐ *12 – Oh là ! Tu es sérieux ?*
☐ *13 – De quel droit te permets-tu d'interpréter ainsi mes paroles ?*
☐ *14 – Dois-je interpréter que ma compagnie t'est indésirable ?*

Règle de base
Ce qui doit être pris en compte, c'est la façon dont l'interlocuteur a interprété votre message et non ce que vous avez voulu dire.

La première loi sur la communication va entraîner à elle toute seule une petite révolution : elle exige de se décentrer de la propre signification que l'on a voulu donner à son propre message pour se centrer sur l'interprétation qu'en fait l'interlocuteur, quelle qu'elle soit.

Dans l'exemple ci-dessus, il s'agit donc de réagir comme si l'on avait réellement signifié à l'ami rencontré qu'on voulait l'espionner, puisque telle est son interprétation. Réagir autrement sera rompre la communication (ce qui reste toujours votre droit!).

Une telle prise en compte inconditionnelle de l'interprétation de l'interlocuteur va contre toutes nos habitudes: on s'accroche généralement à l'intention de son propre message et la tradition veut qu'en tel cas, on envoie l'ami en question se faire voir, qu'on le traite de parano, etc., ce qui est une attitude (+ −) (hérisson). Mais si l'on a pour véritable objectif de vouloir communiquer, il faut se recentrer à tout prix sur l'autre. Et se mettre en tête que son interprétation à lui a, autant que la nôtre, une valeur propre: après tout, qui peut affirmer que l'un a plus raison que l'autre? Telle est la difficulté de se situer en position (+ +). C'est en tenant compte de cette interprétation de l'autre qu'on pourra d'autant mieux ensuite rectifier le tir.

On peut donc avoir l'impression que communiquer c'est se plier à l'autre et lui laisser le pouvoir. Pas du tout: il ne s'agit surtout pas de s'écraser par une acceptation soumise à la seule interprétation de l'interlocuteur. Cette position (− +) (paillasson), bien qu'ayant l'air de prendre en considération le point de vue de l'autre, serait en fait une fuite devant une réelle communication.

Il s'agit au contraire de développer un échange, c'est-à-dire de faire comprendre à l'autre ce que soi-même on a voulu réellement lui dire, et ce, à partir de sa propre compréhension à lui…

> Prendre en compte sans restriction aucune les interprétations d'autrui, c'est mieux maîtriser la relation avec lui.

C'est exactement la même démarche que celle d'apprendre une langue vivante: à l'étranger, nous sommes toujours en quête de savoir comment autrui a perçu nos paroles. S'il comprend autre chose que ce que nous avons voulu dire, nous ne nous irritons pas, bien au contraire nous cherchons à savoir pourquoi il a mal interprété nos propos afin de pouvoir nous corriger, pour mieux, ensuite, faire passer notre propre message. Telle est l'attitude à avoir avec tout interlocuteur: même si nous parlons apparemment la même langue, il faut nous centrer sur l'interprétation de cet interlocuteur si nous voulons faire avancer la communication.

Mais pour bien cerner nos interlocuteurs, il nous faut aborder quelques notions élémentaires de la psychologie de la personnalité, telle que la conçoit l'Analyse Transactionnelle. Ce sera le sujet du chapitre suivant: Les ÉTATS du MOI.

Analyse du TEST

Certaines réponses sont ambiguës: tout dépend du ton qu'on y met et de la suite donnée à la conversation. Le lecteur peut donc ne pas être d'accord avec leur classification. Ces réponses ambiguës sont signalées par un *.

Réponses-hérisson (+ –):

☐ (1) – Va te faire voir!
☐ (6) – Moi t'espionner? Encore faudrait-il qu'il y ait de quoi!
☐ (9) – Espèce de parano, tu ne changeras jamais!
☐ (13) – De quel droit te permets-tu d'interpréter ainsi mes paroles?
Ces paroles sont conflictuelles et brisent définitivement la relation.

Réponses-paillasson (– +):

☐ (2) – Navré de te déranger… une autre fois alors!
☐ (5) – Mais… c'était juste pour le plaisir de faire un bout de chemin ensemble. (* possibilité hérisson)
☐ (8) – Je suis désolé de t'avoir donné cette impression. (* possibilité Communication)
☐ (11) – Mais non, je t'assure! De toute façon je ne fais que passer…
Ces réponses soumises à l'interprétation de l'interlocuteur sont une fuite du dialogue et mettent également fin à toute communication.

Réponses-communication (+ +):

☐ (3) – Je t'assure que ce n'est nullement dans mes intentions. (* possibilité paillasson)
☐ (4) – J'ai même amené mon calepin pour noter exactement où tu vas!
☐ (7) – Là, tu m'attristes: tu n'as aucune raison de dire cela...
☐ (10) – À qui le dis-tu! Ne me parle pas des gens qui vous espionnent!
☐ (12) – Oh là! Tu es sérieux?
☐ (14) – Dois-je interpréter que ma compagnie t'est indésirable? (*possibilité Paillasson)

Dans des styles différents (sérieux, humour, inquiétude, méta-communication – p. 148), ces réponses sont une invite au dialogue. Ce sont ces sortes de réponses-là qui seront étudiées en détail dans les chapitres suivants.

À vous de classer à présent votre propre réponse :

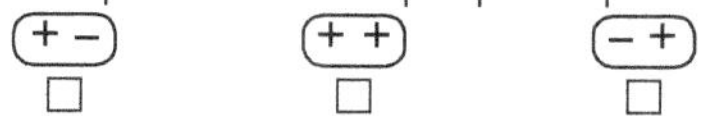

Développez dans la relation une position (+ +), seule propice à une bonne communication…

… position qui, entre autres, amène à considérer tout propos, même s'ils viennent de vous, selon le sens que leur donne l'interlocuteur et non selon celui que vous leur donnez.

Chapitre 2

LA PERSONNALITÉ

Les trois états du moi : Parent, Adulte, Enfant

Berne était frappé, en considérant son entourage, du fait qu'un même individu peut, selon les circonstances, changer totalement de comportement, changer de personnage, comme si effectivement plusieurs personnes coexistaient en lui.

Ces différentes personnalités que chacun peut successivement adopter, Berne les appela ÉTATS du MOI. Il en dénombra en fait trois qu'il dénomma Parent, Adulte, Enfant (pour éviter toute confusion, les états du moi sont toujours désignés par des majuscules Parent, Adulte, Enfant, et sont donc indépendants de l'âge de la personne).

Pour mieux comprendre, prenons un exemple :

Avant de partir au travail, Cécile s'occupe du petit déjeuner de la famille, souriante ou sévère selon l'attitude des enfants. Elle doit se fâcher contre son patouilleur de fils, et fait une liste de courses pour son mari qui passera au supermarché.

Arrivée au travail, Cécile consulte son agenda, décroche son téléphone pour régler une affaire urgente, puis rédige le courrier aux clients.

À midi, elle se lève vivement et se dirige vers le restaurant. Elle devise joyeusement avec ses collègues, éclate de rire à la blague de l'un d'eux puis s'indigne violemment contre les nouveaux horaires qu'on veut leur imposer. Soudain elle consulte sa montre et avec un petit cri s'enfuit précipitamment vers son bureau.

Cécile est successivement passée par les trois états du moi Parent, Adulte, Enfant.

Comme nous pouvons le constater, on ne peut se trouver que dans un seul état du moi à la fois.

On symbolise ainsi la personnalité sous forme de schéma structurel que l'on a l'habitude de simplifier sous forme de sigle « P A E » et parfois sous forme imagée représentant des visages correspondant à l'état d'esprit dominant de chaque état du moi :

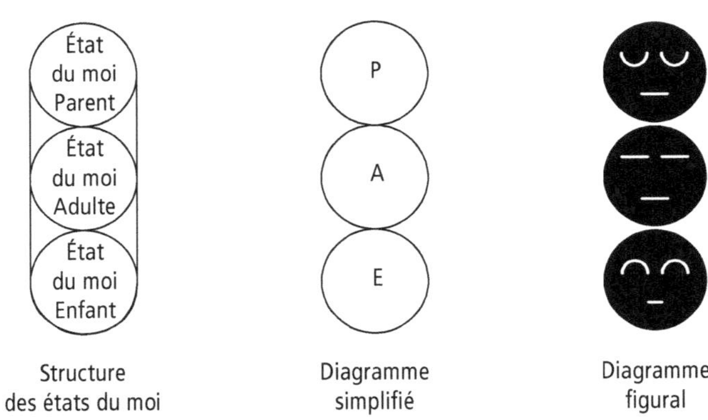

Structure des états du moi	Diagramme simplifié	Diagramme figural

L'Analyse Transactionnelle est issue de la psychanalyse. Berne, lui-même psychanalyste, n'a jamais renié cette dernière mais il la trouvait peu efficace.

« L'Analyse Transactionnelle déplace l'attention de ce qui se passe à l'intérieur des personnes pour mettre l'accent sur ce qui se passe entre elles. »
C. STEINER, *Des scénarios et des hommes*

Ainsi, les trois états du moi Parent, Adulte, Enfant se rapprochent des concepts freudiens de surmoi, moi, ça respectivement. Mais la grande différence, c'est que les états du moi ne se réfèrent pas à la notion d'inconscient freudien (comme le ça et le surmoi), mais se rapportent uniquement au MOI conscient et visible, et représentent des comportements observables.

Psychanalyse	SURMOI	MOI	ÇA
Analyse Transactionnelle	PARENT	ADULTE	ENFANT

« Quand une personne est dans un des trois états du moi,
par exemple l'Enfant, l'observateur est capable de voir et d'entendre
l'Enfant chanter, sauter et rire. Les thérapeutes de l'A.T. se centrent sur
le moi et le conscient car ils ont découvert que ces concepts
permettent d'expliquer et de prévoir le comportement social plus que
d'autres concepts. »
C. STEINER, *IBID.*

Voyons de plus près ces états du moi : ce sont eux en effet qui vont réguler la communication avec soi-même et avec autrui.

L'Adulte

C'est par l'ADULTE que nous allons commencer : c'est l'état du moi le moins complexe, le plus cohérent, le grand équilibrateur de la personnalité.

Ce n'est pas par hasard qu'il est situé entre le PARENT et l'ENFANT. 

L'Adulte  

Cet état du moi est comparable à un « ordinateur » parce qu'il est dépouillé de toute émotion pour être dominé par la logique, l'objectivité, la raison. Il cherche à (s') informer, à résoudre des problèmes, à traiter des connaissances, sans passion et neutre en toute circonstance, et prend des décisions.
Aspect relationnel dominant de l'Adulte : l'interdépendance.
(Cet aspect et ceux qui suivent seront développés dans le chapitre 8.)

Quelques expressions typiques de l'Adulte :
- *Examinons le problème qui nous bloque.*
- *Quels sont les éléments dont on dispose ?*
- *Observons objectivement les atouts dont nous disposons.*
- *Étant donné notre stock, nous pouvons déterminer que…*

Genèse de l'état du moi Adulte :
L'Adulte commence à se former à l'« âge de raison » – 6/7 ans – c'est-à-dire à l'âge où l'enfant accède au raisonnement logique – raisonnement cependant encore limité aux seules réalités concrètes. Mais lorsque le jeune dépasse ces limites – c'est-à-dire vers 12 ans –, son Adulte prend tout son essor.

L'Analyse Transactionnelle se réfère à ce sujet aux études de PIAGET sur l'intelligence : à partir de 12 ans, le jeune devient capable de raisonner non plus sur les réalités qu'il observe autour de lui, mais sur de « simples » possibilités imaginées, à partir de pures hypothèses abstraites (pensée hypothético-déductive), ce qui lui permet de considérer tous les aspects d'un problème et ce qui représente un fabuleux bond en avant pour son intelligence et… son Adulte.

Il faut bien remarquer que cette évolution est favorisée ou retardée par la richesse des contacts sociaux, donc par la qualité de la communication dans l'environnement de l'enfant.

ASPECTS POSITIFS ⊕ ET ASPECTS NÉGATIFS ⊖ :

En ce qui concerne le Parent et l'Enfant, l'Analyse Transactionnelle considère qu'il y a des aspects ⊕ et des aspects ⊖ à ces deux états du moi. Mais attention ! Il ne s'agit pas de principes moraux ou de normes idéologiques mais de constatations pratiques : certaines attitudes provoquent conflits et difficultés relationnelles, d'autres engendrent communication, dialogue et épanouissement.

Le Parent

Le Parent 

Le Parent représente le système de valeur.

Analogie entre la fonction de parent et l'état du moi PARENT:
Les parents, lorsqu'ils élèvent leurs enfants, doivent d'abord les nourrir et les protéger contre le monde extérieur et eux-mêmes. D'abord uniquement nourriciers et protecteurs, les parents doivent par la suite inculquer des normes qui assurent la survie de l'espèce et devenir répressifs si celles-ci sont transgressées.

Ces deux fonctions complémentaires se retrouvent dans l'état du moi PARENT qui se décompose en deux sous-états du moi appelés:

▶ *PARENT CRITIQUE* 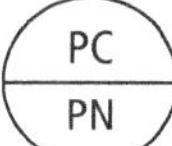
▶ *PARENT NOURRICIER*

Le Parent Critique 

Le Parent critique est celui qui juge, fait la morale, réprimande et menace. Il est perçu globalement comme plutôt négatif.
⊖ Lorsqu'il est très négatif, on l'appelle PARENT (CRITIQUE) PERSÉCUTEUR (*« Il ne faut pas…, Vous ne devez pas… ! »*)
Ce Parent persécuteur sera très étudié tout au long de l'ouvrage et sera plus spécifiquement représenté à l'aide de sourcils froncés

⊕ Mais le Parent critique peut être aussi positif lorsqu'il défend des valeurs, montre des modèles, exprime des directives (*« Il faut…, On doit… »*). On l'appelle alors PARENT (CRITIQUE) NORMATIF.
Aspect relationnel dominant du Parent Critique: la domination.

Quelques expressions typiques du Parent Critique:
    ▶ *Cette cravate ! Quel goût !*
    ▶ *Le planning doit être bouclé ce soir.*
    ▶ *Toujours à la traîne ! Il est bien temps de…*
    ▶ *Vous n'avez pas honte de…*
    ▶ *J'exige… j'ordonne… Il est interdit de…*
    ▶ *Qu'est-ce que j'ai dit tout à l'heure ?*
    ▶ *Je l'avais bien dit…*

Le Parent Nourricier 

Le Parent nourricier est celui qui donne, rassure, console, vient en aide, prodigue amour, tendresse et soins, permission et protection.
⊕ C'est pourquoi il est perçu comme globalement positif.

On le surnomme alors parfois PARENT (NOURRICIER) DONNANT.

⊖ Cependant il peut ne pas être toujours positif. L'excès d'une telle attitude Nourricière peut devenir négatif : c'est alors l'hyperprotection, le paternalisme, l'autoritarisme feutré et souriant qui font obstacle à toute autonomie. En ce cas on parle de PARENT (NOURRICIER) SAUVEUR ou SAUVETEUR.

Aspect relationnel dominant du Parent Nourricier : l'assistance.

Quelques expressions typiques du Parent Nourricier :
- *Fais attention en traversant.*
- *Voulez-vous que je vous aide ?*
- *Prenez un congé, vous êtes fatigué.*
- *C'est trop difficile pour vous.*
- *Venez que je vous montre…*

Genèse de l'état du moi PARENT :

Il apparaît tôt dans l'enfance : il suffit de voir un jeune enfant de 3 ans parler à sa poupée ou à ses petits frère ou sœur… Il ne s'agit à cet âge que d'une simple imitation des parents, de la maîtresse, de l'entourage, mais bientôt suivie d'une véritable intériorisation à partir de 7 ans – l'âge de raison – jusqu'à 12 ans, période où l'enfant acquiert une véritable conduite morale et sociale.

Cette époque du développement correspond à la PÉRIODE DE LATENCE décrite par FREUD, période qui suit la crise œdipienne, ce premier grand renoncement de l'enfant (à l'amour exclusif du parent de sexe opposé) qui ouvre la voie à tant d'autres ; période où s'intériorisent les interdits pour former le SURMOI.

L'Enfant

L'Enfant  LE RESSENTI

L'état du moi Enfant est le siège des émotions, des désirs, des sentiments.

Analogie entre l'état d'enfant et l'état du moi ENFANT :

D'abord spontané et nature, le petit enfant en se heurtant aux réalités physiques, aux règles sociales et lois morales, va devoir s'adapter au monde environnant. Il y a ainsi formation dans la personnalité de deux sous-états du moi ENFANT :

 *ENFANT LIBRE*
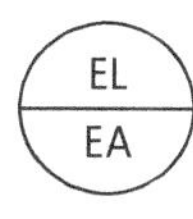 *ENFANT ADAPTÉ*

L'Enfant Libre 

L'Enfant libre existe dès la naissance. Il représente le côté spontané de la personnalité qui jaillit avec tout le naturel de l'ici et maintenant. C'est pourquoi il est globalement perçu comme un aspect très positif de la personnalité.

L'Enfant libre laisse s'exprimer ses besoins, émotions, désirs et sentiments tels qu'il les ressent : plaisir, amour, joie mais aussi chagrin, tristesse, peur et colère lorsqu'il y a obstacle à la spontanéité ou à l'affectivité.

⊕ De l'Enfant libre émanent la sexualité, la créativité et les principales sources de plaisir. C'est pourquoi cet état du moi est considéré comme tellement positif au sein de la personne.

⊖ Mais le côté négatif existe aussi bien sûr, le revers de la médaille qui est le manque d'égards vis-à-vis d'autrui, le sans-gêne, l'égoïsme. Et l'agressivité : lorsque celle-ci s'exprime sous forme de passage à l'acte incontrôlé (ce qui peut aller jusqu'au meurtre), on parle alors d'Enfant fou.

Le Petit Professeur 

Certains auteurs distinguent un sous-état du moi proche de l'Enfant Libre : le Petit Professeur ou Explorateur. Il s'agit de cet aspect de la personnalité (très développé chez certains individus) fait d'intuition, de créativité, d'intelligence immédiate des situations et des personnes. Les Petits Professeurs suivent ainsi l'inspiration du moment et marchent au « pif », au « radar », selon leur « flair ».

⊕ Le côté positif d'une telle attitude, c'est l'intuition brillante, la possibilité de voir avec un « œil neuf », la faculté de comprendre l'autre et de se mettre « dans sa peau » (empathie) ; dans l'action cela donne la création, l'innovation, l'astuce, la ruse, la manipulation subtile.

⊖ Le côté négatif, c'est d'en rester à la première impression (« la seule qui compte ») et de rejeter la réflexion logique, d'entretenir une pensée magique et superstitieuse, de tomber dans l'erreur des fausses interprétations (projections) ; dans l'action, cela donne les erreurs de jugement et la manipulation grossière et maladroite.

Il y a « analogie entre le Petit Professeur et un paysan très rusé capable de mener sa barque dans toute situation de sa vie au village, mais tout à fait incapable, une fois dans la grand'ville, de faire face à des situations beaucoup plus complexes, qui requièrent quantité d'informations hors de sa portée » (C. Steiner).

Aspect relationnel dominant de l'Enfant Libre : l'indépendance.

Quelques expressions typiques de l'Enfant Libre :
- *On va boire un pot.*
- *Vivement ce soir qu'on se couche.*
- *Oh chère collègue, chaque jour qui passe vous voit plus belle.*
- *Qui est-ce qui me fait une petite bise ?*
- *Tu vas voir comment on va l'avoir ! (PETIT PROF)*
- *T'es cap de faire ce genre de boulot ? Oui ? Alors fais-le ! (PETIT PROF)*

L'Enfant Adapté

« L'Enfant adapté est celui qui modifie
son comportement sous l'influence Parentale. »
E. BERNE

L'Enfant adapté est également le siège d'émotions et de sentiments, non plus naturels mais façonnés par l'éducation. Sa conduite est motivée par le désir de plaire ou la crainte de déplaire, la peur de désobéir (à ses propres parents à l'origine puis au PARENT de ceux qui le dominent par la suite).

Il représente donc le côté de la personnalité qui se plie aux règles, obéit aux lois, respecte les normes. C'est pourquoi il est globalement perçu comme négatif.

⊕ À tort parfois ! Car l'Enfant adapté possède bel et bien un aspect positif par ses qualités facilitatrices de la vie sociale telles que la politesse, la courtoisie, le respect des préséances, des conventions, des traditions qui lui appartiennent en propre.

⊖ Mais une éducation trop rigide ou l'appartenance à une classe sociale très défavorisée oblige parfois la personne à se suradapter par peur des sanctions. On parle en ce cas d'ENFANT (ADAPTÉ) SOUMIS. Cela peut aller du conformisme à la servilité, en passant par le « fayotage » et l'obséquiosité. Sous le joug de PARENTS CRITIQUES PERSÉCUTEURS, pas d'autre alternative que la soumission ou… la rébellion (voir ci-après).

Aspect relationnel dominant de l'Enfant Adapté : la dépendance.

- *Dépêchez-vous ! On va se faire engueuler.*
- *Je suis fidèlement le planning qui m'a été donné.*
- *Je suis désolé de vous avoir fait attendre.*
- *Après vous !*
- *Le chef n'aime pas que…*

L'Enfant Rebelle 

L'Enfant d'une personne refuse parfois de se soumettre et résiste à l'autorité Parentale. Il proteste, ne veut pas obéir, fait une scène, pique une colère ou se révolte. L'Analyse Transactionnelle parle en ce cas d'Enfant Rebelle.

L'Enfant Rebelle, un statut controversé :

Émanation de l'Enfant libre selon Berne et Steiner, l'Enfant rebelle est passé, en franchissant l'Atlantique, dans la catégorie Enfant adapté selon la logique qui définit ce dernier comme « celui qui modifie son comportement sous l'influence Parentale ». Cette classification ne fait pas l'unanimité, l'Enfant rebelle semblant souvent non ou mal adapté.

⊖ L'aspect négatif de l'Enfant rebelle, c'est l'esprit de contradiction systématique, la contestation perpétuelle, les récriminations sans fin qui ne débouchent sur rien… si ce n'est la soumission.

⊕ Mais la rébellion peut, comme chacun le sait, être très positive : c'est l'énergie garante des libertés, de l'indépendance et de l'autonomie face aux tentatives de domination et d'aliénation.

C'est en ce sens qu'on peut considérer l'Enfant rebelle comme l'interface entre l'Enfant libre et l'Enfant adapté : la spontanéité du premier vient tempérer la soumission du second et relativiser l'adaptation de l'individu.

Aspect relationnel dominant de l'Enfant Rebelle : la contre-dépendance.

- *Ils nous emmerdent.*
- *On fera ce qu'on veut.*
- *Les chefs, moi je ne connais pas.*
- *S'ils osent, ils vont m'entendre.*
- *Personne ne m'a jamais obligé à faire ce que je ne veux pas.*

Genèse de l'état du moi ENFANT :

L'ENFANT LIBRE vient de la naissance et du plus profond de nous-mêmes.

Le PETIT PROFESSEUR correspond au développement de l'intelligence intuitive entre 2 et 6 ans, âge où l'enfant dit « pré-logique » découvre le monde et perçoit les individus de façon globale sans faire de détails et en ne se référant qu'à lui-même.

L'ENFANT ADAPTÉ se forme sous l'influence Parentale dès la deuxième année, dès l'apprentissage de la propreté, et tout au long de la petite enfance parallèlement à l'état du moi Parent.

L'ENFANT REBELLE prend naissance dès que l'enfant sait dire non (15 mois). Plus tard (3 ans) viendra la crise d'opposition qui lui permet de se dissocier de son entourage et d'affirmer son identité. À l'adolescence enfin le refus est formalisé sous forme de concepts et théories. Toutes ces étapes sont indispensables à la constitution de la personnalité qui passe d'une situation de dépendance à une situation d'indépendance. Or ce passage s'effectue nécessairement par une phase de contre-dépendance. Celle-ci sera finalement dépassée pour aboutir à l'auto-nomie si du moins il y a émergence de l'ADULTE et de sa capacité organisatrice (interdépendance).

Nous allons voir en effet que c'est à l'ADULTE que revient la lourde tâche de gérer l'énergie non seulement de tout l'ENFANT, mais celle de tout le PARENT.

Sinon, nous ne serions des personnalités faites que d'impressions et d'opinions...

La personnalité, ensemble des trois états du moi

La personnalité est formée par l'ensemble des trois états du moi et de leurs subdivisions.

Ce n'est pas par hasard que le PARENT CRITIQUE se trouve tout en haut : c'est l'aspect le plus dominateur de la personnalité.

Ni par hasard que l'ENFANT ADAPTÉ se trouve tout en bas : c'est en effet l'aspect le plus soumis de la personnalité.

Cette disposition nous aidera à mieux représenter et comprendre les phénomènes de communication exposés dans les chapitres suivants.

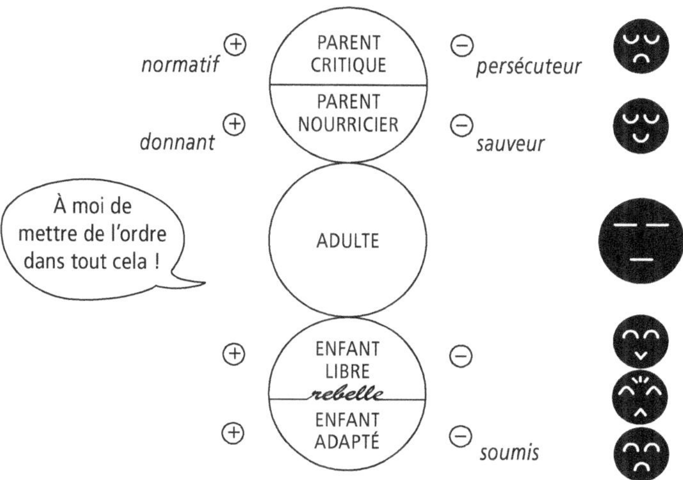

Affinités et conflits internes

Il y a, au sein d'une même personne, des relations d'affinité entre certains sous-états du moi, et des relations de conflit entre certains autres.

Cela peut se schématiser ainsi :

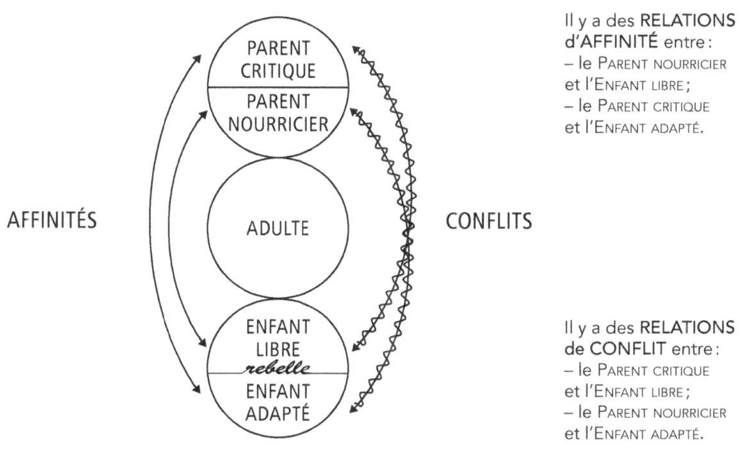

Il y a des **RELATIONS d'AFFINITÉ** entre :
– le Parent nourricier et l'Enfant libre ;
– le Parent critique et l'Enfant adapté.

Il y a des **RELATIONS de CONFLIT** entre :
– le Parent critique et l'Enfant libre ;
– le Parent nourricier et l'Enfant adapté.

Les dialogues intérieurs

Il arrive bien souvent qu'un état du moi soit en train d'agir tandis qu'un autre observe la scène et fait des commentaires flatteurs parfois (*Ah Jenny, tu es géniale décidément !*), désobligeants d'autres fois (*Voyons Jean-Yves, tu te couvres de ridicule !*).C'est ce que l'Analyse Transactionnelle appelle les «voix dans la tête».

Parfois, on peut vivre une véritable querelle intérieure. C'est dans le meilleur des cas l'ADULTE qui tranche, l'ADULTE qui «joue le rôle de médiateur objectif».

Un exemple :

Après une rude journée, Charlotte rentre fatiguée du travail. Seule et tranquille, elle allume la télé pour se détendre (ENFANT LIBRE).

– Que fais-tu là ? lui murmure soudain une voix culpabilisante. Tu as vu l'état de la maison ? La vaisselle sale et la poussière partout ? (PARENT CRITIQUE cherchant à atteindre l'ENFANT ADAPTÉ).

– Mais j'ai le droit de me reposer ! (ENFANT REBELLE cherchant à étouffer le PARENT CRITIQUE). *Après une journée de huit heures, je suis lessivée.* (ENFANT LIBRE cherchant le secours du PARENT NOURRICIER).

– Si tu ne laissais pas tant les choses traîner, tu pourrais regarder la télé en toute conscience mais…

Une telle discussion peut durer plus ou moins longtemps. L'une des instances combattantes (PARENT/ENFANT) peut l'emporter. Mais souvent l'ADULTE intervient pour régler le conflit :

– Tu commences plus tard, demain matin. Tu te lèves une heure plus tôt et, reposée, tu seras beaucoup plus efficace…

L'ADULTE cependant ne réussit pas toujours ! Voici un très beau passage de MAUPASSANT (*Sur l'eau*) illustrant fort bien ce genre de combat intérieur entre PARENT CRITIQUE NORMATIF (la volonté) et ENFANT LIBRE (la peur) chez un homme en proie à la terreur, tandis que son ADULTE assiste impuissant à la scène :

«J'essayais de me raisonner. Je me sentais la volonté de ne point avoir peur, mais il y avait en moi autre chose que ma volonté, et cette autre chose avait peur. Je me demandai ce que je pouvais redouter ; mon moi brave railla mon moi poltron, et jamais aussi bien que ce jour-là je ne saisis l'opposition des deux êtres qui sont en nous ; l'un voulant, l'autre résistant, et chacun l'emportant tour à tour.»

Équilibre de la personnalité

On peut définir une personnalité équilibrée comme celle d'un individu :
- *ayant à sa disposition le registre entier de tous les états du moi ;*
- *sachant faire le bon choix au bon moment, c'est-à-dire activer son état du moi le plus approprié à la situation.*

Ainsi dans une fête, c'est l'ENFANT LIBRE qui est surtout de mise, et l'ADULTE ou le PARENT seraient assez ennuyeux. Mais au travail l'ENFANT perturbe et c'est plutôt l'ADULTE qui est de rigueur. Si en revanche l'on doit surveiller des bambins, c'est d'abord le PARENT qu'il faut activer, et non l'ADULTE (« *Si tu traverses cette rue, sachant qu'il y passe en moyenne un véhicule toutes les six secondes, tu as une chance sur trois de... etc.* »).Mais s'il faut jouer avec eux, l'ENFANT est plus approprié que le PARENT, etc.
C'est l'ADULTE qui choisit l'état du moi le plus approprié, l'ADULTE dont une des tâches « consiste à réglementer les activités du PARENT et de l'ENFANT et de jouer le rôle de médiateur objectif ». (BERNE)

Perméabilité des frontières des états du moi

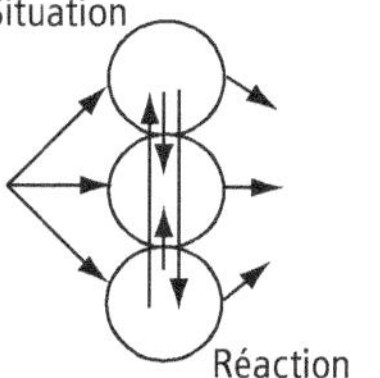

Pour que l'ADULTE joue bien son rôle de médiation et de réglementation, il est nécessaire que l'énergie psychique circule facilement d'un état du moi à l'autre afin que la personne choisisse aisément l'attitude appropriée à la situation.

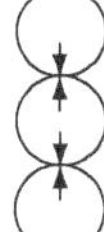

Sinon, on obtient une RIGIDITÉ de la personnalité. Charlotte : « *J'ai commencé à regarder cette télé, je ne bouge plus. On verra après pour le reste...* »

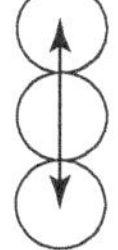

En revanche, une trop grande perméabilité entre les états du moi peut engendrer une HYPER-PLASTICITÉ[2] de la personnalité (attitudes velléitaires et inconstantes) : *Charlotte quitte la télé, va à la cuisine, lave trois assiettes, revient à son émission, mais prise de remords retourne travailler, puis pleine de regret retourne... À aucun moment elle ne peut se concentrer ni sur son travail, ni sur l'émission.*

---

2. On utilise parfois le terme de LABILITÉ de la personnalité (BERNE).

Dans une situation donnée, on ne peut activer qu'un seul état du moi à la fois, et ce n'est pas toujours un choix facile.

Pimprenelle, fatiguée, s'est fait porter malade. Avec une amie, elle a fait des courses et submergée de paquets va au café avec elle. À peine installée, entre… son chef de service… qui commence à la regarder avec un air terrible…

Reste pour elle à trouver quoi dire à celui-ci. Quel état du moi mettre aux commandes ? Voici quelques possibilités qui s'offrent à elle :

PARENT CRITIQUE : *Vraiment quel triste métier de flic que le sien ! Et que fait-il au bistrot à cette heure-là ?*

PARENT NOURRICIER : *Oh ! Mon pauvre chef… Comme il a l'air soucieux ! Je vais lui offrir un bon café, ça le remontera.*

ADULTE : *Voyons ? Qu'est-ce que je risque ? C'est la première fois que je me fais porter malade. Bon, je vais lui expliquer que j'ai un problème d'horaires qui ne me permet pas de régler mes affaires.*

ENFANT LIBRE : *La tuile les potes ! Bof, j'ai passé un bon moment, ça valait bien le coup, parce que parfois le boulot…*

PETIT PROFESSEUR : *Je te vais lui raconter un de ces bobards ! Il va n'y voir que du feu.*

ENFANT REBELLE : *Qu'il vienne pas m'emmerder ! Il va voir à qui il a affaire !*

ENFANT ADAPTÉ : *Bien fait pour moi ! Je vais commencer par m'excuser.*

Bien sûr, choisir de sang-froid tel ou tel état du moi demande un certain entraînement.

De plus, beaucoup de personnes ont tendance à préférer par nature certains états du moi à d'autres. Et parfois même à s'y enfermer. Nous étudierons cet aspect des choses dans le chapitre 8.

Votre égogramme

Au lecteur à présent de définir son profil psychologique grâce à une grille d'analyse dite ÉGOGRAMME. Vous y découvrirez que vous avez des (sous-) états du moi préférentiels et d'autres que vous négligez. Or c'est en jouant sur tous les registres de la personnalité que vous améliorerez la communication.

Après avoir dépouillé votre égogramme, il s'agira donc pour vous :

> ▶ *de valoriser vos états du moi positifs favoris parce qu'on n'est jamais aussi brillant que dans les comportements spontanés ;*

▶ *de développer les aspects positifs peu utilisés de votre personnalité afin de disposer d'un maximum de ressources pour bien communiquer.*

Questionnaire d'égogramme ou de profil psychologique

Après avoir lu chacune des phrases, demandez-vous si, en ce qui vous concerne, elle est plutôt fausse *ou* plutôt vraie. *Si elle est* plutôt vraie, *faites une croix devant.*

☐ 1. Il m'arrive de changer d'avis sur un sujet essentiel après m'être renseigné et documenté.

☐ 2. Dans un travail de groupe entrepris avec des collègues, je trouve indispensable que ce travail soit exécuté comme convenu et terminé dans les délais prévus.

☐ 3. Les erreurs des autres m'amusent et m'attendrissent.

☐ 4. Quand j'ai bien travaillé, j'essaie que mes supérieurs le sachent.

☐ 5. Je ne supporte pas qu'on me force à faire quelque chose.

☐ 6. Lorsque j'ai un coup dur, cela se voit tout de suite : je rougis ou les larmes me montent aux yeux et j'exprime ma déception.

☐ 7. J'aime la plaisanterie et quand j'ai envie de rire, je ris, même si c'est en plein boulot.

☐ 8. Les critiques qu'on me fait me mettent facilement en colère.

☐ 9. Dans un groupe de travail, plutôt que l'ambiance, ce sont les idées émises et les résultats obtenus qui m'intéressent avant tout.

☐ 10. J'aime prendre en charge moi-même les tâches ingrates au lieu de les proposer à quelqu'un d'autre.

☐ 11. Il est nécessaire que chacun respecte le règlement intérieur : toute vie en commun nécessite un minimum de discipline.

☐ 12. Je suis très sensible aux compliments et reproches que me font mes supérieurs.

☐ 13. Je suis prêt à faire un scandale si la direction commet une injustice.

☐ 14. S'il m'arrive d'enfreindre le règlement, je me sens très mal.

☐ 15. J'aime bien faire des cadeaux.

☐ 16. Pour organiser mon week-end, je tiens compte du travail d'abord, du plaisir ensuite.

☐ 17. J'aime discuter calmement pour le plaisir d'échanger des idées et mettre au clair mes propres idées.

☐ 18. Je méprise profondément ceux qui s'écrasent devant les chefs et la direction.

☐ 19. Face à un problème, je me fie à la logique plus qu'à l'intuition.

☐ 20. J'aime remonter le moral aux collègues déprimés.

☐ 21. Je ne supporte pas ceux qui « trichent » (avec le travail, les horaires, etc.).

☐ 22. Je supporte mal l'autorité et ressens comme une brimade tout règlement.

☐ 23. Je suis facilement à l'aise, même avec les inconnus.

☐ 24. Il faut bien « fayoter » de temps en temps si on veut avoir l'estime de ses chefs.

☐ 25. Je n'hésite pas à demander à quitter le travail avant l'heure si je suis « mal fichu » plutôt que de souffrir jusqu'à la fin de la journée.

☐ 26. J'adore les lieux de travail où il y a une bonne ambiance, même si c'est un peu bruyant.

☐ 27. J'aime bien remercier et montrer ma reconnaissance quand on m'accorde une autorisation.

☐ 28. Les médecins que j'admire le plus sont les « Médecins sans frontières ».

☐ 29. Quand on me contredit, j'examine les arguments de l'interlocuteur et suis prêt à revoir mes positions.

☐ 30. En général, je vois tout de suite le détail qui cloche.

☐ 31. Je n'admets pas qu'on ne tienne pas ses engagements.

☐ 32. Dans une discussion, il est exceptionnel que je me laisse aller à l'excitation ou à la colère.

☐ 33. Je ne regarde pas un film passionnant tard le soir si une longue journée de travail m'attend le lendemain.

☐ 34. J'aime bien expliquer le travail à un collègue qui n'en a pas l'habitude.

☐ 35. J'en suis malade lorsque je sens que je vais être en retard au travail.

☐ 36. Lorsque je suis en retard ou que je sollicite une autorisation d'absence, je refuse de la justifier et d'en expliquer la raison.

☐ 37. Je suis curieux de nature et me passionne facilement pour toute nouveauté.

☐ 38. Quand un chef donne une directive, je la suis sans problème : pour moi cela va de soi.

☐ 39. Il m'arrive couramment de dire du mal de certains collègues avec d'autres collègues.

☐ 40. Dans un débat contradictoire, je ne me laisse pas influencer par la personnalité des interlocuteurs et ne prends en considération que la valeur de leurs idées.

☐ 41. La majorité de mes collègues sont des gens chics : quand ils sont désagréables, c'est qu'ils ont des problèmes.

☐ 42. Je n'ai pas peur de risquer d'être blâmé par mes supérieurs si mon attitude fait évoluer les choses vers moins d'autoritarisme.

☐ 43. Avant de prendre une décision, je m'informe et pèse le pour et le contre.

☐ 44. C'est pour moi toujours un grand plaisir de me retrouver avec les copains devant le distributeur de boissons.

☐ 45. Je n'admets pas qu'un chef ne soit pas à l'heure au rendez-vous qu'il vous a fixé.

☐ 46. Je suis indigné lorsqu'un supérieur se permet des menaces contre un employé : je trouve cela infantilisant et révoltant.

☐ 47. Le combat de la famine dans le monde est la priorité de tous les combats.

☐ 48. Je suis facilement influencé par les supérieurs qui m'impressionnent.

☐ 49. Je n'hésite pas à me moquer ouvertement de ceux qui « ne comprennent rien » à ce qu'on explique, ou qui « ne connaissent rien » quand on discute.

☐ 50. Je pense qu'en tant que subordonné, il n'est pas convenable de prendre une initiative sans consulter un responsable.

☐ 51. Quand on me cherche, on me trouve !

☐ 52. Lorsqu'on organise un travail d'équipe, avoir la moins bonne part me donne une certaine satisfaction : il faut bien que cela tombe sur quelqu'un…

☐ 53. Mon humeur est constante même si je suis énervé par la situation.

☐ 54. Il faut être exigeant avec soi-même si on veut vraiment réussir.

☐ 55. Je n'hésite pas à montrer à tel ou telle que je les trouve sympathiques et les aime bien.

☐ 56. Quand il faut donner un coup de main, je suis toujours prêt.

☐ 57. Un employé accusé à tort doit refuser de se plier aux sanctions décidées contre lui.

☐ 58. Je suis parfois cruel avec les gens que je n'aime pas.

☐ 59. J'ai soigneusement lu le règlement intérieur afin de n'avoir aucun ennui avec l'administration.

☐ 60. Lorsqu'on me donne des conseils, j'aime y réfléchir à deux fois et si possible expérimenter s'ils sont valables.

Construction de votre égogramme

1. Cochez ci-dessous les numéros des phrases devant lesquelles vous avez fait une croix.

2. Comptez le nombre de numéros cochés dans la colonne I et coloriez à partir du bas autant de cases que de numéros cochés. Exemple : vous avez coché cinq chiffres, vous noircissez cinq cases.

3. Faites de même pour les colonnes de II à VI : vous obtenez **votre égogramme**.

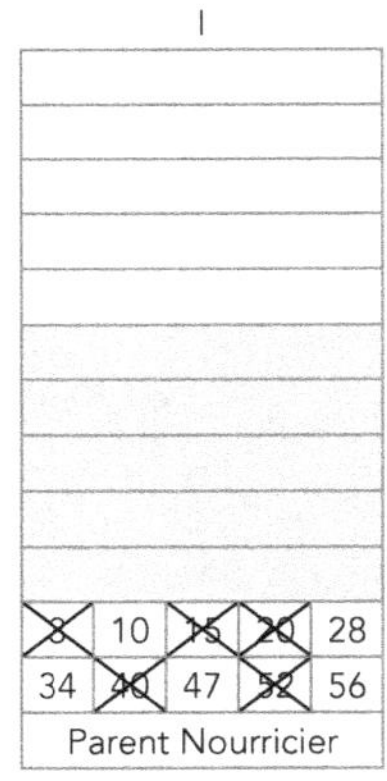

~~8~~	10	~~15~~	~~20~~	28
34	~~40~~	47	~~52~~	56
Parent Nourricier				

Utilisez, dans leur aspect positif, tous les états du moi en :
– perfectionnant vos sous-états du moi les plus spontanés afin d'en tirer les ressources maximales ;
– vous habituant à employer vos sous-états du moi non familiers afin de bénéficier d'un registre de communication le plus vaste possible ;
– vous entraînant à passer rapidement d'un état du moi à l'autre afin de disposer d'une souplesse maximale dans la relation.

I					II					III					IV					V					VI			
3	10	15	20	28	2	11	16	21	30	1	9	17	19	29	4	12	14	24	27	5	8	13	18	22	6	7	23	25	26
34	41	47	52	56	31	33	39	45	54	32	40	43	53	60	35	38	48	50	59	36	42	46	51	57	37	44	49	55	58
Parent Nourricier					Parent Critique					Adulte					Enfant Adapté					Enfant Rebelle					Enfant Libre				

Identifiez quelques états du moi

Vous avez joué aux cartes (ou à tout autre jeu de société) tout l'après-midi. Les parties se sont succédé avec acharnement, vous avez d'abord gagné puis perdu. L'adversaire ne peut plus s'arrêter. Il (elle) propose :
– *Allez ! On fait une dernière partie ?*
Voici quelques réponses possibles. Identifiez pour chacune d'elle l'état du moi qui s'exprime :

1 – *Non, ça m'ennuie, je suis fatigué(e)*	→ ....
2 – *Dis-donc, tu ne sais plus t'arrêter, toi !*	→ ....
3 – *Ça dépend, quelle heure est-il ?*	→ ....
4 – *Si tu veux...*	→ ....
5 – *Tu ne risques pas de te fatiguer ?*	→ ....

Que répondez-vous à un collègue qui risque de vous retarder ?

Vous sentez que vous n'allez pas pouvoir terminer ce soir le travail demandé pour le lendemain 8 h et qu'il va vous falloir rester après l'heure.

Or vous avez impérativement rendez-vous à 20 h 30 au théâtre où l'être aimé vous attend avec les billets. C'est à ce moment qu'un(e) bon(ne) collègue qui vous a souvent rendu service vient vous trouver en disant :

– Je suis surchargé(e). Peux-tu aller pour moi à la photocopie me faire un gros tirage ?

Imaginez un maximum de réponses en faisant fonctionner divers états du moi positifs.

–

–

–

–

–

–

–

–

–

–

(Propositions de réponses p. 196).

Deuxième partie

BIEN GÉRER LES RELATIONS

Chapitre 3

L'ART DE BIEN GÉRER LES RELATIONS

Inutile d'insister sur l'importance de ce premier message : c'est lui qui va donner un certain ton à la conversation, lui qui cherche à imposer un certain style de relation.

Nous verrons que l'interlocuteur peut accepter ou refuser ce qui lui est proposé.

Mais avant de considérer ce premier message, il nous faut faire un peu de théorie.

L'orientation des messages

Lorsqu'une personne en rencontre une autre et lui adresse la parole, elle émet un message :

- *à partir d'un de ses états du moi ;*
- *en direction d'un des états du moi de son interlocuteur.*

Ainsi, en théorie, il y a donc 9 sortes de messages :

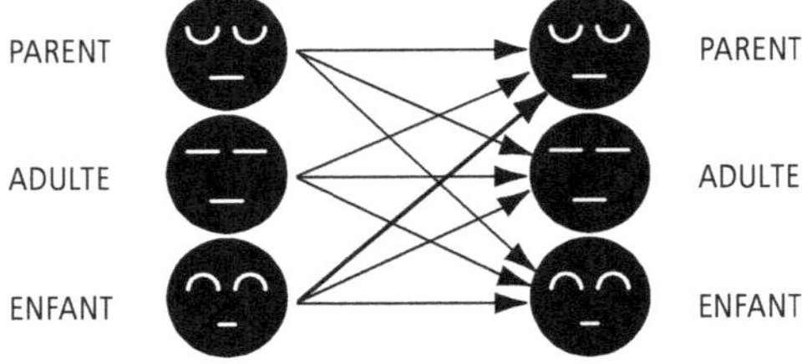

En théorie seulement parce qu'en pratique, on trouve surtout 5 sortes de messages dans les relations courantes :

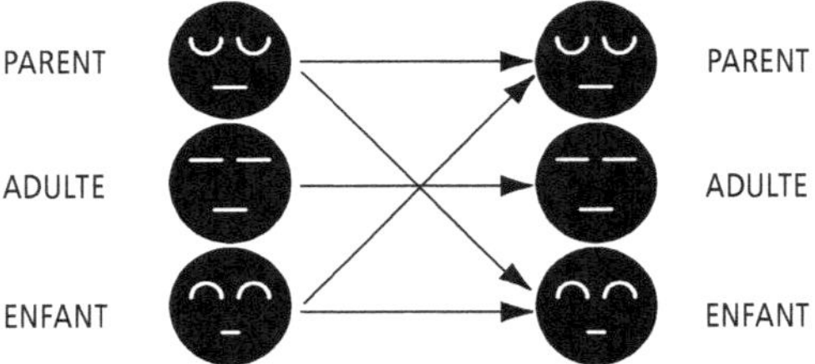

Messages partant de l'ADULTE

Les messages partant de l'ADULTE visent en général l'ADULTE de l'interlocuteur : ÉGALITÉ.

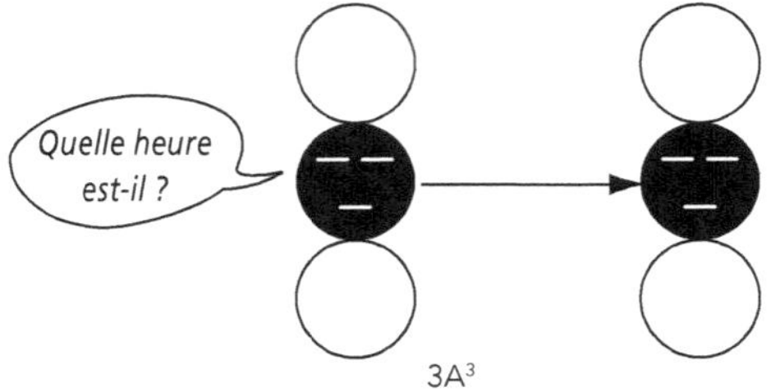

---

3. Tous les schémas sont numérotés par chapitres : 3A signifie chapitre 3, transaction A. Un schéma répertorié entre parenthèses – ex. : (3F) – est la répétition d'un même schéma déjà répertorié et expliqué dans les pages précédentes : le (3F) de la page 61 renvoie au 3F de la page 60. Enfin, un schéma tel que celui de la page 75 ainsi répertorié : 4Q (=3F) se réfère au modèle général 3F mais s'est vu attribuer un numéro 4Q parce qu'il possède une spécificité propre.

La flèche qui relie l'Adulte à l'Adulte est horizontale. Cela signifie que celui qui parle se considère comme étant sur le même plan que son interlocuteur (position de vie (+ +), p. 4) et traite ce dernier en égal. C'est pourquoi on appelle un tel message MESSAGE D'ÉGAL à ÉGAL.

Messages partant du Parent

Les messages partant du Parent visent en général :
1) Le Parent de l'interlocuteur : **ÉGALITÉ**

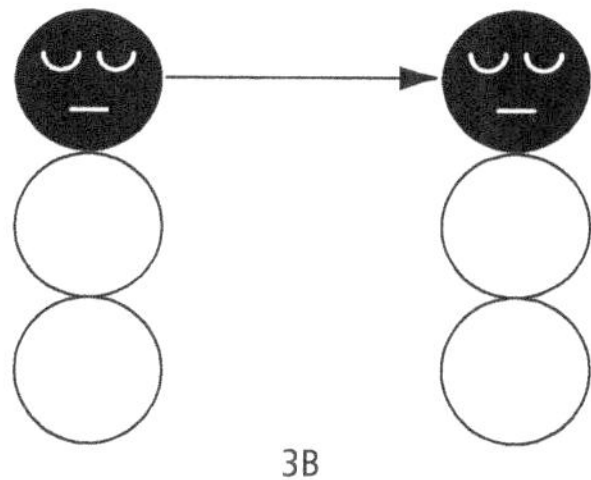

3B

Le Parent critique vise le Parent critique

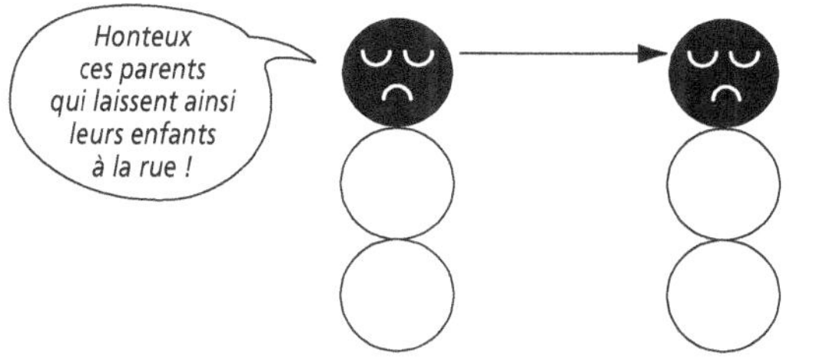

3C

Le Parent nourricier vise le Parent nourricier

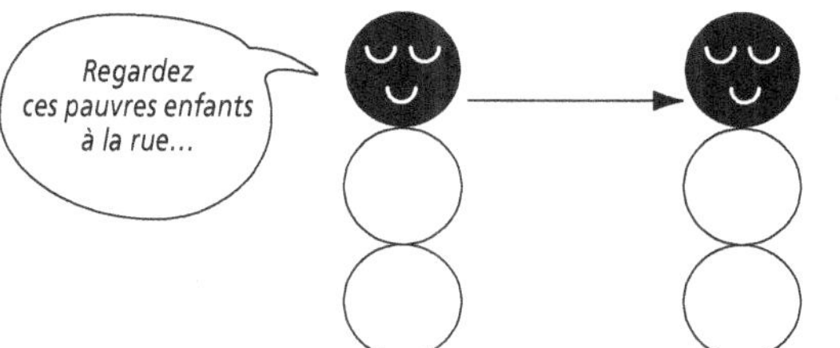

3D

Cette relation Parent à Parent est horizontale : le message est d'ÉGAL à ÉGAL.

2) L'ENFANT de l'interlocuteur : DOMINATION

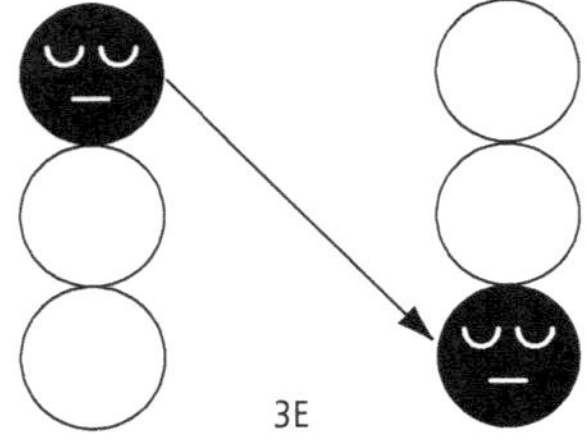

3E

Le PARENT CRITIQUE vise généralement l'ENFANT ADAPTÉ

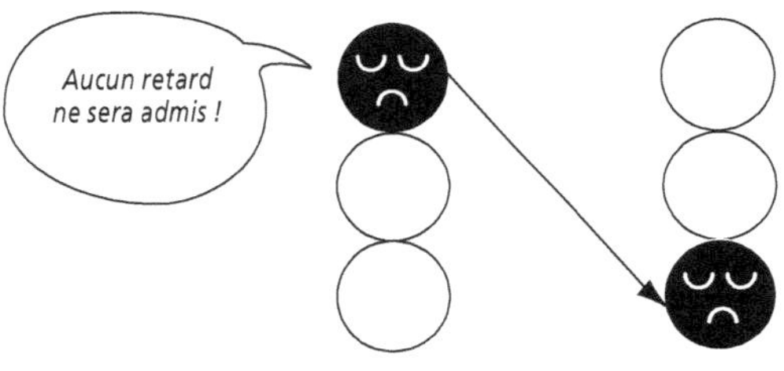

3F

Le PARENT NOURRICIER vise en général l'ENFANT LIBRE

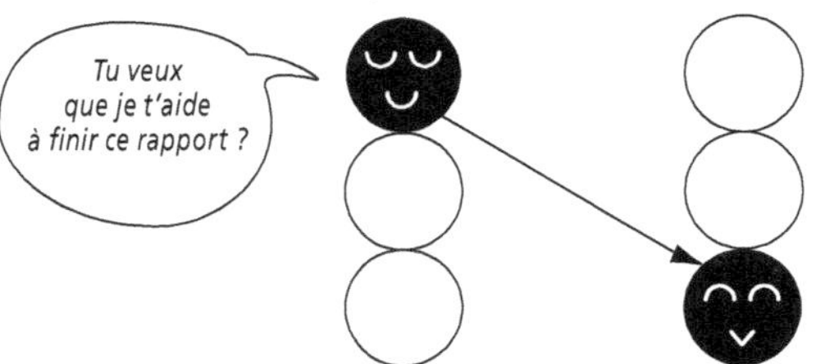

3G

Cette relation PARENT à ENFANT est en diagonale de haut en bas : celui qui parle cherche à dominer son interlocuteur.
C'est un MESSAGE DE DOMINATION, ou tout au moins de SUPÉRIORITÉ.

Le message de DOMINATION et de SUPÉRIORITÉ

C'est donc un message de PARENT à ENFANT que nous repérerons par sa flèche de haut en bas ↓ : celui qui parle se considère alors comme supérieur à son interlocuteur (position de vie ($+\,-$)) le prend de haut et le traite en inférieur.

C'est le message type inducteur de conflit comme nous le verrons plus loin.

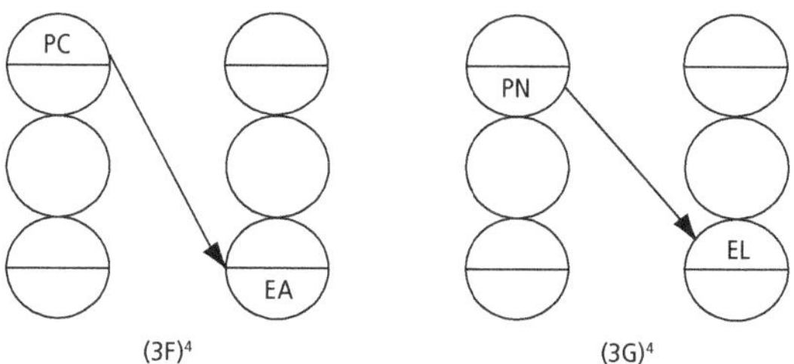

Remarquer ci-dessus que la diagonale Parent critique ↓ Enfant adapté est plus verticale que la diagonale Parent nourricier ↓ Enfant libre, plus douce. Rien d'étonnant : nous avons vu que le Parent critique est le pôle le plus dominant de la personnalité, et l'Enfant adapté le pôle le plus soumis : le message est « dur ». La différence est moins accentuée de Parent nourricier à Enfant libre : le message sera beaucoup moins dur ; il y a cependant domination plus subtile comme nous le verrons ci-après.

Cas plus spécifiques :

▶ Le Parent critique ⊕ normatif (p. 21) peut viser L'Adulte : lorsqu'il donne des instructions au nom de la logique : **AUTORITÉ**

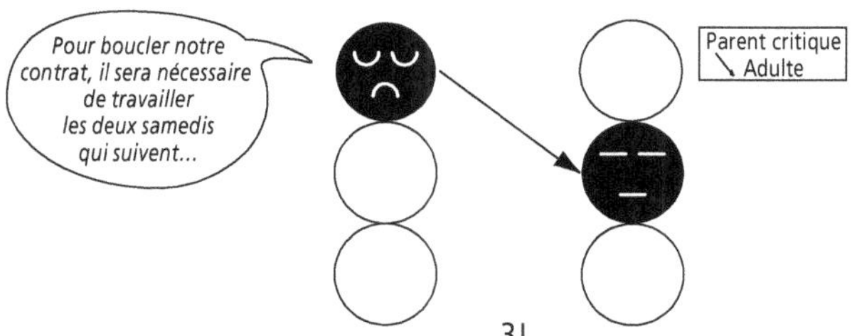

Ce type de message semi-diagonal sera examiné au chap. 5. Nous verrons (p. 52) qu'il est d'une grande performance dans l'exercice de l'autorité.

---

4. Voir note p. 40.

▶ Le *Parent critique* ⊖ *persécuteur* peut viser l'*Enfant rebelle* afin de le provoquer pour mieux le réprimer ensuite : c'est la « provocation policière ».

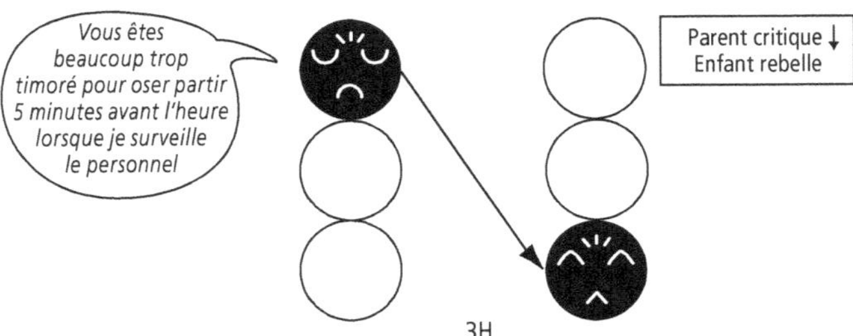

▶ Le *Parent nourricier* ⊖ *sauveur* peut viser sous couvert de bienveillance l'*Enfant adapté soumis* afin de mieux l'asservir :

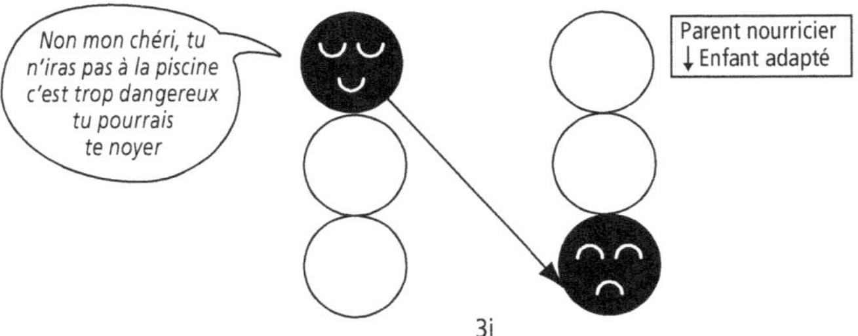

Messages partant de l'Enfant

Les messages partant de l'Enfant visent en général :
1) L'Enfant de l'interlocuteur : **ÉGALITÉ**

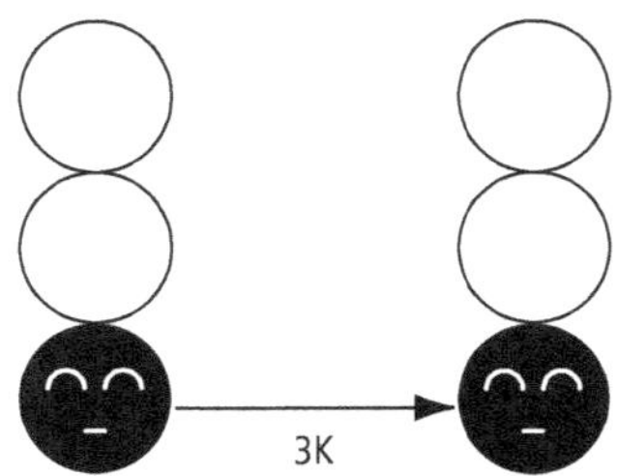

L'Enfant adapté vise l'Enfant adapté

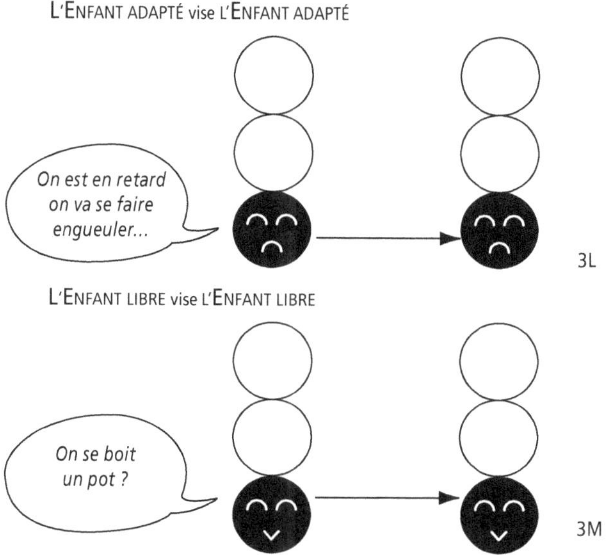

Cette relation Enfant à Enfant est horizontale : le message est d'ÉGAL à ÉGAL.

2) Le Parent de l'interlocuteur : **DÉPENDANCE**

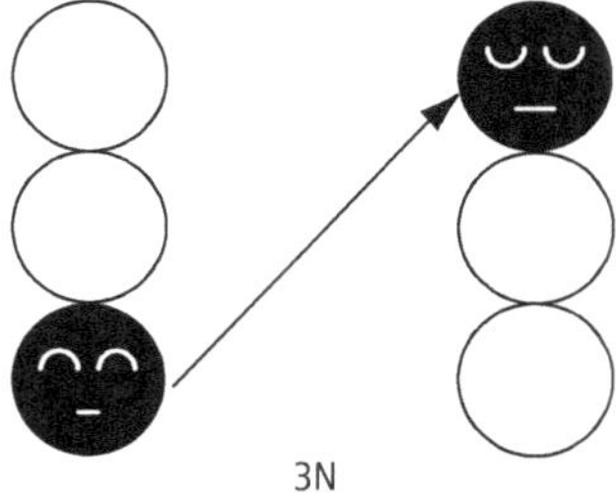

L'Enfant adapté vise en général le Parent critique

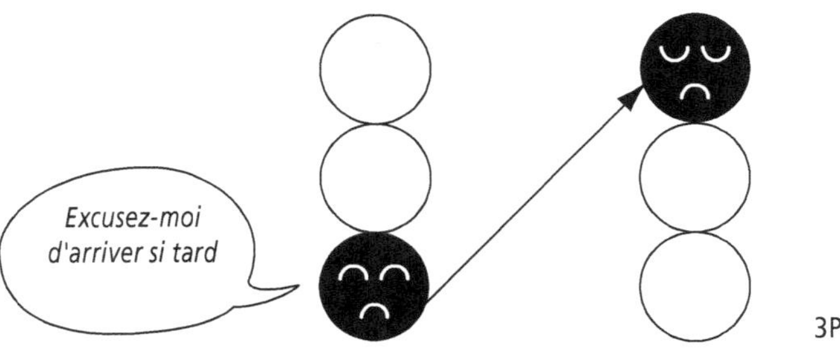

L'Enfant libre vise le Parent nourricier

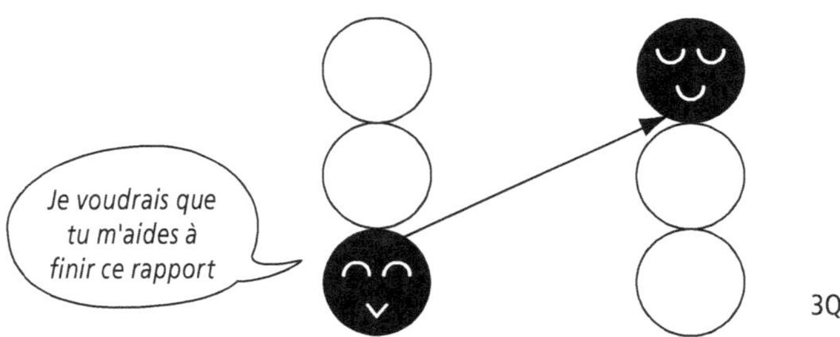

Cette relation Enfant à Parent est en diagonale de bas en haut : celui qui parle se soumet à son interlocuteur. C'est un MESSAGE de DÉPENDANCE, ou tout au moins d'INFÉRIORITÉ.

Le message de DÉPENDANCE ou d'INFÉRIORITÉ, à l'extrême, de SOUMISSION

C'est donc un message d'Enfant à Parent que nous repérons par sa flèche de bas en haut ↑ : celui qui parle se considère alors comme inférieur à son interlocuteur (Position de Vie (– +)) et le traite en supérieur.

Ce message ne crée pas le conflit immédiat comme le MESSAGE de DOMINATION. Cependant il induit la domination chez l'autre et à ce titre de futures difficultés relationnelles (p. 51).

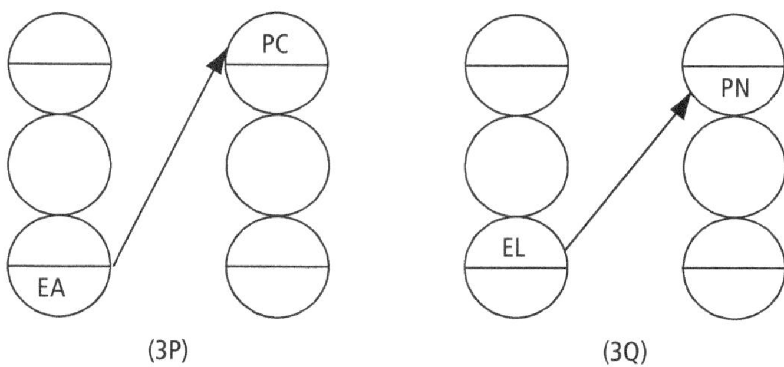

(3P)   (3Q)

Là encore, on peut constater que la diagonale ENFANT ADAPTÉ ↑ PARENT CRITIQUE est plus verticale que la diagonale ENFANT LIBRE ↑ PARENT NOURRICIER, plus douce. Les raisons en sont les mêmes que celles expliquées pour la diagonale de domination : l'ENFANT ADAPTÉ étant le pôle le plus inférieur de la personnalité, ses messages au PARENT CRITIQUE sont beaucoup plus de soumission que ceux de l'ENFANT LIBRE au PARENT NOURRICIER qui sont juste une demande d'aide. Celle-ci n'est cependant pas sans danger comme nous le verrons p. 51.

Remarque :
Le PETIT PROFESSEUR (p. 23) se comporte comme un ENFANT LIBRE.

Cas moins fréquents :

▶ *L'ENFANT LIBRE peut provoquer l'ENFANT REBELLE (et même le manipuler s'il est dans son PETIT PROFESSEUR).*

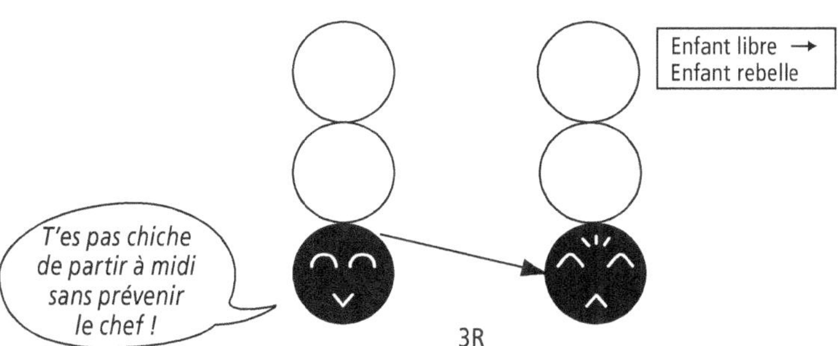

▶ *L'ENFANT ADAPTÉ peut «chercher» l'ENFANT REBELLE pour agir par procuration :*

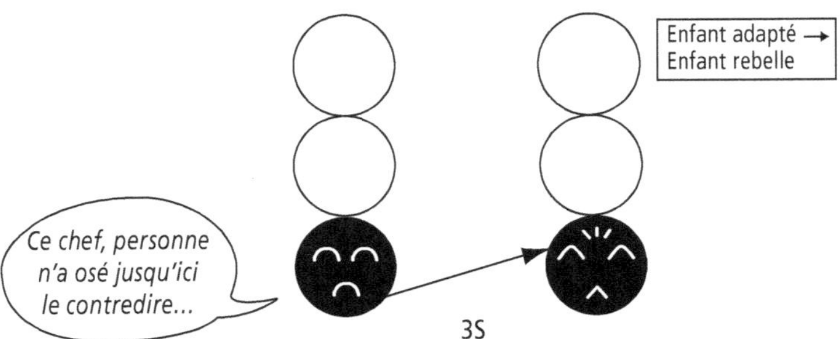

▶ *De même ENFANT REBELLE peut viser ENFANT REBELLE : ÉGALITÉ[5] :*

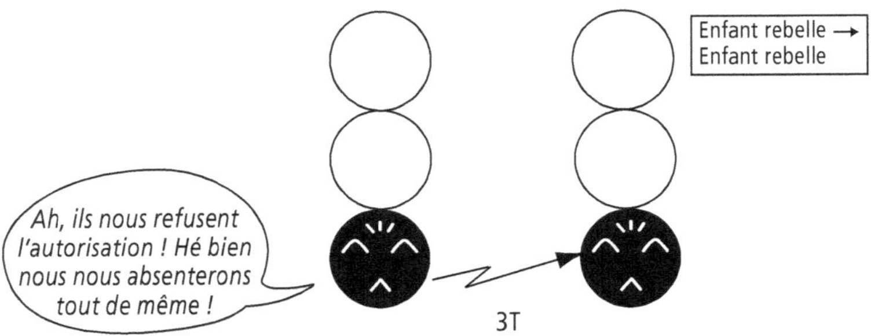

Mais la plupart du temps, l'ENFANT REBELLE exprime une réponse au PARENT CRITIQUE : on parle en ce cas de CONTRE-DÉPENDANCE :

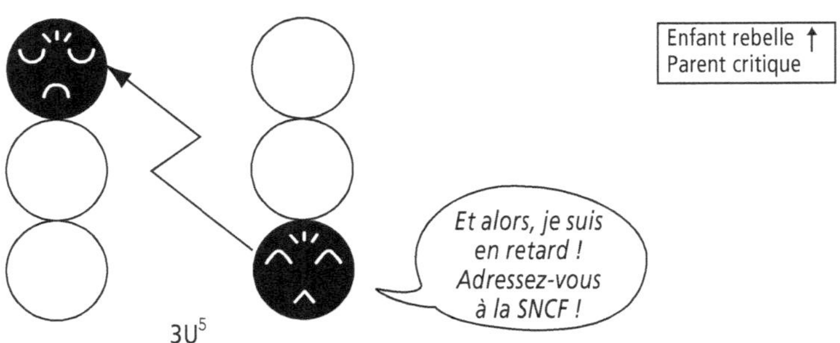

---

5. Le message de l'Enfant rebelle sera représenté par une flèche orageuse pour bien marquer son caractère conflictuel.

Ni hérisson, ni paillasson ou l'art de choisir des messages engageants

1. Tout message horizontal génère une bonne communication fondée sur l'ÉGALITÉ, voire la COMPLICITÉ

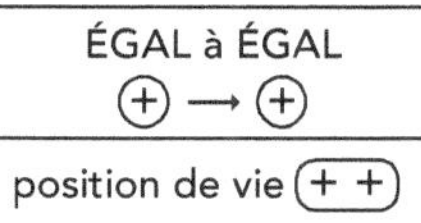

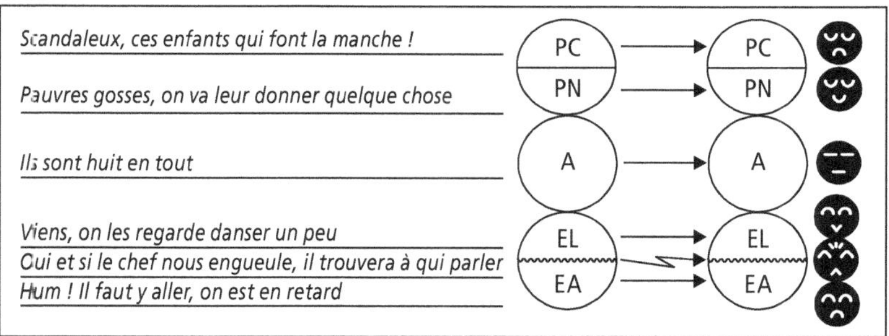

2. Tout message diagonal engendre une communication fondée sur l'INÉGALITÉ et génératrice de conflit

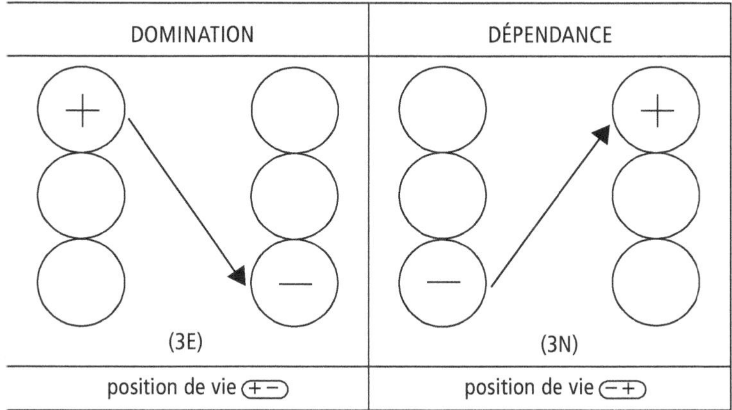

2.1 Le message diagonal de haut en bas ⊕ ↓ ⊖ (DOMINATION) bat les records en tant que source de conflits

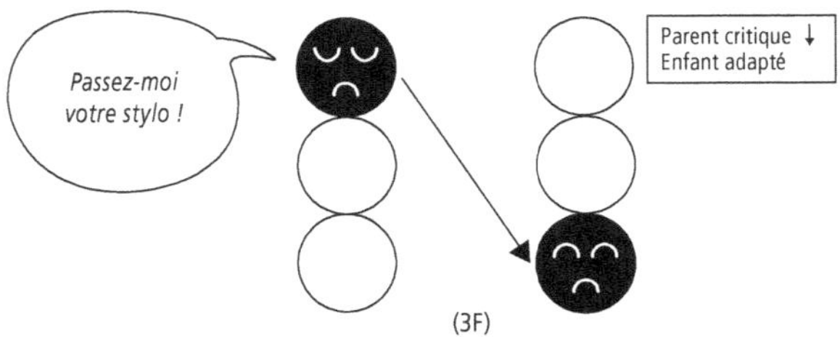

▶ *Le plus conflictuel de tous est sans aucun doute le message du* PARENT CRITIQUE *(qui s'adresse à l'*ENFANT ADAPTÉ*) :*
  • en particulier, lorsqu'on a affaire à des pairs ;
  • et même à plus long terme lorsque la hiérarchie permet à quelqu'un de s'adresser aux autres sur un ton d'autorité. C'est l'apanage des petits chefs qui détruisent le climat d'entente dans le travail en semant la discorde dans le personnel :

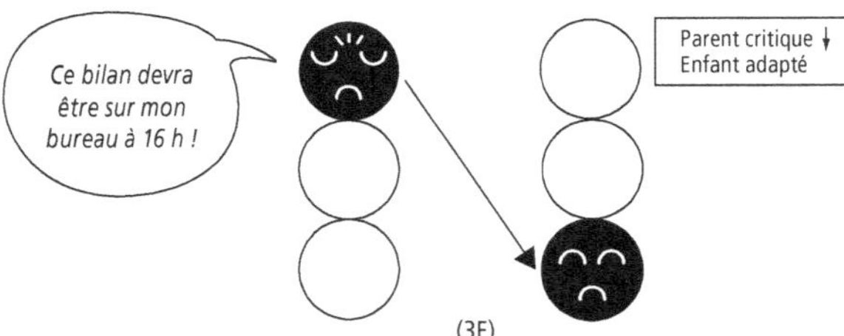

▶ *Quant au* PARENT NOURRICIER, *il est plein de bonté, certes, mais il garde le pouvoir...*
  • Entre adultes, des messages trop fréquents PARENT NOURRICIER ↓ ENFANT LIBRE sont à la longue mal ressentis (paternalisme, infantilisation, etc.) et source de malaise :

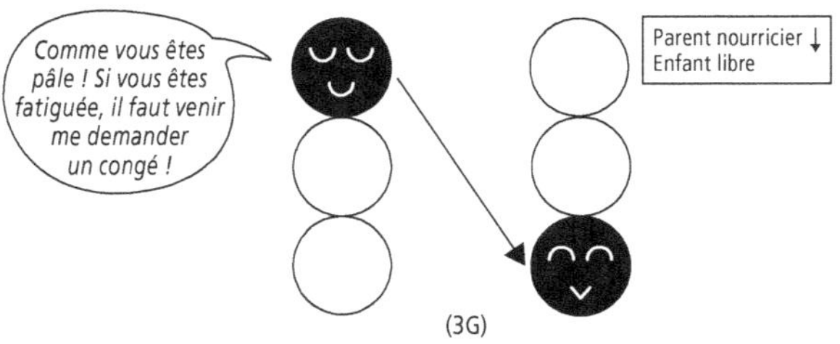

• On peut dire que ce style de message Parent nourricier ↓ Enfant libre n'a sa pleine valeur que de la part de parents élevant de jeunes enfants. Dès l'école primaire, d'ailleurs, ces messages doivent diminuer parce que les enfants eux-mêmes ont besoin d'accéder peu à peu à l'autonomie.

2.2 Le message diagonal de bas en haut ⊕ ↑ ⊕ (DÉPENDANCE) est un appel indirect à la domination et porte le conflit en germe
Cela est particulièrement vrai dans le message Enfant adapté ↑ Parent critique : c'est donner le feu vert à l'interlocuteur pour exercer sur soi son autorité, chose qu'on peut être amené à regretter plus tard :

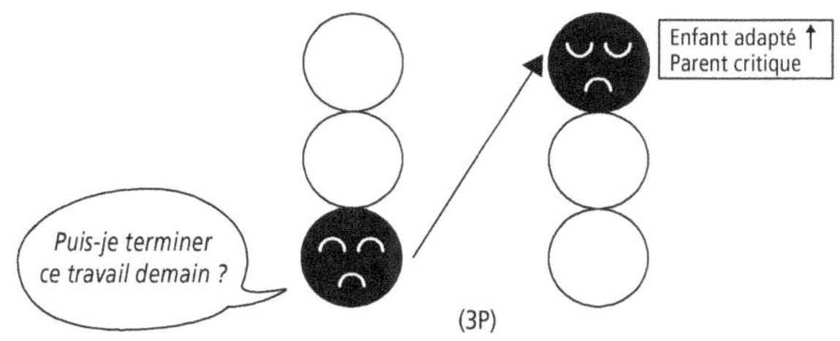

L'Enfant libre peut en revanche demander aide et protection sans danger, du moment que ce n'est pas de façon répétitive car cela pourrait solliciter le Parent nourricier ⊖ Sauveur de l'interlocuteur (p. 22) :

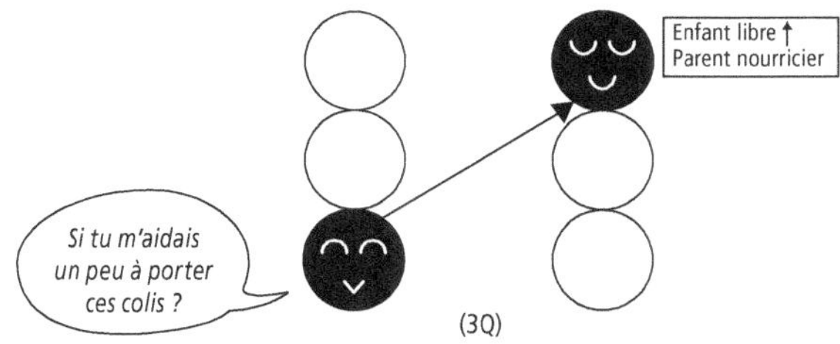

Pourquoi certaines personnes éprouvent-elles le besoin de dominer ou de se soumettre ?

L'Analyse Transactionnelle propose à ce sujet une réponse :
Certaines personnes ont reçu dans leur enfance une éducation qui les a conditionnées à un certain type faussé de relation. Par la suite,

ces personnes auront une propension à reproduire ce même type faussé de relation pour communiquer avec leurs proches.

Ainsi l'enfant qui devait, pour recevoir des marques d'amour de ses parents, se comporter en Enfant soumis aura tendance pour plaire à son entourage à envoyer des messages (– +) de dépendance. Et celui qui, pour attirer l'attention admirative de ses parents, devait montrer sa force et sa supériorité aura tendance plus tard à établir avec son entourage des relations (+ –) de domination.

Ce n'est certainement pas la seule explication. La psychanalyse entre autres a mis l'accent sur les phénomènes d'identification (aux parents, aux modèles culturels de l'environnement), sur les mécanismes de défense («identification à l'agresseur» par exemple). Il y a d'autres explications mais l'originalité de l'Analyse Transactionnelle est d'avoir mis en évidence que le jeune enfant reçoit de ses parents des messages, des injonctions, des lignes de conduite non verbales qui se transmettent d'inconscient à inconscient, et qu'elle appelle le SCÉNARIO.

La personne donc qui envoie des messages de domination ou de soumission n'est pas forcément méchante ou obséquieuse : elle reste persuadée simplement au plus profond d'elle-même que le système de relation dans lequel elle a été élevée est le seul valable…

Le secret du bon manager : le respect de la personne

Le message Parent ↘ Adulte

L'état «normal» du supérieur hiérarchique est le Parent critique. Or ce Parent critique, avec ses messages préférentiels ⊕ ↓ ⊖, est, nous l'avons vu p. 50, le plus destructeur qui soit au niveau relationnel. Il a une ineffable tendance à s'adresser à l'Enfant (adapté) soumis, ce qui équivaut à *infantiliser* l'interlocuteur. De quelle manière ? C'est qu'en ce cas, le supérieur s'adresse à la *personne* de celui qui est sous ses ordres, remet en question sa *personnalité*. Or le secret d'un bon supérieur, qu'il soit chef d'entreprise ou professeur face à ses élèves, c'est le **respect de la personne**. C'est même là une question d'éthique certes valable dans le monde professionnel, mais aussi dans la sphère familiale et peut-être même à l'échelle de toute la société : la personnalité de tout un chacun est intouchable.

Mais comment alors exercer l'autorité ? Un dirigeant, un responsable, un enseignant est forcément amené à donner des directives et porter des jugements de valeur. Comment donc en ce cas exercer une autorité efficace ?

En abandonnant le PARENT CRITIQUE ⊖ (PERSÉCUTEUR) qui s'adresse ↓ à l'ENFANT SOUMIS pour endosser le PARENT NORMATIF ⊕ qui visera alors ↘ l'ADULTE.

En d'autres termes, remplacer tout message de type 3F[6] :

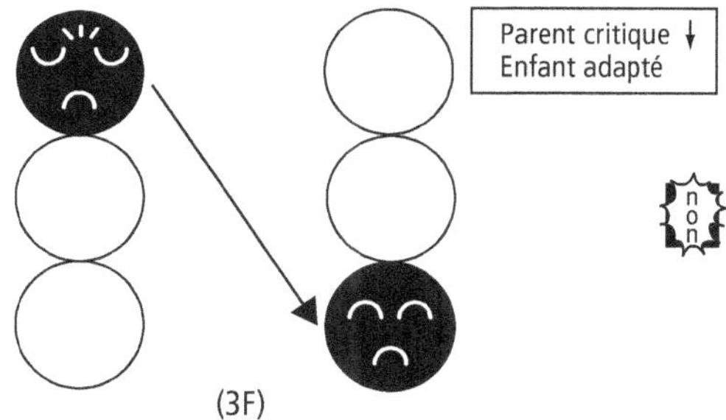

par des messages de style 3J :

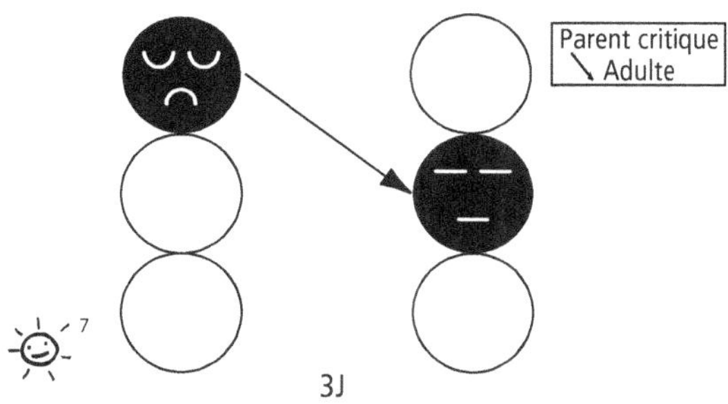

---

6. Cette figurine aux sourcils froncés (p. 21) représente plus spécifiquement le PARENT CRITIQUE PERSÉCUTEUR qui s'adresse à l'ENFANT ADAPTÉ SOUMIS.

7. Voir p. 81.

La flèche semi-diagonale 3J marque bien que le supérieur garde son autorité puisqu'il reste en position dominante, mais marque également qu'il n'écrase pas de son autoritarisme ses subordonnés.

En effet, c'est dans l'ENFANT que se trouve la personnalité profonde de tout un chacun, sphère de la sensibilité et des émotions. Les petits chefs le savent bien, qui veulent dominer négativement ou même détruire par le harcèlement un employé qu'ils n'aiment pas. Ils ne remettent alors pas seulement en cause des faits précis portant sur le travail (ce qui serait s'adresser à leur ADULTE) mais lui distillent qu'il est nul et ne vaut rien – entendez en tant que personne globale – ce qui est s'adresser à l'ENFANT de la personne en question.

Mais dans les entreprises qui fonctionnent bien, avec des chefs éminemment responsables et soucieux de la bonne marche de leurs affaires, c'est le type de relations s'adressant à l'ADULTE que l'on observe, ce qui induit un climat de respect et de dignité, chacun se sentant évalué pour ce qu'il fait, et non pour ce qu'il est. C'est en ce cas que l'on parle d'« autorité naturelle ».

Voilà qui nous amène à quelques règles essentielles qui non seulement génèrent une telle autorité mais qui, de plus, font au maximum rempart à toute amorce de conflit. Celui-ci, en effet, est souvent et largement provoqué par le comportement de celui qui détient le pouvoir.

1. Ne pas porter de jugements sur les personnes mais uniquement sur les actes

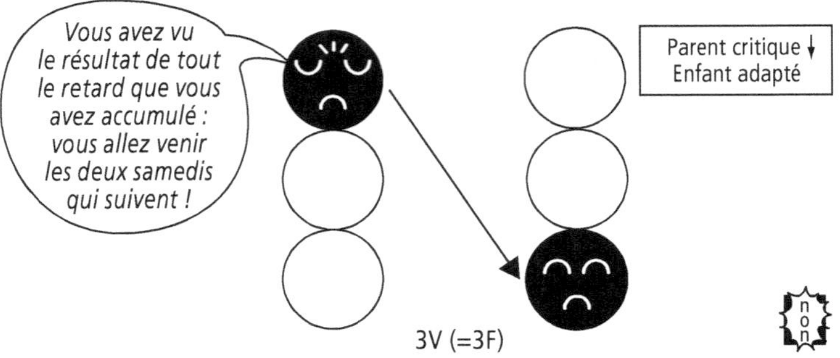

Cela, c'est le message infantilisant et humiliant PARENT ↓ ENFANT qu'il faut rejeter… pour le remplacer par un PARENT ↘ ADULTE responsabilisant dans le respect de la personne :

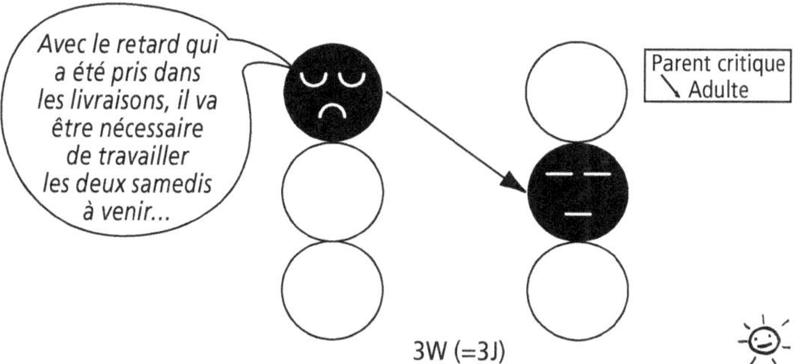

Cette façon d'établir de telles relations s'acquiert vite et facilement à condition d'en avoir le désir, car il faut reconnaître que cette attitude ne va pas de soi : tout dans notre culture fait que l'on confond la personne avec ses actes. On ne dira pas spontanément de quelqu'un « ce qu'il a fait est stupide », mais bien plutôt « il est stupide ». Déjà la philosophie existentialiste allait contre le sens commun en affirmant : « C'est parce qu'il fait des choses stupides qu'il est stupide », et non comme nous en avons l'habitude : « C'est parce qu'il est stupide qu'il fait des choses stupides ». Mais ici, il s'agit d'aller encore plus loin : éradiquer tout jugement portant sur la personne : « Il a fait des choses stupides » point. L'Éducation nationale a montré l'exemple : les bulletins scolaires actuels portent leurs jugements sur le travail et le comportement des élèves (*Résultats insuffisants ; ne travaille pas assez, etc.*), mais s'interdisent tout jugement sur la personne de celui-ci comme c'était encore l'usage dans les années d'après-guerre (*Élève nul ; ne peut réussir ; manque d'intelligence, etc.*). Cette nouvelle façon de concevoir les choses est en effet facteur de progrès pour la personne qui en est l'objet : une entreprise, une classe où employés ou élèves constatent qu'ils ne sont évalués que sur leurs actes entraîne de leur part un comportement responsable : ils savent que de leurs seuls agissements dépend leur avenir. Si au contraire ils se sentent jugés en tant que personne, cela induit fatalisme et découragement (« *De toute façon, quoi que je fasse, il m'a dans le nez…* »). De plus, être traité avec respect en individu responsable entraîne respect réciproque envers la hiérarchie. Tout le monde y gagne donc.

Certains sociologues (Charlot, Rocheix) ont noté une corrélation entre les élèves qui réussissent et ceux qui savent faire la distinction entre la personnalité de leur professeur (qu'ils n'apprécient pas forcément) et la valeur des cours de celui-ci (qui peuvent être reconnus comme étant de qualité) ; tandis que d'autres jeunes, plus en difficulté scolaire, ne peuvent suivre le cours – qu'ils qualifient de nul – d'un prof qui ne leur plaît pas. Il semble que l'on retrouve cette faculté de distinction chez ceux qui réussissent socialement.

Autre question : en ce qui concerne les jugements positifs, peut-on les faire porter sur la personne (*Vous êtes très doué(e), très intelligent(e)…*) ? Danger ! Cela fait certes plaisir dans l'immédiat, mais peut à long terme créer un malaise. Ce sont là en effet des jugements subjectifs, à tonalité régalienne, donc incontrôlables et susceptibles de changement ; ils amènent à penser que celui qui les porte pourra avoir un jour ou l'autre un jugement contraire sur lequel on n'a pas prise. De plus, si de tels compliments sont proférés publiquement (*Vous avez beaucoup de capacités, Mlle Dupont !*), imaginons ce que ressentent les autres ! Tandis qu'un jugement portant sur le travail (*Excellent rapport, M. Durand !*) peut être entendu par tous, sans que personne ne se sente blessé. Si l'on sent que le supérieur hiérarchique ne porte ses jugements que sur le travail, une telle remarque peut même s'avérer stimulante pour les autres (*Hé hé ! Moi aussi je vais bien soigner mes rapports*).

À noter cependant que tout jugement public doit rester exceptionnel : il est souhaitable que les jugements évaluatifs, même portant sur les actes – positifs ou négatifs – soient donnés en tête-à-tête. Claironner publiquement ses remarques instille très vite un climat délétère. Cela encore fait hélas partie de nos habitudes. Cela commence dès l'école : il est encore d'usage que le professeur qui rend les copies annonce les notes de chacun devant toute la classe (pratique qui serait extrêmement mal perçue dans certains pays comme la Scandinavie ou le Canada). L'évaluation d'un individu ne concerne que cet individu lui-même.

2. Ne pas généraliser les jugements négatifs (*toujours, encore, comme d'habitude*), mais rester dans l'ici et maintenant

Reprocher un comportement en en montrant la pérennité et le côté répétitif est une manière déguisée, hypocrite même, de remettre en cause la personne elle-même. Jugeons plutôt :

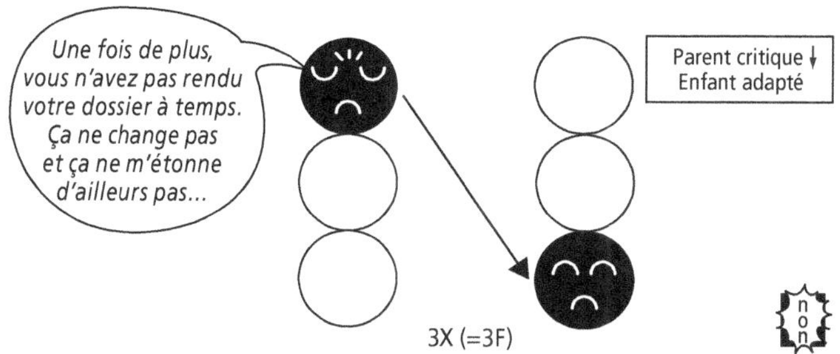

Dès que l'on constate un tel état de fait, il est beaucoup plus pertinent de signaler la chose à la personne en question sans l'enfermer dans un comportement rédhibitoire. On aura plus de chance d'obtenir un résultat positif de sa part en lui disant :

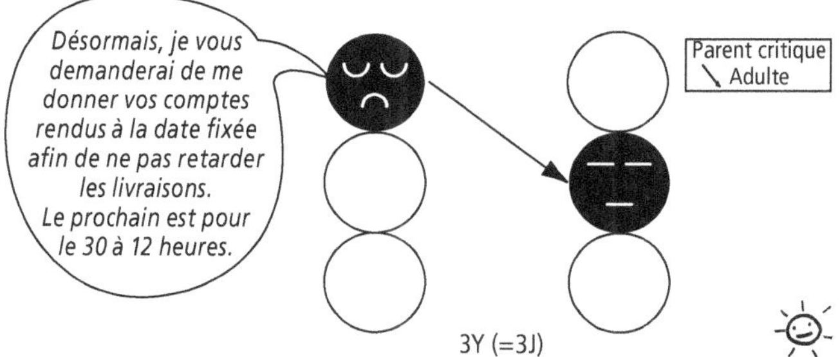

Une fois de plus, c'est pour la personne concernée la possibilité de changer, la liberté de progresser. On parle en psychologie sociale d'*effet Pygmalion* (ou *effet prédiction*) pour montrer que l'attente d'un supérieur, d'un formateur, d'un soignant influe sur l'évolution de la personne à qui l'on a affaire (si l'on montre à quelqu'un qu'on le croit peu capable de remplir une tâche, il la réussira effectivement moins bien que si on lui témoigne toute confiance pour la tâche en question !).

Pour illustrer notre propos, imaginons la maîtresse de maison qui rentre un soir et qui s'exclame (PARENT ↘ ADULTE) : *Oh, il est tard, et personne n'a préparé le repas, moi qui espérais me mettre les pieds sous la table...* Nul doute qu'elle a plus de chances de se faire gâter que si elle disait (PARENT ↓ ENFANT) : *Ah je rentre tard et encore une fois, comme d'habitude, personne pour avoir préparé le repas...* Là c'est bien mal parti...

3. Ne pas faire de reproche après coup (*il aurait fallu, vous auriez dû*), mais en tirer leçon pour l'avenir

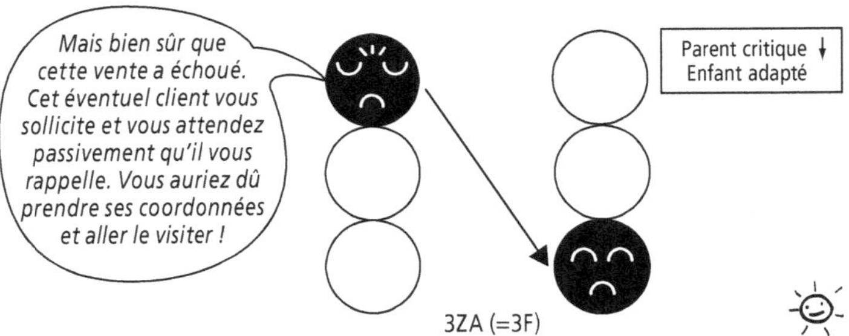

C'est sur le ton du reproche (Parent ↓ Enfant) que l'on déplore un échec et qu'on se perd en regrets stériles. Si l'on souhaite que cet échec soit porteur de progrès, le mettre à profit en se préparant pour une future situation similaire.

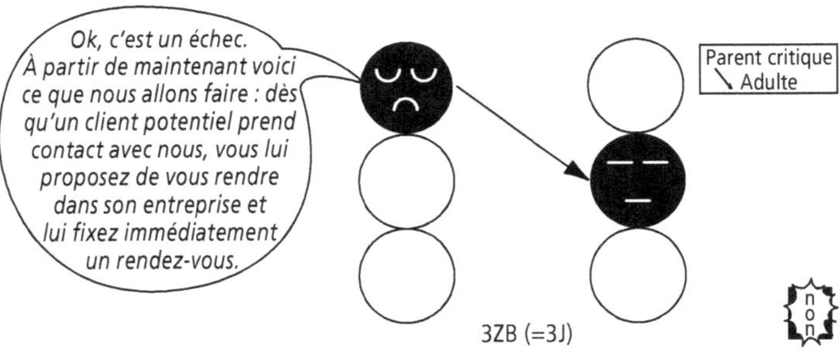

4. Ne pas présenter les consignes comme étant évidentes, mais en expliquer les raisons

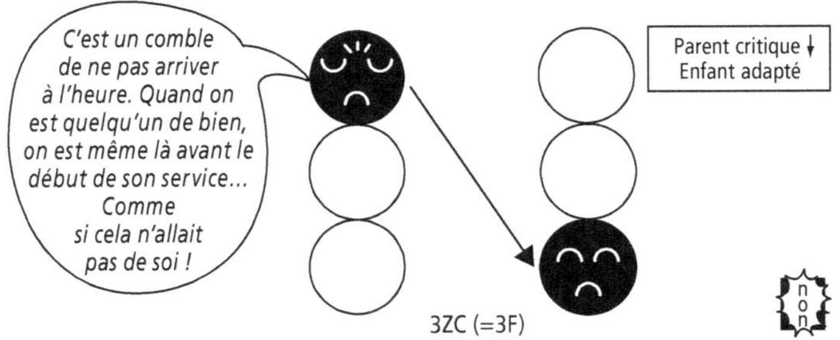

Non, cela ne va pas de soi ! Surtout avec les jeunes en formation. Ce qui semble en effet être évident pour les gens qui sont en place depuis des mois dans l'entreprise ne l'est pas du tout pour un nouveau salarié. Un responsable de personnel ne doit pas voir midi seulement à sa porte. Une bonne consigne nécessite une explication logique. C'est là faire appel à l'intelligence de son personnel. De plus, on a remarqué qu'une consigne brute est moins mémorisée qu'une consigne assortie d'une explication qui en motive les raisons : si une personne comprend *pourquoi* elle doit exécuter tel ordre, elle le fera bien plus volontiers et l'oubliera d'autant moins qu'elle en comprend la nécessité.

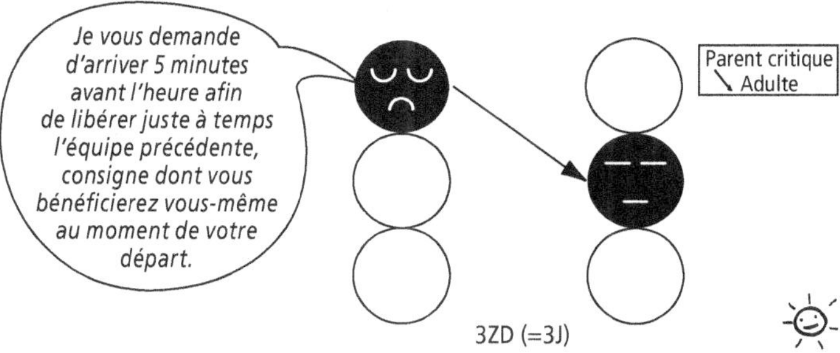

5. Éviter les seules remarques négatives mais donner des renforcements positifs

On appelle renforcement positif, en psychologie du comportement, les compliments, les félicitations, les récompenses, tout ce qui encourage une personne lorsqu'elle a accompli quelque chose de réussi. Ils portent uniquement sur les actions. Là encore, cela va à l'encontre de nos habitudes culturelles où il est coutume de faire des remarques sur ce qui ne va pas, mais rarement des compliments sur ce qui a été bien fait. Les enseignants eux-mêmes ont souvent tendance, lors de leurs corrections, à ne relever que les points négatifs des travaux de leurs élèves. Or les spécialistes du comportement aiment à dire que *1* renforcement positif équivaut à *10* renforcements négatifs. En d'autres termes, un chef qui sait relever les réussites de son personnel obtiendra beaucoup plus facilement des résultats performants que celui qui ne sait que souligner ce qui ne va pas.

Là encore, très souvent, les renforcements négatifs visent la personne elle-même, et non ses actes seulement :

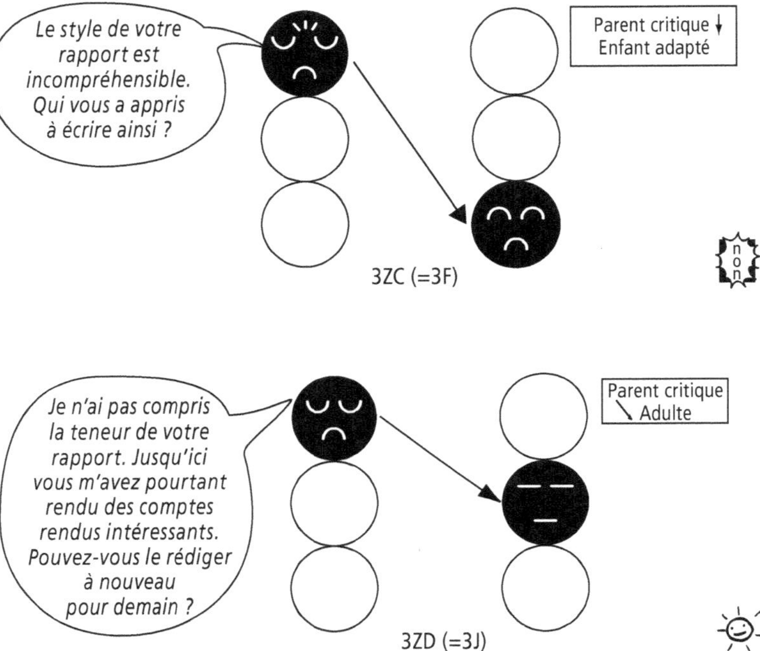

Bien entendu, le message ci-dessus n'est pas toujours possible, si par exemple les rapports de l'employé en question n'ont jamais été corrects ! Mais il s'agit ici de bien marquer qu'il faut épargner celui-ci dans sa personne et qu'il est souhaitable de trouver un point positif à relever pour l'encourager à mieux faire (*Certains points de votre rapport sont très bien ciblés, mais c'est la conclusion qui n'est pas claire* ou *Je vous fais confiance, je sais que vous savez faire*, etc.). Ce qui induit un effet Pygmalion positif. Si cela n'est pas possible, on peut envoyer un message simplement négatif, non pas sur le ton du reproche stérile mais sur un ton objectif et assorti d'une attente positive pour l'avenir (*En l'état actuel, votre rapport est inexploitable ; il vous faut me le refaire en termes clairs et concis*).

6. Éviter les sous-entendus mais exprimer clairement ses opinions

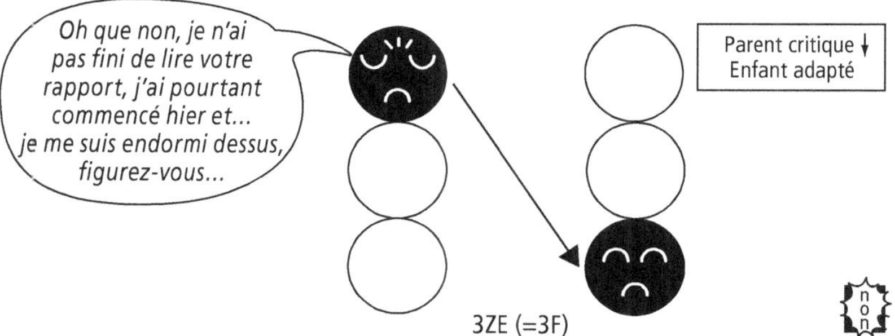

Nous verrons au chapitre 7 le danger relationnel et le côté malsain que peuvent entraîner de tels messages porteurs de sous-entendus. En fait, même si le message semble s'adresser à l'Adulte (*message apparent*), il est en réalité destiné à l'Enfant – donc, une fois de plus à la personne (*message caché*). On appelle cela un *message à double fond* :

- ▶ *le message apparent est dit de niveau social ;*
- ▶ *le message caché est dit de niveau psychologique.*

Or en ce cas, c'est le niveau psychologique (message caché) qui est le plus important (p. 133).

Attention alors aux retours de bâton ! Si l'on a le désir d'une bonne entente avec son personnel (mais est-ce toujours le cas ? C'est pourtant la condition première de réussite quoi qu'en pensent certains petits chefs qui prennent plaisir à maltraiter pour régner), les choses gagnent à être dites clairement, sans ironie, dans le respect de chacun.

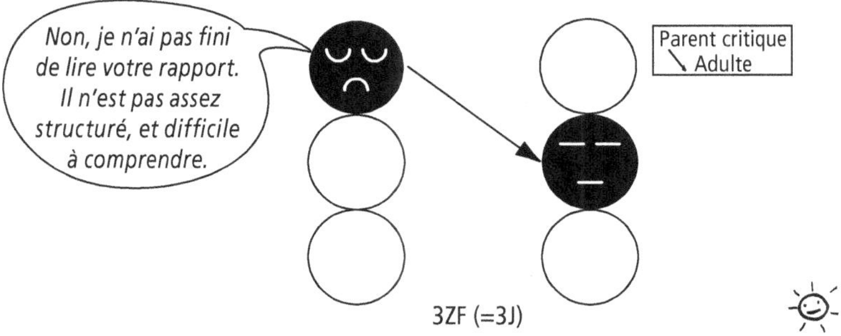

7. Éviter les sautes d'humeur et les airs agacés mais rester équanime[8]

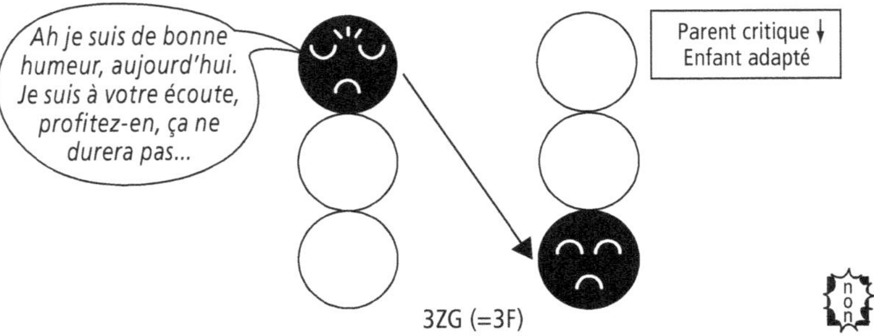

Spectacle plutôt lamentable du petit chef régalien dont on doit suivre les humeurs tels les courtisans à la cour du roi. Certains enseignants utilisent encore ces procédés avec leurs élèves : excellent apprentissage à la démocratie !

Quant aux agacements que l'on peut ressentir, c'est le lot de tout un chacun : il est vrai que certaines questions qui vous sont posées, que certaines personnes, par leur attitude, peuvent profondément insupporter. Il est vrai également que l'on n'hésite pas parfois à le montrer, surtout si l'on ne risque rien – tel le petit chef avec ses subalternes, qui peut même en jouer et abuser. Le ferait-il avec son propre supérieur hiérarchique ? Oserait-il lui montrer son exaspération si celui-ci lui fait une remarque ? Voici un conseil que donnait un chef du personnel dans une grande entreprise, à qui l'on demandait comment il avait acquis cette « autorité naturelle » que tout le monde lui reconnaissait : *« J'essaie de diriger mon personnel dans le respect de chacun : par exemple, si quelqu'un commence à m'agacer – cela arrive, hélas –, avant de lui répondre, je m'imagine avoir en face de moi un supérieur ; je m'adresse alors à mon subordonné de la même façon que je le ferais avec ce supérieur, c'est-à-dire avec courtoisie et patience. Ce que l'on y gagne ? « Énorme » ! : on en retire en retour un respect du personnel qui vous reconnaît comme vrai référent de l'autorité, fondée sur la confiance, la stabilité et la réciprocité. »*

8. Ne pas viser personnellement les exécutants mais donner les consignes « au nom de la loi », et bien respecter le principe d'égalité entre les personnes

---

8. **Equanimité** : égalité d'humeur (du lat. : égalité d'âme).

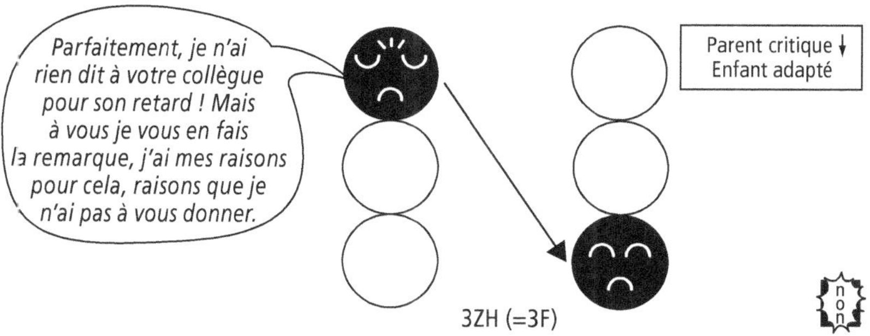

Là encore, voilà un procédé destructeur envers le personnel : avoir une attitude différente selon la personne à laquelle on s'adresse, et cela au vu et au su de tous. Avec l'un, on va être tout sourire, et avec l'autre montrer ouvertement le rejet qu'on fait d'elle. Là encore, procédé connu de petits chefs avides de domination, mais qui n'y gagnent ni respect ni véritable autorité.

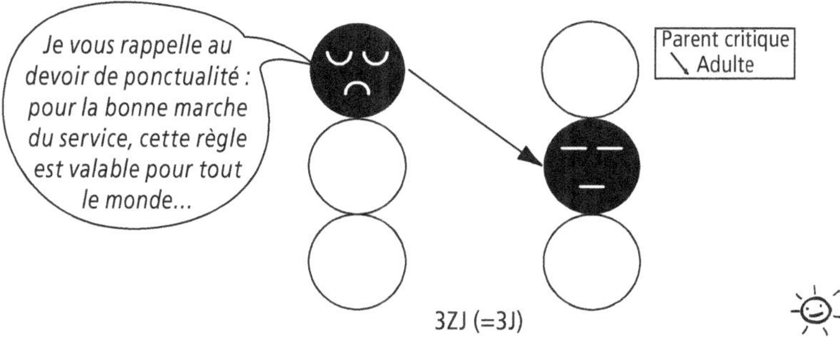

9. Éviter la surveillance directe mais laisser exécuter la consigne comme allant de soi

C'est là un dernier conseil que l'on doit donner à ceux qui donnent des ordres. On a remarqué en effet que lorsqu'une consigne difficile doit être exécutée, celle-ci l'est d'autant plus volontiers en l'absence du donneur d'ordre. Les enseignants savent cela : par exemple, entrant dans une classe où les élèves ont mis le *souk*, un professeur exige que la salle soit en ordre pour commencer le cours ; si mine de rien il sort alors de la classe, il y a beaucoup plus de chances que la consigne soit exécutée. En ce cas, là encore, ce ne sont plus les personnes qui sont mises en cause, mais la rationalité du règlement.

En conclusion, on l'a compris, *on ne touche pas à la personne*, on n'exerce son autorité et n'exprime ses jugements de valeur que sur les actes, sur le travail de la personne. Tel est le secret du bon manager, telle est la nature de la véritable autorité en entreprise.

Si vous êtes à l'origine du 1ᵉʳ message, et soucieux d'une authentique communication, envoyez-le horizontalement ⊕ → ⊕ ; c'est-à-dire d'ÉGAL à ÉGAL parce que :
– la DOMINATION (+ −) ne donne jamais lieu à une vraie communication ni à une réelle relation : elle finit tôt ou tard dans le conflit ou génère une structure institutionnelle figée, sans joie et vouée à l'échec ;
– la DÉPENDANCE (− +), même si vous pensez qu'elle peut faire plaisir à votre interlocuteur, ne permettra jamais à la communication d'aller très loin. Ce style de relation risque, de plus, de vous devenir très vite insupportable en engendrant chez l'autre un abus de pouvoir et chez vous l'agressivité.
Si c'est votre interlocuteur qui vous envoie le 1ᵉʳ message, n'acceptez (dans la mesure du possible) que les messages s'adressant à votre Adulte.
S'il cherche à vous imposer dépendance ou domination, déjouez ce piège (voir chapitre suivant sur les transactions).
Si vous détenez l'autorité, privilégiez les messages Parent ↘ Adulte.

 **Faites une demande délicate**

C'est vous cette fois qui allez demander qu'on vous fasse des photocopies (p. 36) : vous aviez en effet habilement refusé ce service à votre collègue ; mais devant une seconde prière de ce(tte) dernier(ère) encore plus paniqué(e) que vous, vous avez finalement accepté malgré votre travail et ce rendez-vous au théâtre. Seulement, vous n'allez pas pouvoir vous en sortir et allez à votre tour trouver un(e) troisième collègue pourtant fort affairé(e) pour tenter de lui « refiler le bébé ».
Essayez trois types de messages :

ADULTE → ADULTE :

PARENT NOURRICIER → PARENT NOURRICIER :

ENFANT LIBRE → ENFANT LIBRE :

(Propositions de réponses possibles p. 197)

Chapitre 4

L'ART DE DÉSARMER
EN DOUCEUR L'ADVERSAIRE

Le message de départ et le message-réponse forment un ensemble appelé TRANSACTION.

La communication et les transactions

Jusqu'ici nous avons constaté qu'un message partait de l'un des états du moi (PARENT, ADULTE, ENFANT) de l'émetteur et visait l'un des états du moi du récepteur.

Mais rien ne force ce dernier à répondre à partir de son état du moi visé par l'émetteur…

Et rien ne le force non plus à répondre en direction de l'état du moi dans lequel est l'émetteur…

Résumons-nous.

Une transaction est formée :
- *d'un message de départ de la part de l'émetteur ;*
- *d'un message-réponse de la part du récepteur.*

Le récepteur peut alors répondre de quatre façons différentes :

> *à partir ou non de son état du moi visé par l'émetteur ;*

> *en direction ou non de l'état du moi d'où est parti le premier message.*

Nous pouvons ainsi obtenir en principe une très grande quantité de transactions, mais dans la pratique on en observe principalement 5 × 5 = 25.

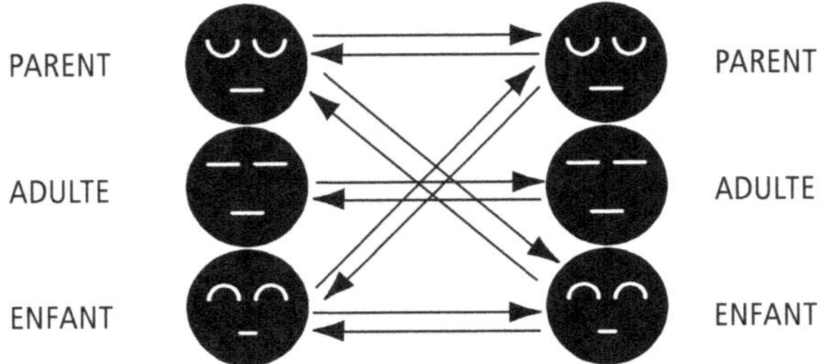

Certaines transactions maintiennent la communication : ce sont les transactions parallèles ou complémentaires.

D'autres rompent la communication : ce sont les transactions croisées.

D'autres orientent la communication vers un registre différent : ce sont les transactions-rebond.

D'autres permettent de fuir ou éluder une complicité désagréable : ce sont les fausses parallèles.

D'autres enfin, sont ambiguës : ce sont les transactions cachées.

La communication réussie avec les transactions parallèles (T1) : *Les deux états du moi communs*

Si la réponse repart de l'état du moi visé par le message de départ…
Si, de plus, la réponse revient vers l'état du moi d'où est parti ce premier message…
Alors pas de problème : les deux interlocuteurs sont sur la même longueur d'ondes ; la transaction sera dite PARALLÈLE (à l'image des

flèches qui représentent les messages) et la relation entre les deux personnes sera une relation de bonne entente.

Parallèles horizontales : la complicité

▶ *Entre ADULTES*

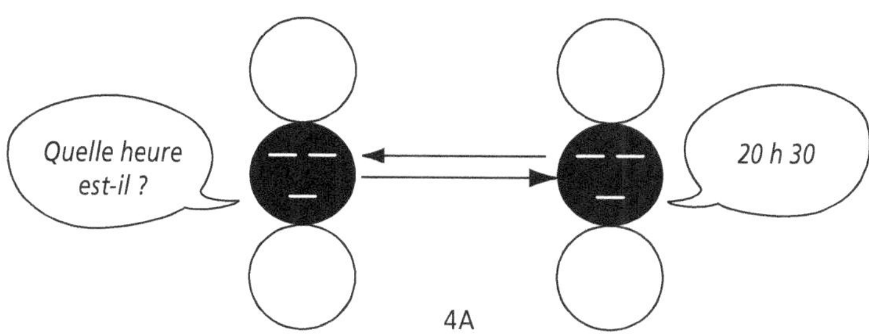

▶ *Entre PARENTS*

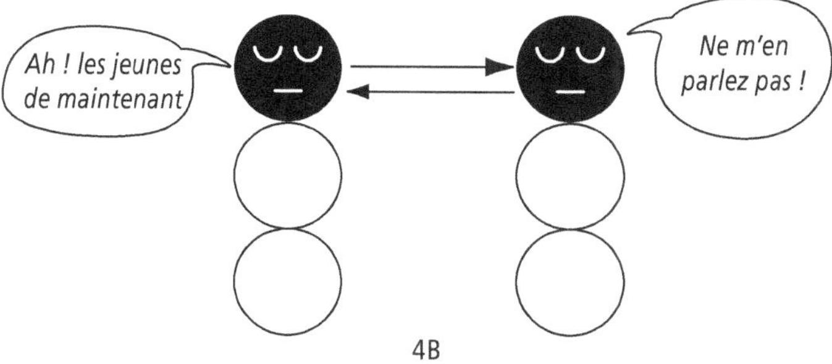

▶ *Entre ENFANTS*

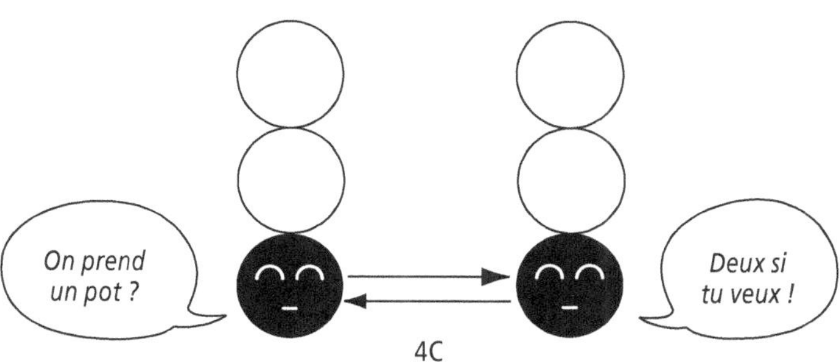

Ces transactions entre mêmes états du moi engendrent chez les interlocuteurs la COMPLICITÉ (à des degrés plus ou moins grands : celle des ENFANTS est la plus forte, parce que la plus spontanée ; celle des PARENTS est moindre parce que souvent faite d'échange d'opinions toutes faites ; et celle des ADULTES étant simplement une bonne communication faite de compréhension et d'échanges d'informations).

Parallèles diagonales : une certaine complémentarité

▶ *Entre PARENT et ENFANT...*

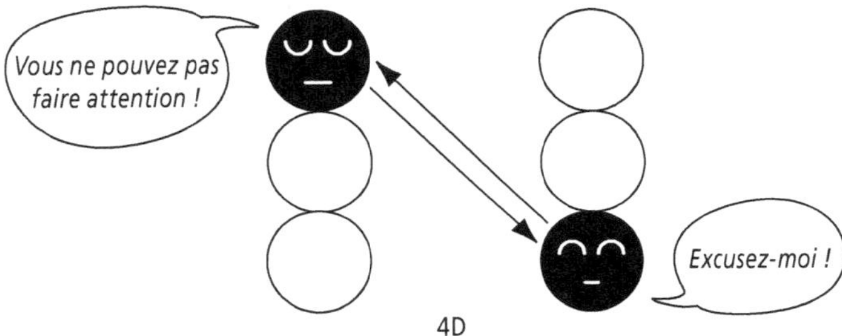

▶ *... ou entre ENFANT et PARENT*

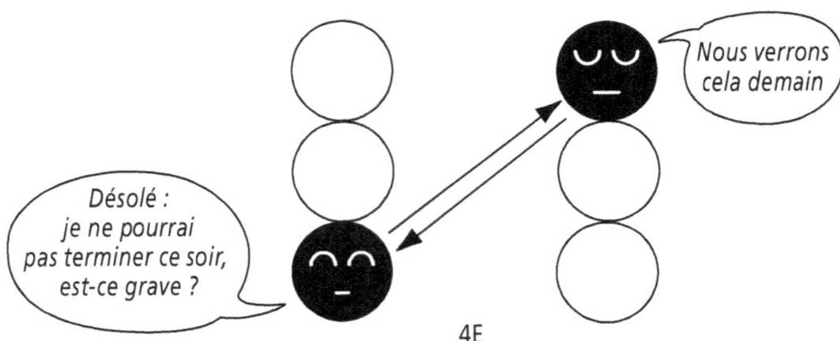

Ces transactions (+ ↓ −) et (− ↑ +) entre PARENTS et ENFANTS sont parallèles et n'engendrent pas comme telles de conflit. Elles signifient que les deux interlocuteurs sont sur un pied d'inégalité reconnu et accepté comme tel par eux : l'un est en position de domination, l'autre de soumission ou de dépendance. D'où une communication sans problème...

Du moins dans l'immédiat : nous avons vu p. 49 que de tels messages fondés sur l'inégalité ne peuvent engendrer une communication saine et portent en germe, à plus ou moins longue échéance, le conflit.

La communication rompue avec les transactions croisées (T2) : *Aucun état du moi commun*

Si la réponse ne repart pas de l'état du moi visé par le message de départ…

Si, de plus, la réponse ne revient pas vers l'état du moi d'où est parti le message…

Alors… mauvais, mauvais : deux bonnes raisons de rompre la communication. On dit parfois que les interlocuteurs croisent le fer : effectivement les flèches des messages se coupent : la transaction est dite croisée, c'est la rupture.

On observe ainsi six sortes de croisement :

▶ La réponse de domination

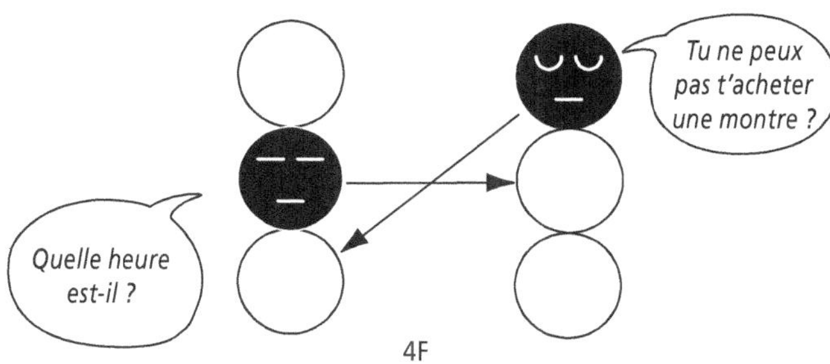

▶ La réponse de dépendance

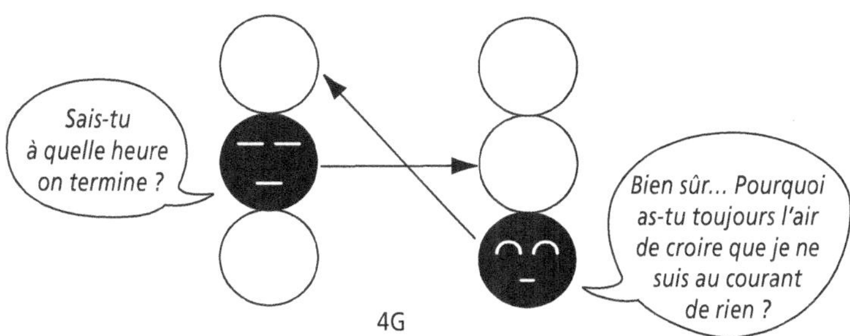

Comme on peut le constater, la première transaction ci-dessus est la plus conflictuelle parce que la réponse est un MESSAGE de DOMINATION.

La seconde est moins sévère parce que la réponse est un MESSAGE de DÉPENDANCE.

❙ La réponse insolente

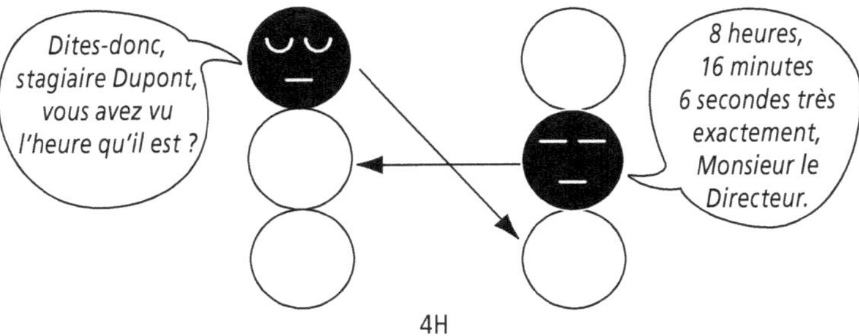

« […] réponse "insolente" où quelqu'un "fait le malin" en fournissant des faits à quelqu'un qui ne demandait rien d'autre qu'un acquiescement soumis. » (BERNE)

❙ La réponse exaspérante

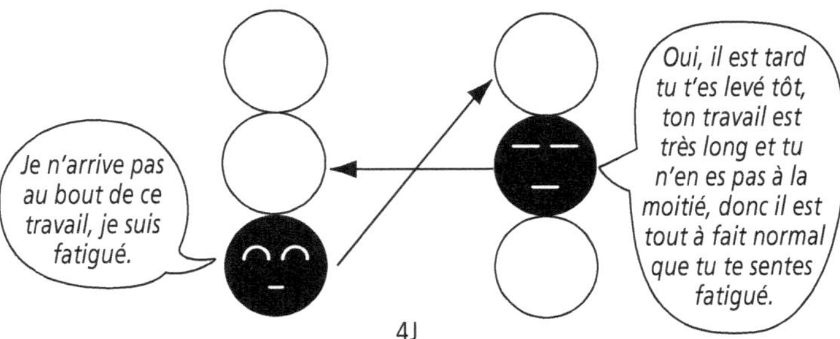

« […] réponse "exaspérante" de quelqu'un qui fournit des faits à quelqu'un désirant de la sympathie ou du réconfort. » (BERNE)

Dans ces deux dernières transactions, ce n'est pas le message-réponse en soi qui est conflictuel (au contraire : celui-ci est d'égal à égal (horizontal) : tout pour réussir une bonne relation !) ; c'est en fait le croisement qu'il opère avec le message de départ qui provoque une rupture de ton.

◗ La réponse de rivalité «Et moi» *(conflit de BESOINS)*[9]

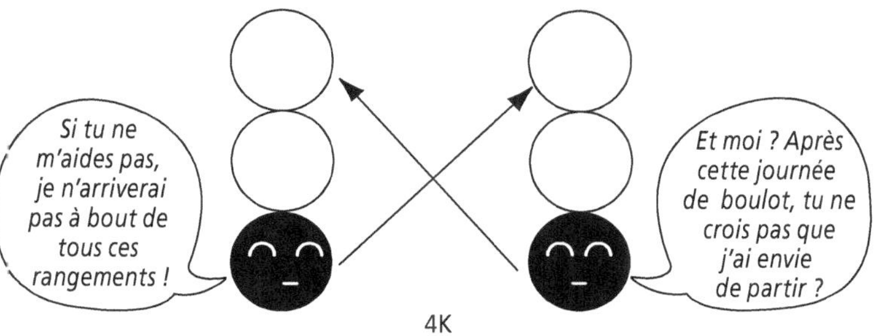

◗ La réponse de rivalité «Et toi» *(conflit de VALEURS)*[9]

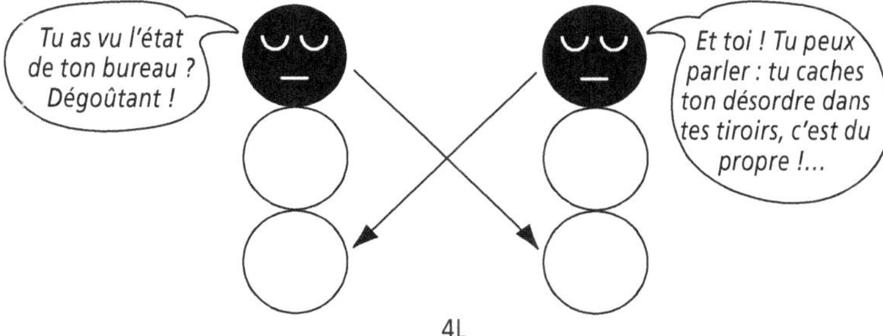

Ces deux dernières transactions à angle droit sont sans aucun doute les plus sévères des transactions croisées. Elles peuvent mener droit aux pires catastrophes : divorces, pertes d'emploi, brouilles définitives… (à moins que les partenaires y puisent un plaisir secret, ce qui concerne leur psychologie des profondeurs, domaine qui n'est pas notre sujet ici).

La plus dure, la plus conflictuelle des transactions est la toute dernière «ET TOI» faite de deux messages de DOMINATION qui s'affrontent.

C'est la plus redoutable, la plus destructrice dans le monde du travail… et ailleurs.

---

9. Ces notions de Conflits de Besoins et Valeurs ont été identifiées et analysées par C. RAMOND (voir. bibliographie).

▶ Parfois, il y a des difficultés de croisement entre sous-états du moi PARENT et ENFANT :

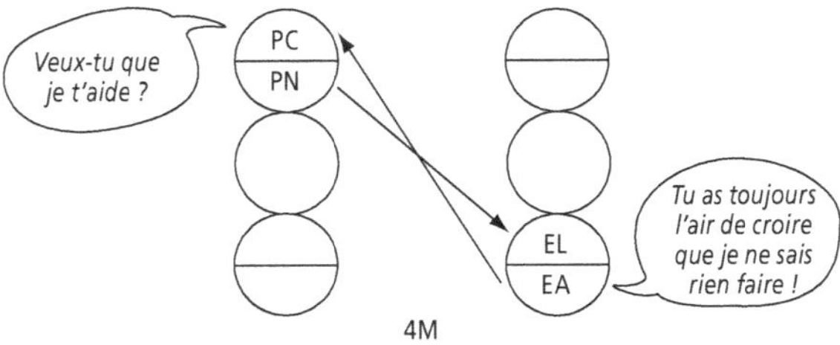

Ce croisement 4 M est léger parce que la réponse est de DÉPENDANCE.

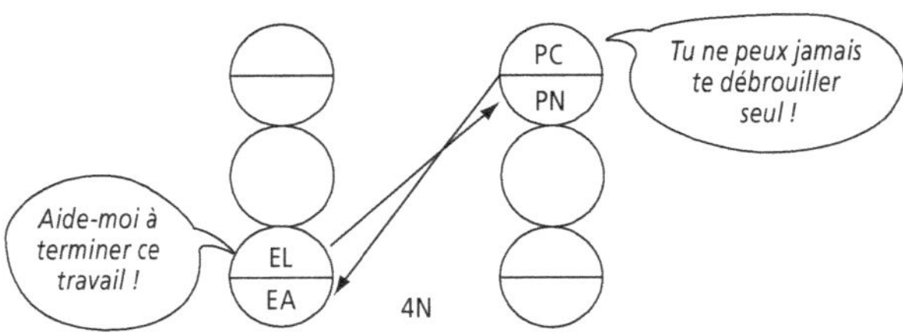

Ce croisement 4 N est beaucoup plus sévère parce que la réponse est de DOMINATION.

▶ Quant à l'ENFANT REBELLE, il opère toujours une transaction croisée avec le PARENT, qu'il soit CRITIQUE ou NOURRICIER :

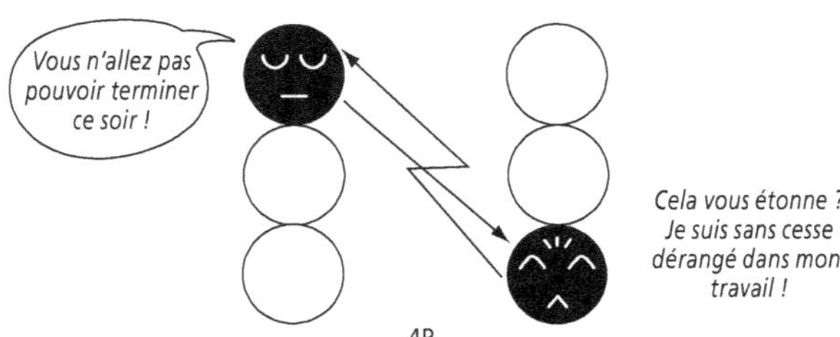

Face à l'agression, des solutions extrêmes et aléatoires avec les transactions parallèles et croisées

Supposons qu'un beau matin quelqu'un vous impose un MESSAGE de DOMINATION.
Quelles solutions s'offrent déjà à vous?
Un exemple: « *C'est à cette heure-ci que vous arrivez ?…* »
Jour difficile! Tout va mal ce matin, et c'est avec une demi-heure de retard que vous arrivez au travail. Bien entendu, la première personne sur laquelle vous tombez, c'est le chef du personnel qui vous lance avec son air des plus mauvais jours :[10]

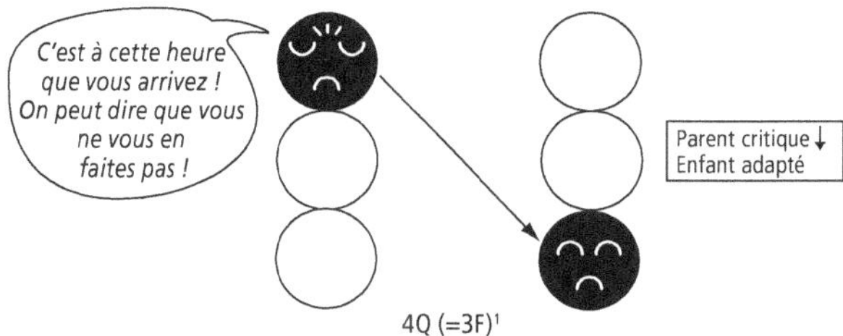

Il s'agit ici du pire des messages de DOMINATION (+ −) : celui qui émane du PARENT CRITIQUE PERSÉCUTEUR (que nous représentons plus spécifiquement par cette figurine sourcils froncés) et qui s'adresse à l'ENFANT ADAPTÉ SOUMIS.

> À *la lumière de ce qui précède, il y a deux grandes solutions :*
> • celle de plier (*paillasson*) :

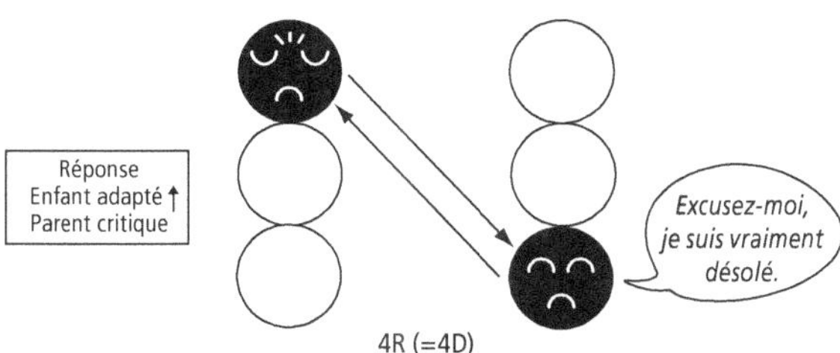

---

10. Voir note p. 40.

Plier, c'est-à-dire répondre en Enfant adapté soumis au Parent critique du chef comme celui-ci le désire.

- celle de ne pas se soumettre (*hérisson*), en se rebellant :

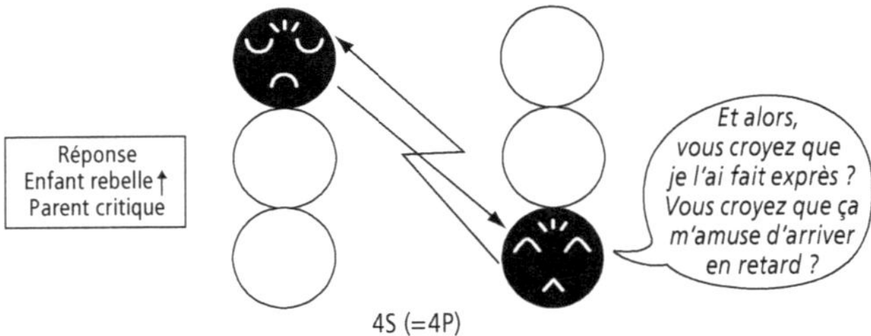

ou en croisant le fer :

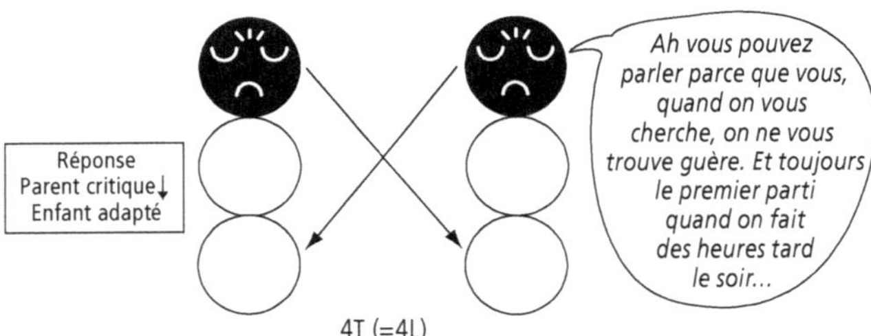

Ces deux réponses très dures mènent droit à la rupture et sont inutilisables avec un supérieur hiérarchique par exemple.

- ▶ On peut également croiser de façon plus subtile en faisant appel à une diagonale plus atténuée reliant Parent nourricier et Enfant libre :
- croisement léger : RÉPONSE de DÉPENDANCE

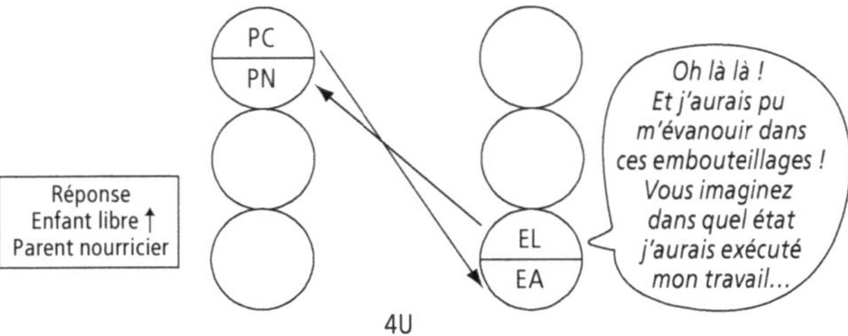

Réponse rusée, certes, mais un peu grosse si le chef est autoritariste. S'il a cependant une personnalité avec un fort Parent nourricier, une telle réponse peut faire vibrer sa corde paternelle (ou paternaliste) dans le cas d'une jeune fille s'adressant à son chef masculin, ou maternelle chez un chef féminin.

   • croisement sévère : RÉPONSE de DOMINATION

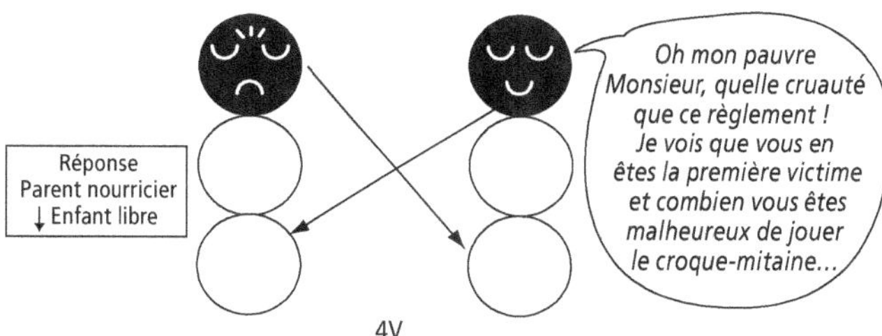

Très difficile : sûr que le chef verra là de l'ironie, si ce n'est pire. Très risqué de traiter de haut un supérieur...

On peut enfin croiser par une réponse horizontale Adulte → Adulte, ce qui donne alors une RÉPONSE INSOLENTE (4H) :

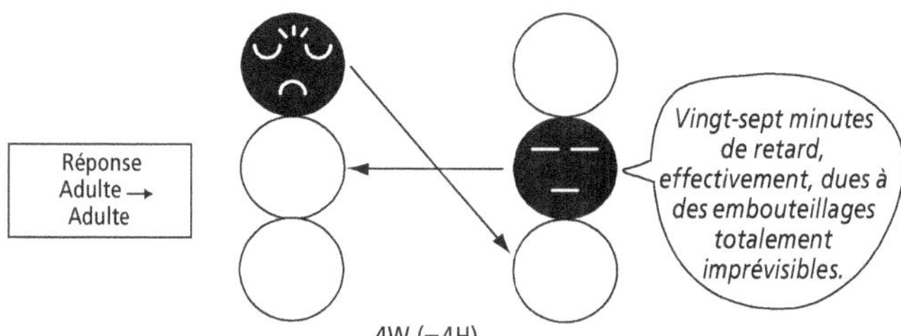

Comme on le voit, aucune de ces solutions n'est satisfaisante...

Entre le parallélisme inégalitaire de la soumission,

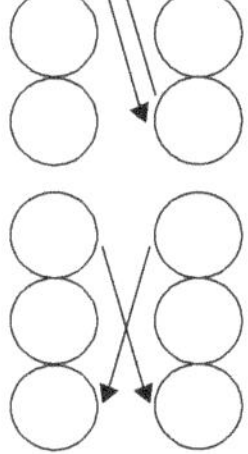

et le croisement de la rupture,

y a-t-il une autre solution ?

Oui ! Car si la réponse horizontale ADULTE → ADULTE forme une transaction croisée, il n'en est pas de même avec les réponses horizontales PARENT → PARENT et ENFANT → ENFANT.

C'est ainsi que nous allons découvrir un nouveau type de transaction : *les transactions-rebond.*

La réorientation de la communication avec les transactions-rebond (T3) : *Un seul état du moi commun*

Dans ces transactions, il y a semi-rupture de dialogue parce qu'un seul état du moi (sur les deux nécessaires à une communication réussie) reste commun aux deux partenaires.

Mais cette semi-rupture pourra permettre d'orienter la conversation dans un autre sens.

Ces transactions-rebond sont de deux types :

1) Quatre sortes en forme de RICOCHET dont la réponse :
  ▶ *repart bien de l'état du moi visé par le premier interlocuteur ;*
  ▶ *mais ne revient pas à l'état d'où est parti le premier message :*

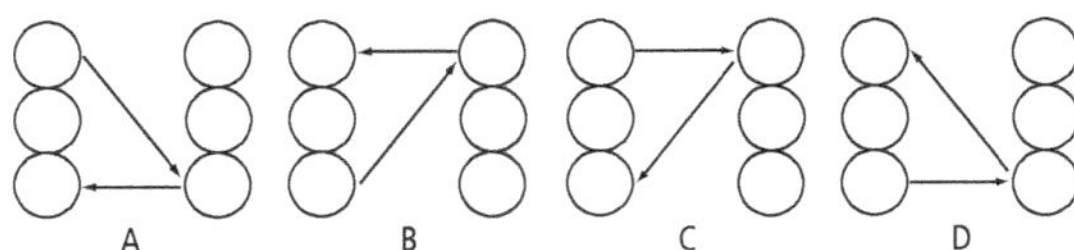

Avantage : la réponse repart bien de l'état du moi visé par le premier interlocuteur et lui donne ainsi satisfaction.

Inconvénient : la réponse ne revient pas à l'état du moi dans lequel se trouve le premier interlocuteur, d'où rupture possible avec une personnalité rigide (qui passe difficilement d'un état à l'autre).

2) Quatre sortes en effet de BOOMERANG dont la réponse :
  ▶ *ne repart pas de l'état du moi visé par le premier interlocuteur ;*
  ▶ *mais revient à l'état du moi d'où est parti le premier message :*

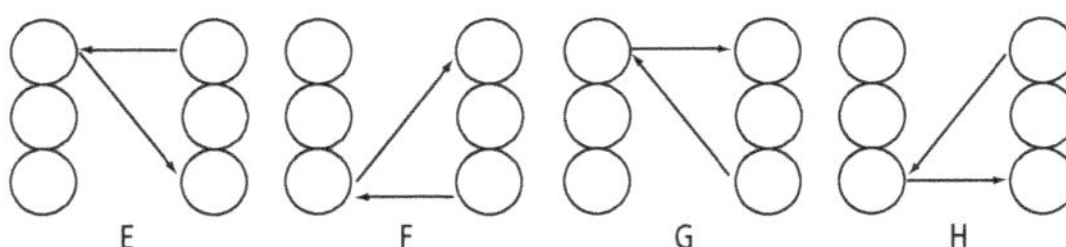

Avantage : la réponse revient à l'état du moi activé du premier interlocuteur, d'où impact certain.

Inconvénient : le premier interlocuteur reçoit une réponse d'un état du moi auquel il ne s'attendait pas : d'où rupture possible s'il n'admet pas ce changement de ton.

Les transactions-rebond sont par nature à double tranchant :
- ▶ *POSITIVES en permettant de déjouer une tentative de domination (A, E) ou de dépendance (B, F) par une invite à la complicité.*
- ▶ *NÉGATIVES lorsqu'elles permettent de ruiner un message complice par une réponse de dépendance (D, G) ou surtout de domination (C, H). Ces deux derniers cas sont les pires (nous ne cessons de constater le côté destructeur des diagonales ⊕ ↓ ⊖ de domination) dont voici deux tristes exemples :*

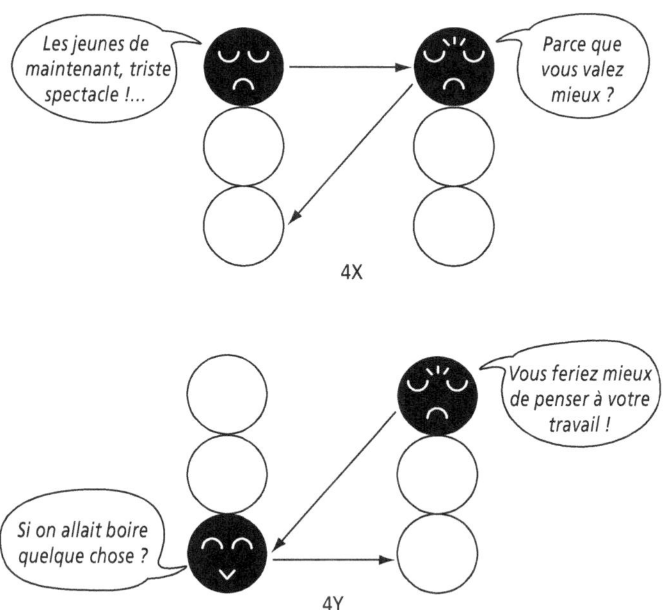

Ces deux exemples sont cités pour mettre en garde contre le piège des réponses de domination. Mais voyons à présent les aspects positifs des transactions-rebond et leurs surprenantes performances… : les transactions-rebond (T3) permettent de désarmer en douceur l'adversaire.

Ni hérisson, ni paillasson ou l'art du désamorçage

Nous savons déjà qu'une bonne communication est gérée par des messages d'égal à égal.

Le problème: si un interlocuteur envoie un message de DOMINATION (ou de DÉPENDANCE[11]), essayer de rétablir l'égalité.

La solution: utiliser une transaction-rebond.

Reprenons notre exemple de la page 75:

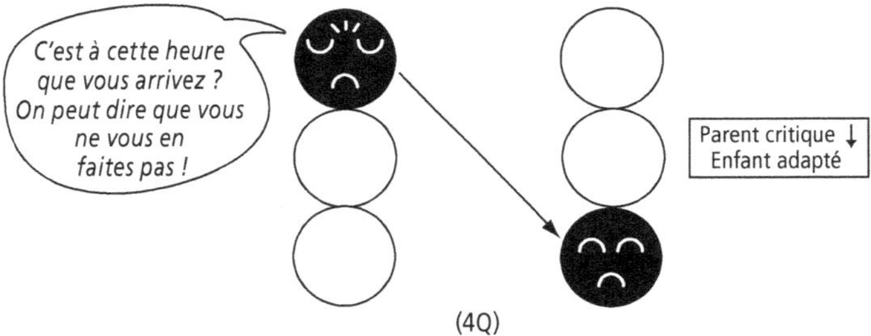

Le message de domination PARENT CRITIQUE ↓ ENFANT ADAPTÉ est, nous le savons, le plus conflictuel de tous. Nous allons examiner comment répondre intelligemment à cette agression verbale.

Bien entendu, comme nous l'avons vu plus haut, on peut toujours se soumettre ou envoyer l'interlocuteur se faire ⚡ !

Mais ce n'est pas toujours possible, surtout face à un supérieur hiérarchique. L'objectif est ici, sans se démettre ni se soumettre (*ni hérisson, ni paillasson*) de sauver la communication. Donc de la rendre d'ÉGAL à ÉGAL au niveau des personnes.

Cette relation d'égalité entre supérieur et subordonné choque-t-elle certains lecteurs?

Elle ne le doit pas! Il s'agit ici d'une égalité au niveau des personnes: le fait d'être un supérieur hiérarchique n'autorise nullement celui-ci à

---

11. Nous avons constaté (p. 51) que le MESSAGE de DÉPENDANCE est beaucoup moins conflictuel que le message de domination. C'est pourquoi nous laissons de côté l'étude de ses parades relativement faciles pour s'attacher à celles beaucoup plus ardues du message de domination. Il est vrai que dans l'intimité, ces diagonales de dépendance ⊖ ↑ ⊕ peuvent être, si elles sont répétitives, très pernicieuses. Mais les relations intimes et les problèmes qu'elles entraînent n'entrent pas dans l'objectif de cet ouvrage.

prendre ses subordonnés de haut, encore moins à les traiter avec mépris ; sa seule supériorité est au niveau des prises de décision dans les directives du travail. Toute relation digne de ce nom doit avoir lieu dans le respect des personnes qui se valent toutes en tant qu'êtres humains. Encore faut-il en être soi-même bien persuadé (position de vie (+ +))…

Comment communiquer d'égal à égal ?

1. Les réponses Enfant → ENFANT

C'est à l'ENFANT que s'adressait l'agresseur et c'est l'ENFANT qui va lui répondre : cette réaction en forme de RICOCHET est souvent spontanée et se révèle de fait très performante.

Le problème : cette égalité ENFANT implique que la réponse donnée va revenir à l'ENFANT de l'agresseur ; or il est dans son état du moi PARENT : aura-t-il une personnalité assez souple pour passer de son PARENT à son ENFANT ? Tout dépend en fait de son profil psychologique.

Les transactions qui vont suivre seront parfois signalisées ainsi :

   Excellente transaction.

   Transaction délicate : à manier avec précaution.

   Transaction à éviter.

Les transactions non signalées sont à utiliser selon les circonstances.

Il arrivera au lecteur de ne pas partager notre point de vue et d'éviter une ☺, de pratiquer une ⚠, de rechercher une transaction non signalée ; cela est tout à fait normal : chacun a sa personnalité et ses qualités propres. N'hésitez surtout pas à vous exprimer selon votre tempérament. Ne négligez cependant pas les ☺ qui dans la plupart des cas font leurs preuves et passez-les au banc d'essai : ainsi enrichirez-vous d'autant plus votre propre répertoire.

1.1. La réponse ENFANT ADAPTÉ → ENFANT ADAPTÉ

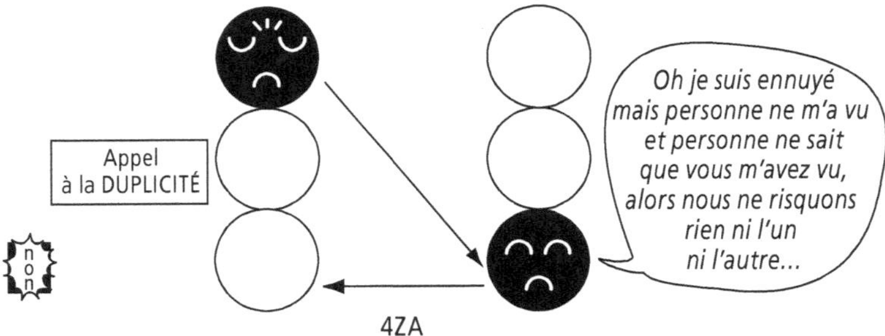

L'idée semble bonne *a priori* : c'est à l'ENFANT ADAPTÉ que s'adresse le chef et c'est l'ENFANT ADAPTÉ qui lui répond…

La difficulté : ce style de transaction s'avère en fait très difficile sinon impossible, car on tombe ici dans une complicité qui ravale un chef au rang de subordonné : c'est proprement inacceptable.

Par ailleurs, ne pas oublier les affinités internes (p. 27) entre ENFANT ADAPTÉ et PARENT CRITIQUE : le fait de s'adresser à l'ENFANT ADAPTÉ de quelqu'un peut renforcer son PARENT CRITIQUE (« *Non mais, de quoi vous mêlez-vous ? Je n'ai personne à craindre, moi !* »).

En conséquence : message-réponse à déconseiller en un tel cas.

1.2. La réponse ENFANT REBELLE → ENFANT REBELLE

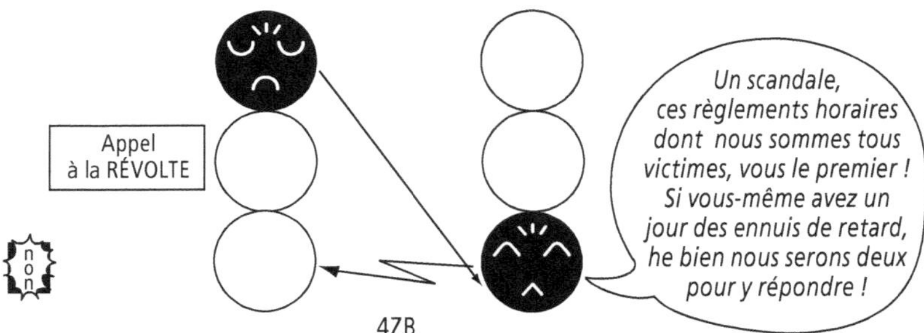

Une gageure encore moins conseillée que la réponse précédente ENFANT ADAPTÉ : mêmes inconvénients… avec un aspect provocateur en plus !

Sans oublier ici non plus les affinités internes : faire appel à un ENFANT REBELLE peut transformer en PARENT CRITIQUE ou renforcer celui-ci.

En conséquence: à proscrire irréductiblement!

À moins que le chef ne voie là de l'humour, une réflexion au second degré. En ce cas, il s'agit d'une réponse ENFANT LIBRE telle que ci-dessous.

1.3. La réponse ENFANT LIBRE → ENFANT LIBRE

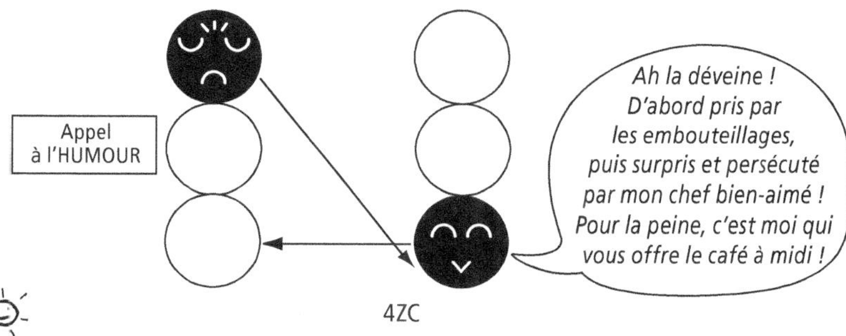

Sauf avec les personnes d'une rigidité rédhibitoire, ce type de réponse s'avère souvent réussi, à condition de s'assurer de quelques précautions.

C'est en effet à l'ENFANT ADAPTÉ que s'adresse le chef et c'est un ENFANT LIBRE qui va lui répondre: il y a là un mini-croisement au niveau du sous-état du moi ENFANT. Mais tellement mini qu'il peut être annulé par l'horizontalité de la réponse…

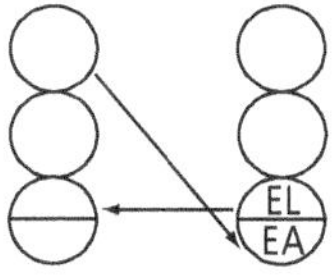

Précaution à prendre: «A-t-il de l'humour?» Connaître suffisamment son interlocuteur pour être sûr qu'il en a un minimum, c'est-à-dire qu'il a une personnalité avec un bon ENFANT LIBRE.

Optimisation: ne laisser poindre aucune ironie vis-à-vis de l'interlocuteur car cela passerait pour de la désinvolture, chose qu'un chef ne peut accepter.

De plus, ce type de message peut atteindre également un agresseur ayant un bon PARENT NOURRICIER. Il convient en ce cas de jouer la carte attendrissement.

En effet, il ne faut pas oublier les affinités internes entre ENFANT LIBRE et PARENT NOURRICIER: en ce cas, le chef peut s'attendrir devant une réflexion d'ENFANT LIBRE. La réponse ci-dessus n'est pas sans rappeler celle de la transaction 4U, mais elle est ici plus pertinente, du fait qu'il n'y a ici, pour ainsi dire, pas de croisement.

En conséquence : transaction très riche en possibilité pour désamorcer tout conflit.

2. Les réponses PARENT → PARENT

Ces réponses en forme de BOOMERANG vont avoir un impact certain : c'est le PARENT de l'agresseur qui est activé et c'est à son PARENT que va revenir la réponse…

Le problème : la réponse ne va cependant pas revenir dans la tonalité attendue par l'agresseur ; celui-ci s'adressait à un ENFANT ADAPTÉ, mais c'est un PARENT qui va lui répondre et rechercher une certaine complicité. L'acceptera-t-il ? Voyons ce que cela donne :

2.1. La réponse PARENT CRITIQUE → PARENT CRITIQUE

C'est celle qui semble la plus appropriée puisque c'est le PARENT CRITIQUE de l'interlocuteur qui est activé.

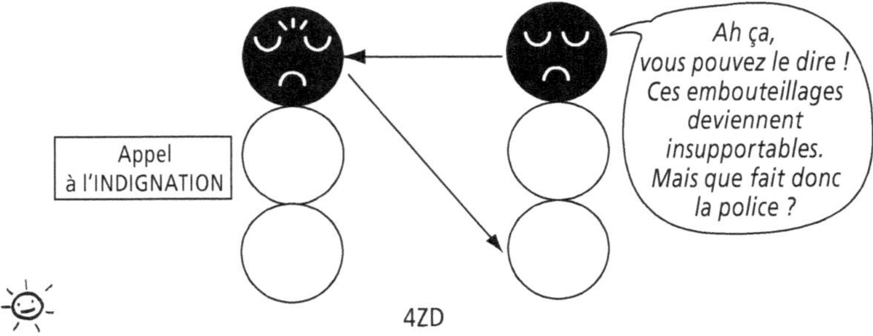

La difficulté : l'interlocuteur (lui, un chef !) va-t-il accepter cette légère complicité ?

Optimisation : très probable, s'il s'agit comme ci-dessus d'une telle complicité qui porte sur un tiers lointain (la police), sur une généralité quasi-rituelle dans notre société, bref une complicité qui n'implique pas personnellement.

En conséquence : bonne transaction très riche en possibilité pour éviter le conflit.

2.2. La réponse PARENT NOURRICIER → PARENT NOURRICIER

Celle-ci est également possible : certes, l'agresseur est dans son PARENT CRITIQUE et non dans son PARENT NOURRICIER, mais même une personne rigide peut facilement passer d'un sous-état du moi PARENT à l'autre.

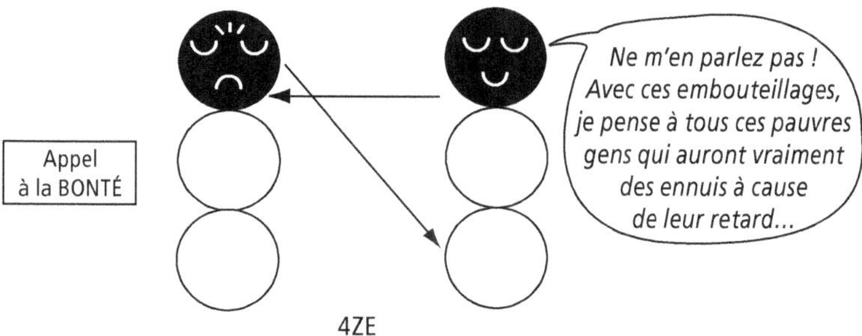

La difficulté : là encore il y a mini-croisement, cette fois au niveau du sous-état du moi PARENT de l'émetteur : le message émanait de son PARENT CRITIQUE et la réponse va revenir à son PARENT NOURRICIER. Va-t-il l'accepter ?

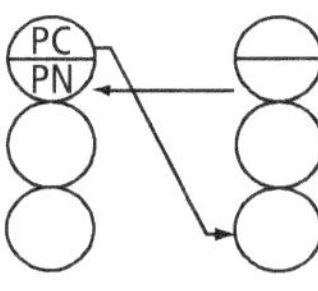

Précautions : connaître suffisamment son interlocuteur afin de déterminer si son profil psychologique (p. 154) comporte un bon PARENT NOURRICIER. Sinon cela risque de déclencher son ironie (« *C'est ça, vous allez me faire pleurer, en attendant c'est vous qui allez avoir des ennuis…* »).

Optimisation : si l'agresseur a un bon PARENT NOURRICIER, cette réponse d'égal à égal lui sera facile à accepter, car elle suggère en demi-teinte que grâce à lui, le bon chef, on n'aura pas d'ennuis. Ce que son PARENT CRITIQUE n'aurait pu accepter (une égalité dans la hiérarchie), son PARENT NOURRICIER le peut au niveau d'une légère complicité d'autres gens bienveillants.

Ne pas oublier non plus la transaction 4U qui atteint parfois, et de façon subtile, le PARENT NOURRICIER. En fait tout dépend de l'interlocuteur à qui vous avez affaire.

En conséquence : à manier sur la pointe des pieds…

Mais ces réponses ne sont que transitoires pour rétablir une communication entre personnes à part entière. C'est pourquoi nous allons à présent découvrir les ressources que peut nous offrir l'ADULTE qui est le pôle le plus équilibré de la personnalité.

Face à un message de DOMINATION ⊕ ↓ ⊖, *il s'agit de rétablir
une communication d'égalité* (réponses « horizontales »).
*Les réponses les plus performantes s'avèrent
être :*

-☺- *l'humour sans ironie*
entre ENFANTS LIBRES
« *me voici persécuté par mon chef bien-aimé…* »

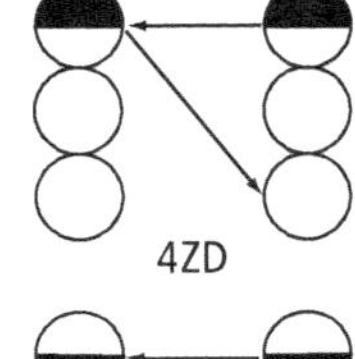

4ZC

-☺- *la complicité dans la critique*
entre PARENTS CRITIQUES
« *quel scandale que ces embouteillages qui vous
mettent en retard…* »

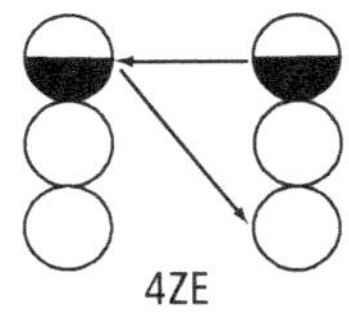

4ZD

⚠ *et en une certaine mesure,*
la complicité dans la bienveillance
entre PARENTS NOURRICIERS
« *tous ces pauvres gens victimes de leur retard…* »

4ZE

Que répondez-vous à l'agression d'un supérieur ?

Vous pouvez d'ores et déjà vous entraîner sur les onze premières transactions du TEST RÉCAPITULATIF des pages 100 à 102.

Chapitre 5

L'ART DU SAVOIR-ÊTRE ET DU SAVOIR-FAIRE FACE À L'AGRESSION

En cas de conflit dans la communication, il est toujours souhaitable de revenir à un type d'échange ADULTE ↔ ADULTE : c'est celui qui sans conteste entraîne le plus de respect et dignité mutuels.

La réponse ADULTE → ADULTE

Le problème : dans le cas qui nous intéresse (réponse à *C'est à cette heure-ci que vous arrivez ?*), l'idéal serait bien sûr de faire une réponse ADULTE → ADULTE. Mais nous nous trouvons face à un paradoxe : une réponse horizontale performante en soi, mais formant une transaction croisée qui annule la performance en question…

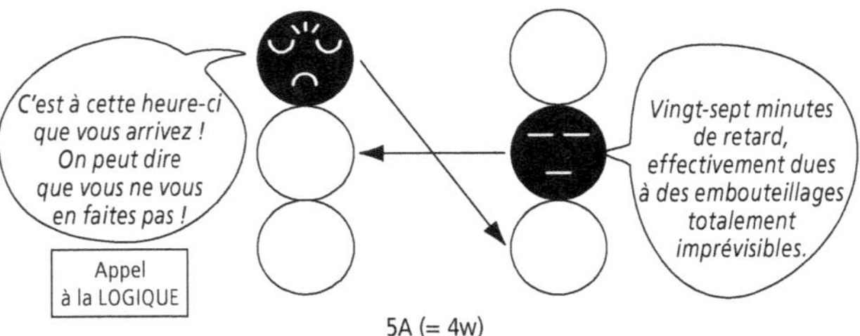

La difficulté : il s'agit ici d'une transaction dite « insolente » (4H, p. 72).
Optimisation : bien que risqué, ce type de réponse n'est pas à exclure systématiquement : une fois de plus il s'agit de connaître la personnalité de son interlocuteur et de mesurer son degré de sensibilité à la logique. Cependant, nous allons voir qu'il y a encore d'autres solutions : celle des messages-réponses semi-diagonaux.

La communication d'égalité restaurée avec le message-réponse semi-diagonal

Nous avons dit qu'un message de départ ADULTE s'adresse sauf exception à l'ADULTE de l'interlocuteur.

Il n'en est pas de même pour le message réponse ADULTE qui peut s'adresser en outre soit au PARENT soit à l'ENFANT de l'interlocuteur et ainsi former une semi-diagonale soit ascendante soit descendante. On peut ainsi observer deux cas de figures :

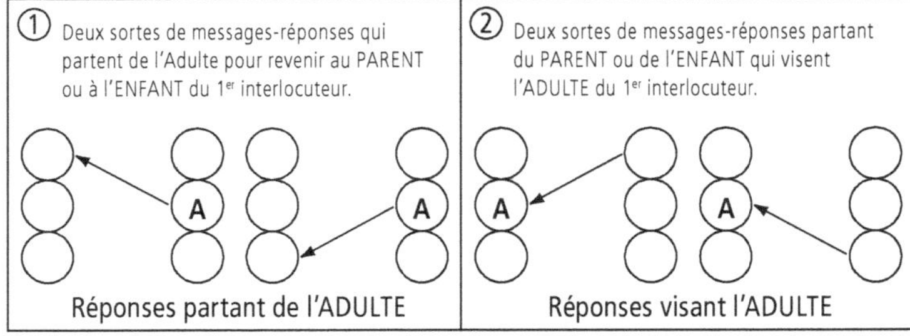

Ces messages sont de types provisoires, transitoires comme nous le verrons. Ils ont pour objectif de tenter, avec un interlocuteur qui cherche à vous imposer une relation d'autorité, de rétablir en douceur des transactions horizontales d'égalité ADULTE ↔ ADULTE, en évitant ainsi la transaction insolente décrite ci-dessus (5A).
Cela donne en pratique :

1. Réponses au départ de l'ADULTE

L'intérêt de ces réponses semi-diagonales est que, quelle que soit l'attitude de l'interlocuteur, elles permettent de rester soi-même dans une attitude ADULTE empreinte de dignité qui incite au respect.

Mais cette attitude ADULTE présente cependant quelques difficultés qu'il s'agit de cerner afin de les mieux maîtriser :

1.1. Réponses ascendantes ADULTE ↗ PARENT

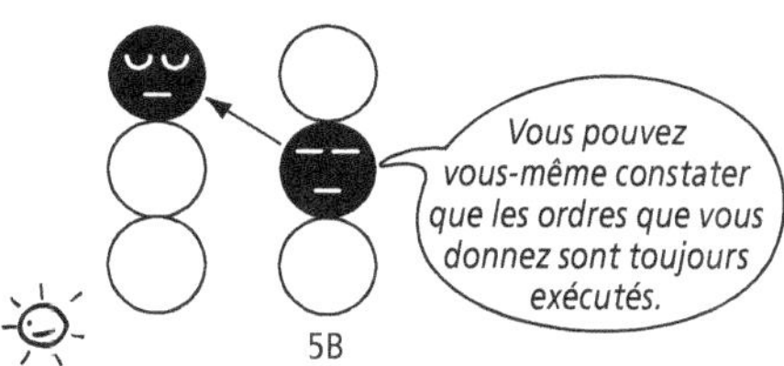

C'est bien l'ADULTE qui répond ici (de façon logique et objective) et qui s'adresse au PARENT de l'interlocuteur dont il reconnaît l'autorité de fait. Il n'a rien de l'ENFANT ADAPTÉ qui lui se plie devant cette autorité (« *Excusez-moi* »).

La difficulté : la réponse d'un ADULTE de raison qui analyse froidement la situation face à la chaleur passionnée du PARENT ou de l'ENFANT est parfois mal perçue par le premier interlocuteur.
Optimisation : bien veiller à ne pas s'adresser à l'ADULTE de l'interlocuteur (risque d'insolence) mais à son PARENT NORMATIF ⊕ (p. 21) afin d'atténuer la froideur de la réponse. Le tout, sans soumission aucune.

1.2. Réponses descendantes ADULTE ↘ ENFANT

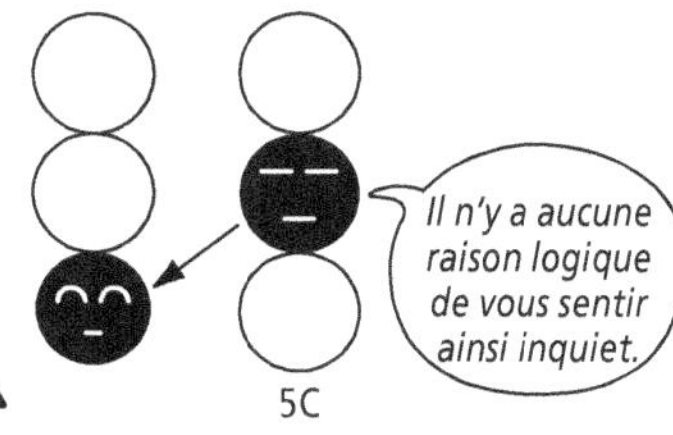

C'est bien l'ADULTE qui répond ici (de façon logique et objective) mais qui s'adresse ici à l'ENFANT de l'interlocuteur dont il cherche à calmer l'inquiétude…

La difficulté est grande : la semi-diagonale descendante risque souvent d'être perçue comme un message ⊕⊖ (PARENT ↓ ENFANT) alors qu'un message ADULTE se doit d'être (+ +). Tout dépend de la sensibilité (ou susceptibilité) de l'interlocuteur.

Optimisation: ne prendre aucun air, aucun ton, aucune attitude qui puisse évoquer le PARENT CRITIQUE.

En conclusion: la semi-diagonale descendante est déconseillée, surtout vis-à-vis d'un supérieur hiérarchique, contrairement à la semi-diagonale montante (ADULTE ↗ PARENT) qui est beaucoup plus acceptable.

1.3. L'ADULTE questionneur

Une réponse à partir de l'ADULTE risque d'être encore plus mal reçue si elle procède sous forme de question: on obtient la «question psy» (celle qu'utilisent les psychothérapeutes avec leurs patients), qui en situation non thérapeutique est ressentie comme réifiante ou infantilisante (style: «*Je vais percer ta névrose à jour*»).

Là encore, on peut constater que la réponse descendante est plus difficile à encaisser que la réponse ascendante. En situation de hiérarchie, elle est vivement déconseillée.

2. Réponses en direction de l'ADULTE

Cette fois, ce n'est plus soi-même qu'il s'agit de préserver; c'est l'interlocuteur dont il s'agit de modifier l'attitude.

Manipulation? Certes, mais pas au sens péjoratif: renvoyer un partenaire désagréable à son ADULTE n'a rien de répréhensible.

2.1. Réponses ascendantes ENFANT ↗ ADULTE

Il s'agit bien ici de l'ENFANT qui montre son sentiment «ennuyé» mais qui l'adresse non au PARENT de l'interlocuteur (il ne s'excuse pas) mais à son ADULTE logique.

Performance très grande de ce message-réponse. Attention à bien le dépouiller de toute tonalité ENFANT SOUMIS ou LIBRE désinvolte et encore moins bien sûr REBELLE.

2.2. Réponses descendantes PARENT ↘ ADULTE

C'est bien ici le PARENT qui porte un jugement et qui s'adresse non à l'ENFANT de l'interlocuteur (il n'y a ici aucune tentative de domination) mais à la logique de son ADULTE.

La difficulté d'une telle réponse descendante est là encore (comme dans la 5C) non négligeable : elle risque d'être perçue comme un message (+ −) (PARENT ↓ ENFANT) alors que tout message s'adressant à l'ADULTE doit être (+ +). Cependant, elle est plus accessible que cette 5C parce qu'elle risque moins d'être infantilisante.

Optimisation : bien viser l'ADULTE et non l'ENFANT afin que l'interlocuteur n'ait aucun prétexte à se sentir infantilisé. Bien rester (+ +).

En conclusion : même remarque que précédemment : choisir avec un supérieur hiérarchique plutôt un message ascendant. Avec de l'entraînement, cependant, on pourra se risquer peu à peu à quelques semi-descendantes vers l'ADULTE. Tout dépendra de l'adversaire, de sa personnalité.

2.3. Questions à l'ADULTE

Comme précédemment (1.3.), nous allons constater que toute question comporte certaines difficultés. Commençons par la plus facile : la semi-diagonale ascendante :

La difficulté : le message montant peut être interprété par un supérieur comme une diagonale de soumission (ENFANT ↑ PARENT), ici un appel au pardon du PARENT NOURRICIER.

Optimisation : pas l'ombre d'un ENFANT SOUMIS (−). Bien se situer en ENFANT ADAPTÉ (+) qui fait appel à l'ADULTE de l'interlocuteur et non à son Parent. On passera ensuite aussi vite que possible à des messages Adulte → Adulte.

Conclusion: Les messages sous forme de questions à l'Adulte peuvent être efficaces mais il faut toujours rester vigilant quand on pose une question à un supérieur autoritariste. Préférer si possible la forme non questionnante.

Quant à la semi-diagonale descendante questionnante, jugez-en plutôt:

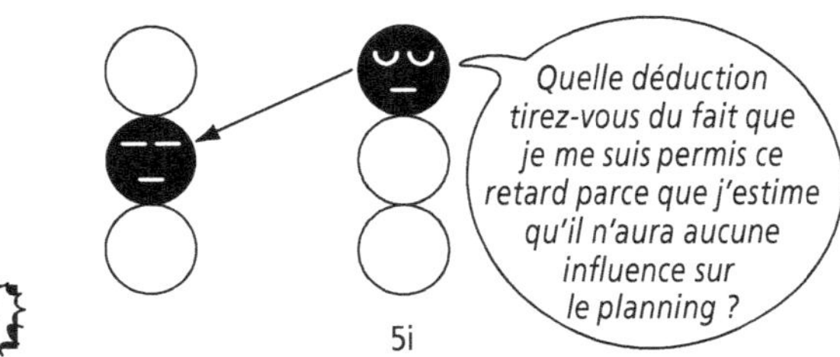

Irrecevable avec un supérieur autoritaire parce qu'il y verra une diagonale de domination Parent ↓ Enfant et sa réponse risque d'être cinglante. À proscrire!

En conclusion: éviter au maximum les formes questionnantes: c'est souvent un fouet pour se faire battre.

Si les réponses d'égal à égal «horizontales» semblent impossibles (ce qui est le cas avec les supérieurs autoritaristes):

– préférer la réponse «ascendante» ADULTE (5B, 5F) qui reconnaît, sans soumission aucune, mais au nom de la logique, le bien-fondé de l'autorité institutionnelle :

«Malgré mon retard, vos directives seront exécutées.»

– éviter les formes questionnantes qui ont toujours un peu l'air de «faire la leçon» :

«Croyez-vous ces ordres justifiés?».

– revenir le plus vite possible au message horizontal…

«Le travail sera terminé ce soir.»

… si la situation le permet, c'est-à-dire que la transaction ne soit pas croisée :

«Vous dites, M. le directeur, que j'ai 1/2 heure de retard? Non: 22 minutes exactement».

Identifiez les réponses communication de la page 14
(Exemple : Réponse ADULTE → ADULTE, etc.)

(3) *Je t'assure que ce n'est nullement dans mes intentions.*	Réponse ....
(4) *J'ai même amené mon calepin pour noter exactement où tu vas !*	Réponse ....
(7) *Là, tu m'attristes : tu n'as aucune raison de dire cela…*	Réponse ....
(10) *À qui le dis-tu ! Ne me parle pas des gens qui vous espionnent !*	Réponse ....
(12) *Oh là ! Tu es sérieux ?*	Réponse ....
(14) *Dois-je interpréter que ma compagnie t'est indésirable ?*	Réponse ....
Votre propre réponse	

(Réponses au test p. 198).

Répondre aux agressions de domination avec les transactions à réponse ADULTE semi-diagonale

Pour la commodité de l'étude, nous avons isolé ci-dessus artificiellement le message réponse, mais celui-ci s'inscrit au sein d'une transaction : et même un super message-réponse en soi (semi-diagonale descendante, sous forme non questionnante) peut ainsi échouer parce qu'il formera avec le message du premier interlocuteur une transaction croisée !

Alors qu'un message à risque (semi-diagonale ascendante, sous forme de question) peut malgré tout réussir s'il forme une transaction quasiment parallèle…

Voyons les cas de figure qui peuvent être obtenus :

① Réponses partant de l'ADULTE

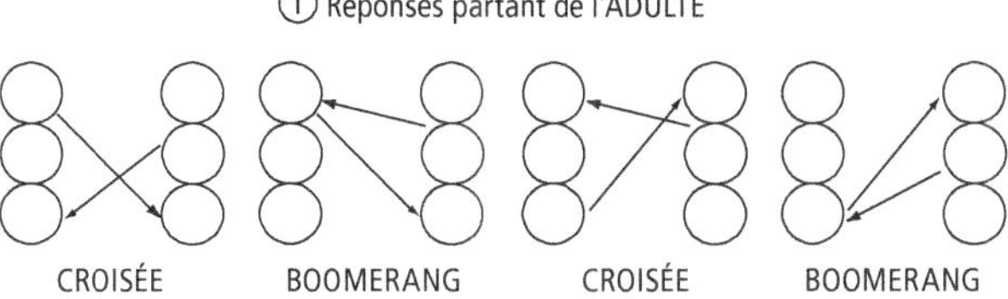

② Réponses visant l'ADULTE

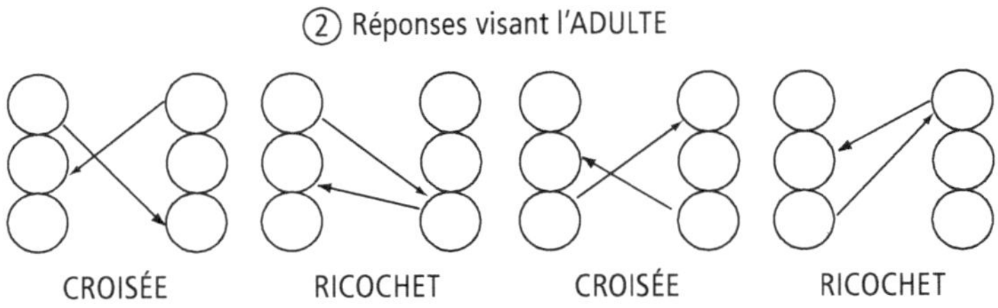

Nous voici donc armés d'une nouvelle panoplie pour répondre efficacement à un message diagonal et plus particulièrement à une agression de domination (+ –).
Note : pour les mêmes raisons que celles exposées p. 80 (note), nous ne prendrons pas en considération le cas d'un message de départ (– +) (Enfant ↑ Parent), celui-ci posant beaucoup moins de problèmes dans les relations du travail.

Cela donne en pratique

Reprenons l'exemple du message diagonal (+ –) de haut en bas (Parent ↓ Enfant) et plus particulièrement le message de DOMINATION (Parent critique persécuteur ↓ Enfant adapté soumis) puisque c'est le plus agressif de tous.

La rupture avec les transactions croisées à réponse ADULTE : *Aucun état du moi commun*

Nous ne revenons pas sur la moins croisée d'entre elles : la transaction insolente décrite p. 72 (4H) :

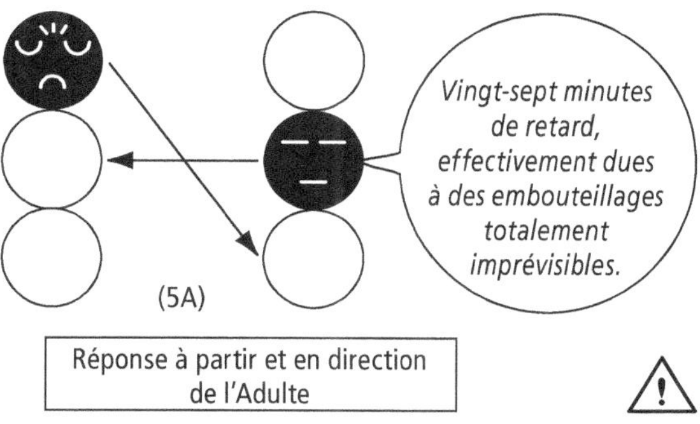

Restent deux possibilités :

Réponse à partir de l'Adulte (Adulte ↘ Enfant)

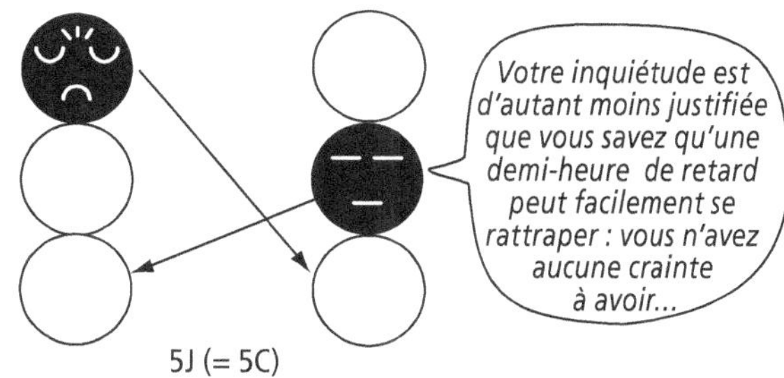

Style : Soyez raisonnable mon enfant

Réponse en direction de l'Adulte (Parent ↘ Adulte)

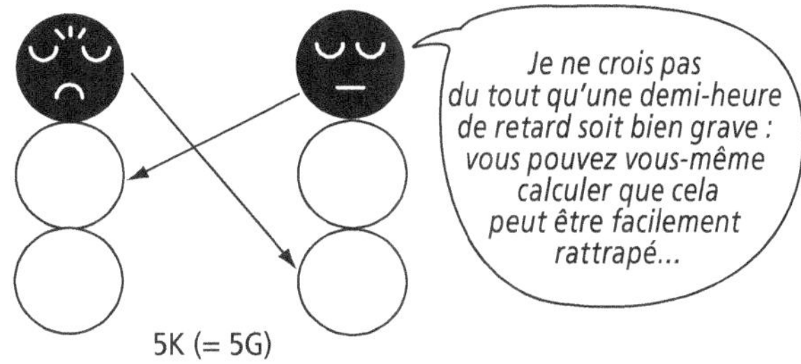

Style : Calmez-vous et considérez objectivement les faits

Ces croisements sont d'autant plus sévères qu'en ces cas précis la semi-diagonale réponse est descendante : la communication risque fort d'être rompue.

Conclusion : on constate une fois de plus que toute transaction croisée est dangereuse pour la communication. À éviter.

Il en est tout autrement des transactions-rebond en direction ou à partir de l'ADULTE.

La réorientation de la communication avec les transactions-rebond à réponse ADULTE (T4) : *Un seul état du moi commun*

Dans le cas précis qui nous intéresse (réponse à un message agressif diagonal (+ –)), cette solution de réponse semi-diagonale va offrir beaucoup de possibilités nouvelles et ce d'autant qu'elle va nous permettre d'utiliser des messages ascendants.

Certes, jamais une semi-diagonale n'aura l'impact d'une horizontale complice, mais elle offrira une solution de rechange fort estimable. De toute façon, lorsqu'une horizontale n'est pas possible, le jeu en vaut la chandelle : l'entrée en scène de l'ADULTE vaut bien une semi-exception…

Ni hérisson, ni paillasson ou l'art de la neutralisation

Le problème : un interlocuteur envoie un message (+ –) de domination, et une transaction-rebond à réponse horizontale semble très difficile.

La solution : essayer de rétablir l'égalité ADULTE ↔ ADULTE en passant par une réponse semi-diagonale ascendante.

Partons, pour plus de clarté, du même exemple : *C'est à cette heure-ci que vous arrivez, on peut dire que vous ne vous en faites pas !… (4Q)*

1. À partir de l'ADULTE réponses semi-diagonales ADULTE ↗ PARENT

L'intérêt : il réside dans les BOOMERANGS (p. 78) ; les messages-réponses vont revenir à l'état du moi déjà activé de l'interlocuteur : c'est son PARENT qui parle, c'est à son PARENT que va revenir la réponse.
Attitude générale : on ne remet pas en question le PARENT CRITIQUE du chef tout en ne se comportant pas comme un ENFANT. On est ADULTE…

1.1 Réponse ADULTE ↗ PARENT CRITIQUE

Cette réponse semble la plus appropriée, puisque c'est le PARENT CRITIQUE de l'interlocuteur qui vient de s'exprimer :

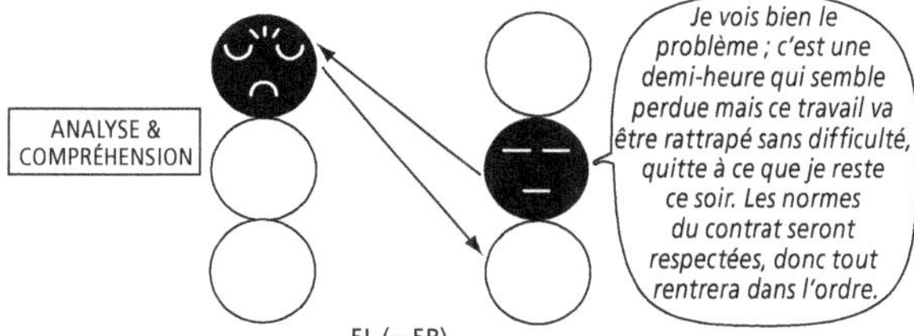

La difficulté : l'interlocuteur (un chef !) va-t-il accepter cette réponse d'ADULTE alors qu'il sollicitait un ENFANT ADAPTÉ SOUMIS ?
Optimisation : oui, si on pense qu'un véritable ADULTE suscite le respect. Donc attitude très neutre, dépourvue de tout embryon critique (PARENT) fondée sur la seule argumentation intellectuelle cherchant à activer le PARENT CRITIQUE ⊕ NORMATIF de l'interlocuteur en faisant allusion à la notion de normes à respecter…
Conclusion : excellente transaction.

1.2 Réponse ADULTE ↗ PARENT NOURRICIER

Message difficile à manipuler en un tel cas, car l'interlocuteur est ici CRITIQUE et non NOURRICIER. En reconsidérant le diagramme des sous-états du moi (p. 27), on s'aperçoit que la transaction est légèrement croisée :

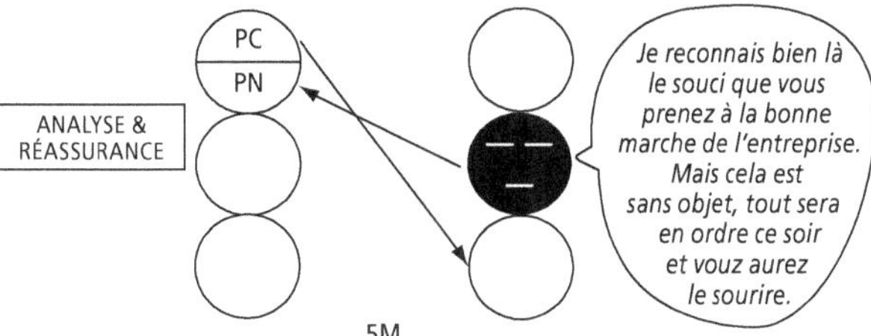

Difficulté : énorme, donc. Un supérieur hiérarchique va percevoir ce message comme de l'ironie cachée.

En conséquence à déconseiller en un tel cas (en certaines circonstances : chef à forte personnalité NOURRICIÈRE, et non rigide, on peut ne pas totalement éliminer cette transaction). Beaucoup plus facile est la réponse ENFANT LIBRE ↑ PARENT NOURRICIER (4U).

2. En direction de l'ADULTE, réponses semi-diagonales ENFANT ↗ ADULTE

Intérêt : RICOCHETS (p. 78) qui se révèlent en ce cas très performants : rien d'étonnant, l'interlocuteur s'adresse à l'ENFANT qui va lui répondre.

Attitude générale : ENFANT, donc, c'est-à-dire qui reconnaît l'autorité PARENTALE face à lui, mais avec des arguments destinés à accrocher l'ADULTE. Paradoxal mais efficace.

2.1 Réponse ENFANT ADAPTÉ ↗ ADULTE

L'idée est bonne en soi : c'est à l'ENFANT ADAPTÉ que s'adresse le chef et c'est l'ENFANT ADAPTÉ qui va lui répondre :

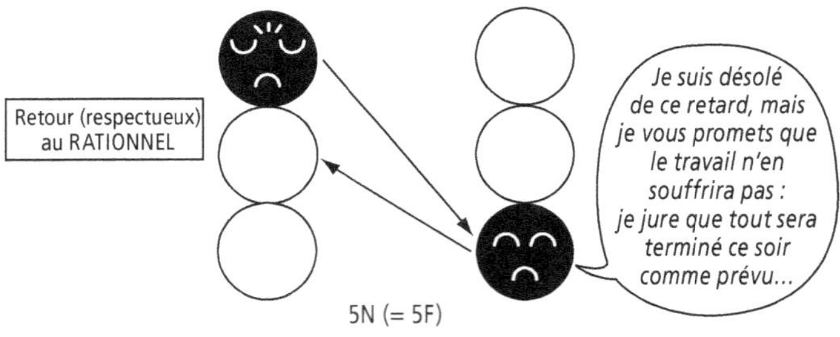

La difficulté : faire passer l'interlocuteur du PARENT à l'ADULTE. Tout dépend de sa rigidité.

Optimisation : prendre une attitude très ENFANT ADAPTÉ ⊕ mais non SOUMIS, montrant qu'on est sensibilisé au mécontentement du chef. Ce style de réponse s'avère en fait souvent réussi, surtout si l'interlocuteur a un bon profil ADULTE le rendant accessible aux arguments rationnels.

2.2 Réponse ENFANT LIBRE ↗ADULTE

Message très « délicat » à manipuler : c'est un ENFANT ADAPTÉ que désire le chef, non un ENFANT LIBRE.

Là encore (*cf.* 5M), on s'aperçoit que la transaction est légèrement croisée :

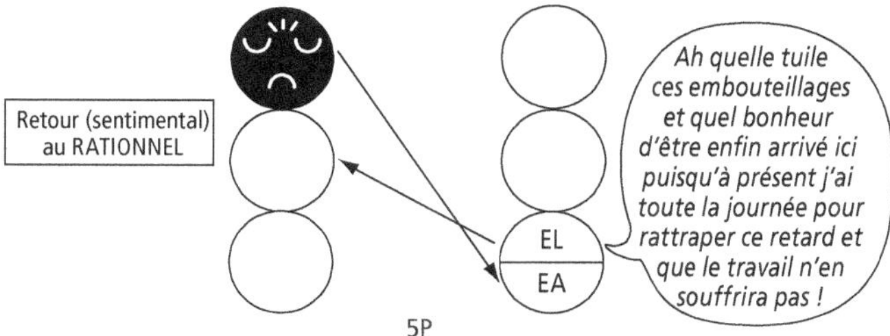

La difficulté est double : faire passer l'interlocuteur du PARENT à l'ADULTE comme en 2.1 ci-dessus ; lui faire accepter la légèreté de l'ENFANT LIBRE qui peut passer pour de la désinvolture (tel est toujours le problème avec l'ENFANT LIBRE).

Optimisation : aucune ironie ; montrer ses vrais sentiments spontanés qui font état d'un vrai bonheur d'être de retour au travail.

Conclusion : délicat, comme nous l'avons dit. Cela dépend de votre propre personnalité. En règle générale, cette réponse est moins difficile que la 4U et encore moins que la 5M.

2.3 Réponse ENFANT REBELLE / ADULTE

Juste ici citée pour mémoire puisqu'elle est théoriquement possible. Mais un message réponse de l'ENFANT REBELLE équivaut (sauf en horizontale, voir 4ZB) à lui tout seul à une transaction croisée :

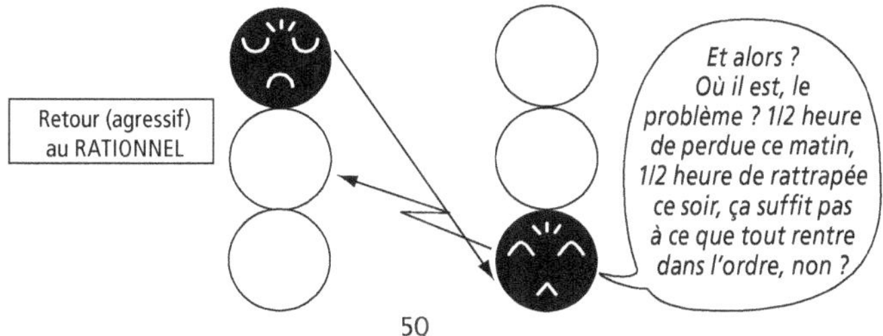

La difficulté : un message émanant de l'ENFANT REBELLE active en fait rarement l'ADULTE de l'adversaire mais son PARENT CRITIQUE PERSÉCUTEUR par mécanisme de défense.

En conséquence : message-réponse à proscrire irréductiblement.

Face à un message de domination ⊕ ↓ ⊖ si les réponses «horizontales» d'égal à égal semblent trop difficiles, les réponses «ascendantes» ADULTES sont d'un précieux recours.

Les réponses les plus performantes s'avèrent être:

☀ la reconnaissance de l'autorité supérieure, au nom du bien-fondé logique de ses consignes d'Adulte à Parent:

«Vous serez satisfait de constater que cette demi-heure de perdue sera rattrapée sans difficulté»;

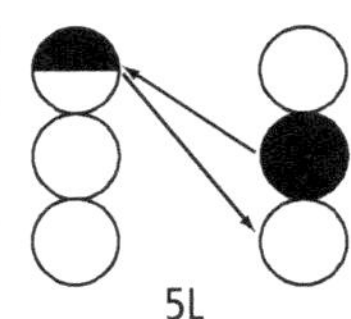

☀ le respect de la logique des consignes données d'Enfant à Adulte:

«Promis que tout sera terminé pour la réunion de ce soir»;

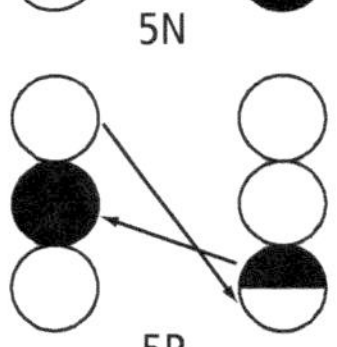

– et en une certaine mesure, l'humour qui exprime son plaisir de respecter des consignes aussi logiques d'enfant à adulte:

«Quel bonheur, malgré ce retard, de tout pouvoir finir ce soir!»

Que répondez-vous à l'agression d'un supérieur?

Inventez une situation où vous êtes agressé et testez les différentes réponses possibles.

Par exemple: *Un beau matin, le patron vous interpelle violemment et vous lance méchamment:* (message PARENT CRITIQUE ⊖ PERSÉCUTEUR ↓ ENFANT ADAPTÉ ⊖ SOUMIS)

....

....

....

....

....

Qu'allez-vous répondre? (suivez les flèches des transactions proposées) et évaluez la performance de chaque réponse.

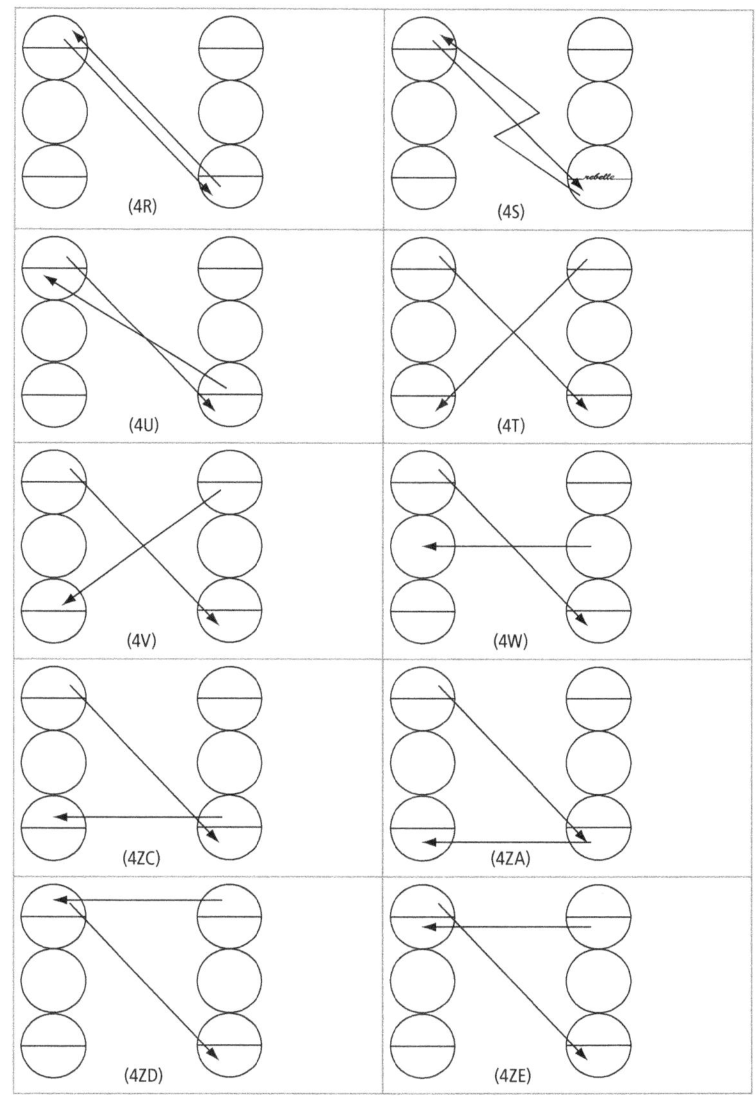
(4R)
(4S)
rebelle
(4U)
(4T)
(4V)
(4W)
(4ZC)
(4ZA)
(4ZD)
(4ZE)

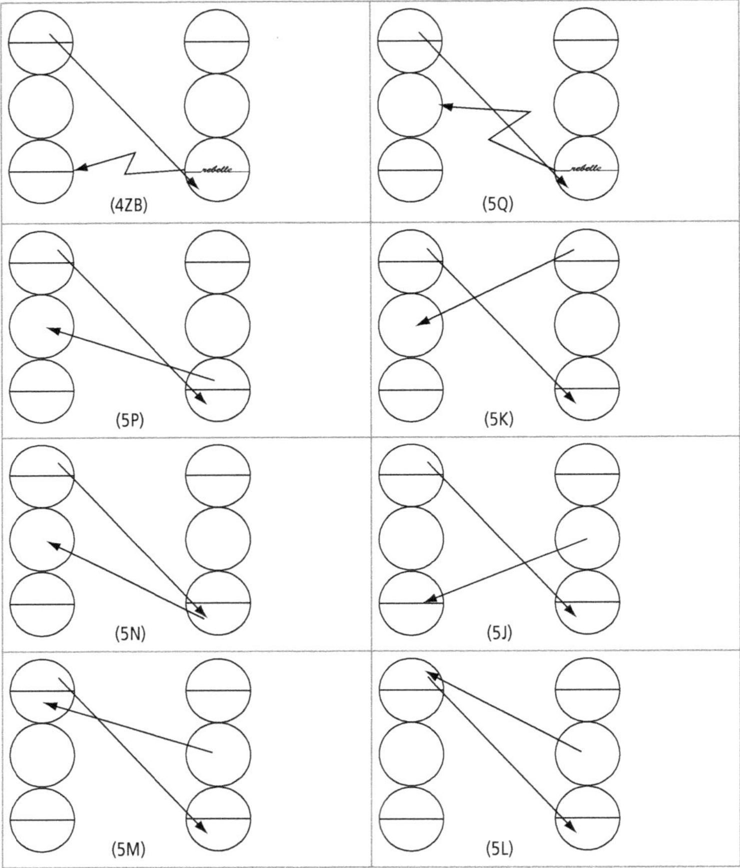

Si vous butez sur certaines réponses, reportez-vous aux transactions d'origine répertoriées de 4R à 5Q.

Chapitre 6

L'ART D'ESQUIVER LES COMPLICITÉS DOUTEUSES

Il y a des situations où des personnes n'arrivent pas à communiquer et où il n'y a cependant aucun conflit : c'est le *dialogue de sourds*. Le dialogue de sourds peut être utilisé volontairement lorsque quelqu'un recherche avec vous une complicité qui ne vous convient pas, par exemple dans les situations de médisances, moqueries, jérémiades et récriminations, bref des complicités entre personnes qui sont dans des états du moi négatifs et qui, si elles donnent quelques satisfactions superficielles passagères, amènent à terme des relations catastrophiques.

La complicité

Que la complicité soit positive ou négative, on peut observer qu'elle se situe à plusieurs niveaux :

Complicité du premier degré : elle concerne un tiers ou un sujet de préoccupation sur le dos duquel les deux interlocuteurs trouvent un terrain d'entente : Quel type bizarre que ce nouveau chef de service, tu ne trouves pas ?

Complicité du deuxième degré : c'est un échange de sentiments personnels, mais occasionnés par un tiers ou un événement extérieur : Quand je vois cette petite collègue, je ressens… mm…

Complicité du troisième degré : elle a lieu au niveau d'opinions ou de sentiments propres aux deux interlocuteurs en ce qui les concerne tous les deux : *J'aime beaucoup quand on travaille ensemble comme cela…*

Les médisances : (complicité du premier degré)

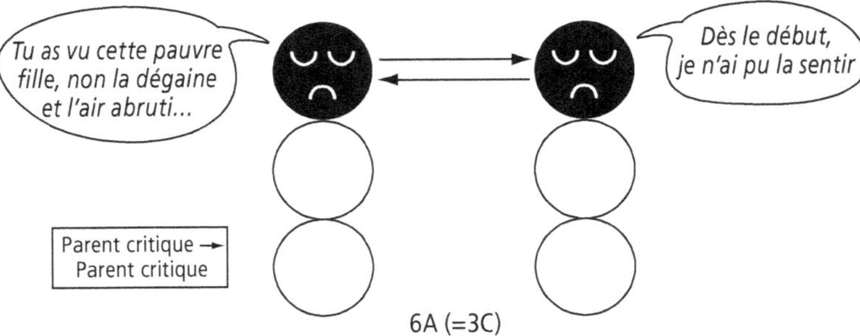

Les médisances sont un passe-temps de PARENTS CRITIQUES PERSÉCUTEURS (p. 21) qui échangent des transactions parallèles horizontales complices.

Ces PARENTS CRITIQUES sont généralement des personnes ayant une position dominante de vie (+ –) et qui entre elles se trouvent dans une position que BERNE définit comme (+ + –) (p. 5) : *Nous on est bien, mais les autres, qu'est-ce qu'ils sont nuls !*

C'est le style de complicité qu'on peut être amené à refuser, sans vouloir (ou sans pouvoir) rompre la communication, pour différentes raisons :

- *Ces complicités ne sont pas efficaces : elles ne résolvent pas les problèmes et s'opposent même à leur solution car ceux qui manient cette complicité aux dépens des autres se complaisent dans cette situation et de fait la maintiennent en place.*
- *Elles ne sont pas thérapeutiques : elles n'occasionnent qu'un soulagement provisoire et doivent donc être sans cesse recommencées pour maintenir cette complicité, d'où leur côté itératif et répétitif qui mène au bout d'un temps à un certain radotage intellectuel.*
- *Elles sont destructrices au niveau des individus :*
  - les victimes de calomnies peuvent finir par subir de véritables difficultés existentielles au sein de la communauté ; elles peuvent en outre aboutir à des persécutions réelles (brimades...) ;

* quant aux agents eux-mêmes de ces médisances, ils finissent par faire le vide autour d'eux : leurs complices du moment peuvent penser qu'ils seront eux-mêmes un jour ou l'autre victimes de médisances semblables de leur part. Ceci est d'autant plus vrai que ceux qui s'adonnent à ce genre de passe-temps pensent à tort ou à raison qu'ils sont eux-mêmes l'objet de conversations malveillantes :
  * à tort, par projection : ils attribuent aux autres le même système de pensée, le même fonctionnement (+ −) qui est le leur ;
  * à raison parce qu'ils finissent par attirer les médisances sur leur médisance et par perdre la confiance de leur entourage.

Beaucoup de raisons donc de désamorcer la recherche de complicité de telles personnes...

Les moqueries : (complicité du premier degré)

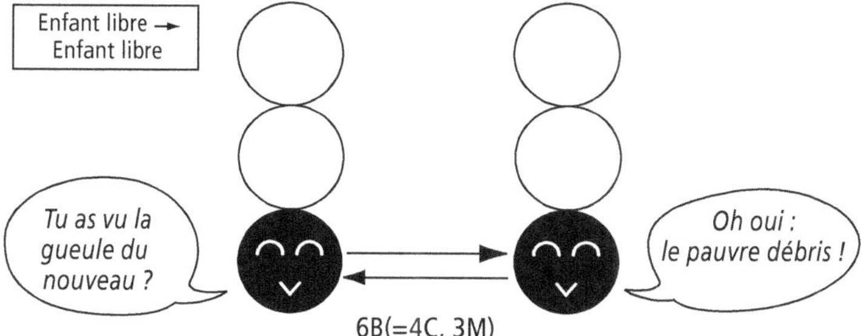

Les moqueries sont un passe-temps d'ENFANTS LIBRES ⊖ (p. 23) qui échangent des messages horizontaux complices. Elles ne sont pas en soi bien méchantes, mais si elles se généralisent et choisissent toujours les mêmes victimes pour cibles, elles peuvent à la longue se révéler très délétères : elles engendrent des clivages de groupe en réunissant des personnes souvent (− +) qui se murent dans des petits îlots de protection (+ + −) qui tournent vite à la mesquinerie.
De plus, c'est souvent le cas, elles viennent prêter main-forte à des médisances et se révèlent alors redoutables dans leur action destructrice.

Les jérémiades : (complicité du deuxième degré)

Les jérémiades sont un passe-temps d'ENFANTS ADAPTÉS ⊖ SOUMIS qui échangent des transactions parallèles horizontales complices.

Les ENFANTS SOUMIS sont généralement des personnes ayant tendance (du moins dans les lieux où elles émettent leurs gémissements) à une position de vie de DÉPENDANCE (− +) et qui entre elles se trouvent dans une position que BERNE définit comme (− − +) : *On est bien malheureux mais qu'est-ce qu'on y peut, ils sont tellement forts.*

Ce style de communication ne débouche sur rien, c'est une triste complicité qui tourne en rond, mais nous verrons qu'il est facile d'y échapper.

L'admiration béate : (complicité du deuxième degré)

Dans une même structure de relation, on trouve plus rarement l'admiration béate pour un tiers (ou une institution) où les ENFANTS ADAPTÉS SOUMIS expriment leur complicité (− − +) sous forme de dévotion inconditionnelle : *On est bien peu de chose mais Lui, qu'est-ce qu'il est merveilleux, quelle chance d'être à son service !*

Ces admirateurs brûlent d'ailleurs souvent ensuite leur idole et échangent alors des messages de médisances ou de rébellion.

Les récriminations : (complicité du deuxième degré)

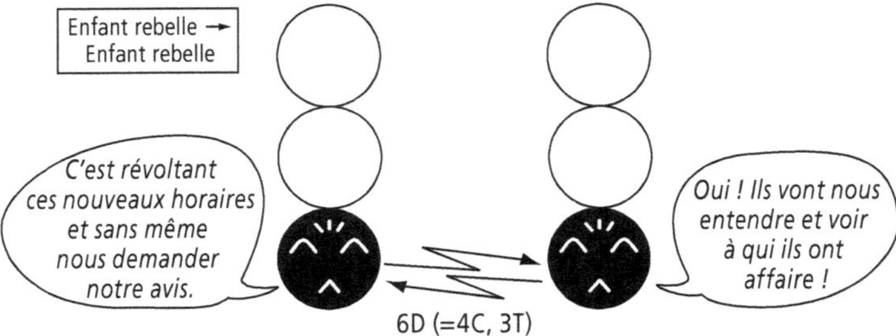

Les récriminations sont un passe-temps d'Enfants rebelles ⊖ qui échangent des transactions horizontales parallèles complices. Mais ces transactions peuvent connaître deux issues différentes :

- *si elles sont échangées entre personnes (− +) elles tournent en rond, masquant une position d'Enfants adaptés soumis comme ci-dessus : elles peuvent alors évoluer par réaction en transactions de personnes (+ + −) c'est-à-dire Parent critique ⊖ → Parent critique ⊖ et virer à la médisance (cela n'a rien d'étonnant si on considère les affinités internes entre Enfant adapté et Parent critique, p. 27) : C'est scandaleux cette gestion anti-démocratique ! Vraiment ceux qui nous dirigent sont d'une nullité !*
- *si elles sont échangées entre personnes (+ +) elles peuvent évoluer en plan d'action constructif de type Adulte et faire changer les choses : les récriminations deviennent alors revendications positives.*

À part ce dernier cas, on constate que médisances, moqueries, jérémiades et récriminations engendrent une communication peu performante.

Il est cependant parfois difficile de refuser la complicité de certaines personnes (des collègues avec qui on a un contact quotidien, des supérieurs parfois) parce que ce serait se couper d'eux. On pourrait certes les « casser » à l'aide de transactions-rebond négatives styles 4X et Y, mais en ce cas la communication serait rompue.

Comment agir alors ?

En leur offrant une autre complicité, c'est-à-dire en leur envoyant des réponses horizontales sur une autre longueur d'onde. Ce qui dans un premier temps (très provisoire : la conversation peut repartir ensuite sur un autre registre) donne lieu à un dialogue de sourds.

Il s'agit en ce cas de faire appel à des transactions d'un type nouveau : les pseudo-parallèles.

Le dialogue de sourds et les transactions pseudo-parallèles (T5) : *Aucun état du moi commun*

Curieuses transactions que ces parallèles faites de messages horizontaux complices qui ne se rencontrent jamais… C'est pourquoi nous les baptisons pseudo-parallèles.

En effet, comme pour les transactions croisées, la réponse en ce cas :
- *ne repart pas de l'état du moi visé ;*
- *ne revient pas à l'état du moi initial.*

Mais contrairement aux transactions croisées, ces pseudo parallèles n'engendrent guère le conflit – puisque chaque message recherche, comme tout message horizontal, la complicité – mais suscitent tout au plus l'incompréhension. Les deux interlocuteurs sont simplement sur des longueurs d'ondes différentes : c'est le dialogue de sourds. Six sortes de transactions sont ainsi possibles :

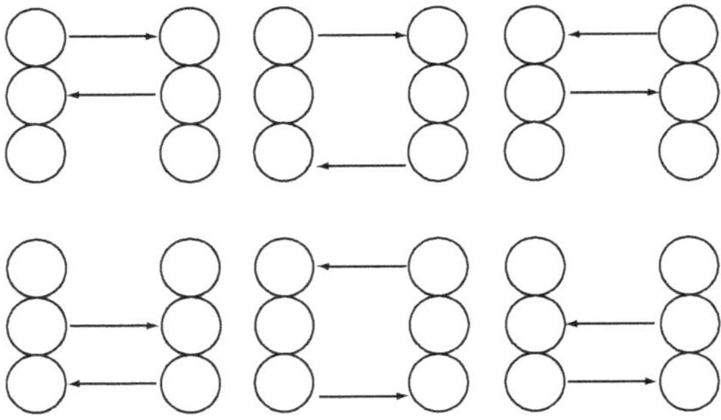

◼ L'art de l'esquive avec les collègues

Nous allons examiner les deux cas de complicité les plus désagréables : *les médisances* et *les moqueries*.

Pour mieux montrer le parallélisme des réponses dans un cas comme dans un autre, nous mettons en regard :
- *page de gauche, les MÉDISANCES,*
- *page de droite, les MOQUERIES.*

Réponses horizontales dans le dialogue de sourds

▶ Les médisances

Voici trois sortes d'exemples (pages de gauche) portant sur les médisances (PARENT CRITIQUE → PARENT CRITIQUE) pour montrer comment on peut échapper à certaines complicités gênantes, sans rompre la communication.

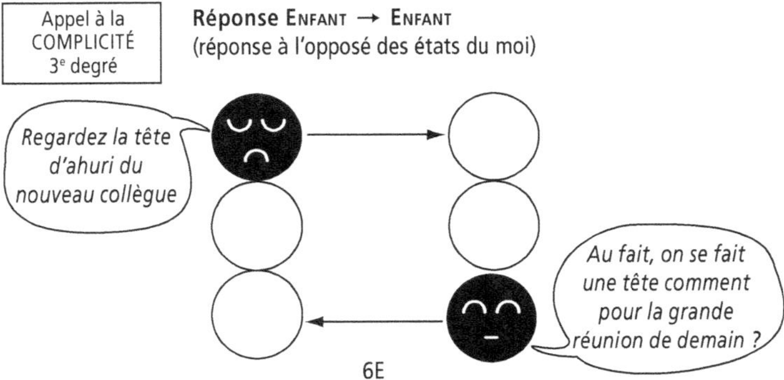

La difficulté : faire passer le médisant d'un état du moi à l'autre : il est PARENT, on s'adresse à son ENFANT. Il s'agit de glisser d'une complicité du 1ᵉʳ degré qui n'engage pas, à une complicité du 3ᵉ degré[12] qui implique (en fait pas tellement en ce cas…).

Optimisation : s'assurer qu'il n'est pas rigide et possède un bon ENFANT (pp. 165 et 169) : on remarquera qu'on fait ici appel aussi bien à son ENFANT LIBRE (*une tête comment*) qu'ADAPTÉ (*grande réunion*). Cet appel à l'ENFANT ADAPTÉ est très important quand on sait les affinités internes entre le PARENT CRITIQUE (état actuel du médisant) et l'ENFANT ADAPTÉ (état dans lequel il pourrait passer – p. 27).

En conclusion : réponse performante.

---

12. Voir p. 103.

Réponses horizontales dans le dialogue de sourds

▶ Les moqueries

Voici trois sortes d'exemples (pages de droite) portant sur les moqueries (ENFANT LIBRE → ENFANT LIBRE) pour montrer comment on peut échapper à certaines complicités peu épanouissantes, sans rompre la communication.

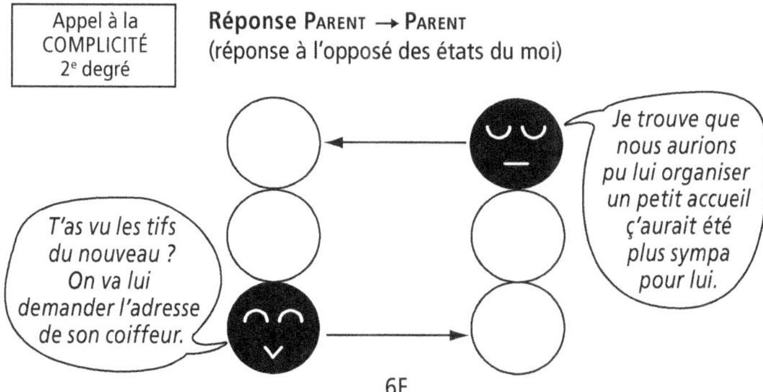

La difficulté : faire passer le moqueur d'un état du moi à l'autre : il est ENFANT, on s'adresse à son PARENT.

Optimisation : être sûr qu'il n'est pas rigide et possède un bon PARENT (pp. 159 et 161) soit CRITIQUE (*on aurait pu*) soit NOURRICIER (*plus sympa*). Cet appel au PARENT NOURRICIER est très important quand on sait les affinités internes entre l'ENFANT LIBRE (état actuel du moqueur) et le PARENT NOURRICIER (état dans lequel il pourrait passer – p. 27).

En conclusion : réponse performante.

Réponses horizontales dans le dialogue de sourds

▶ Les médisances

Réponse PARENT NOURRICIER → PARENT NOURRICIER

(Réponse jouant au niveau des sous-états du moi)

Il s'agit ici de jouer sur la subdivision de l'état du moi PARENT.

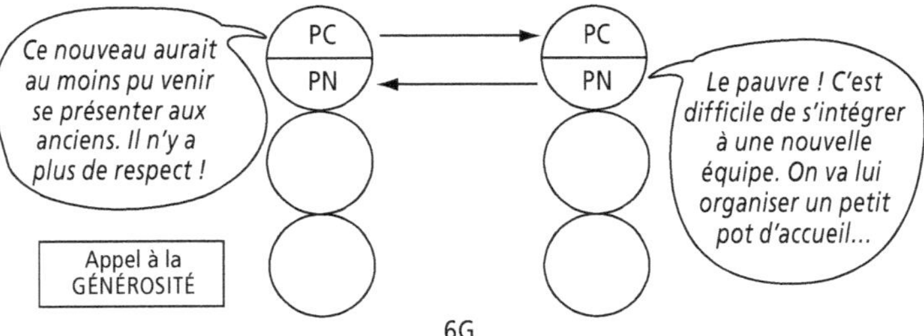

L'avantage : on reste dans le même état du moi, le changement de ton est plus facile.

Optimisation : essayer de ne pas trop changer de sujet de conversation.

En conclusion : réponse performante.

Réponses horizontales dans le dialogue de sourds

▶ Les moqueries

Réponse Enfant adapté → Enfant adapté

(Réponse jouant au niveau des sous-états du moi)

Il s'agit ici de jouer sur la subdivision de l'état du moi Enfant.

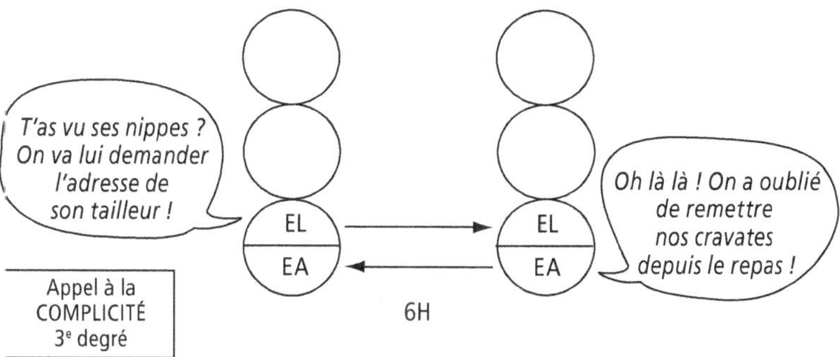

L'avantage : on reste dans le même état du moi, le changement de ton en est d'autant plus facile.

Optimisation : essayer (mais ce n'est pas facile) de changer le moins possible de sujet de conversation.

En conclusion : réponse performante.

Réponses horizontales dans le dialogue de sourds

▶ Les médisances

Réponse Adulte → Adulte

On n'insistera jamais assez sur la qualité de la relation Adulte → Adulte quand elle ne forme pas une transaction croisée.

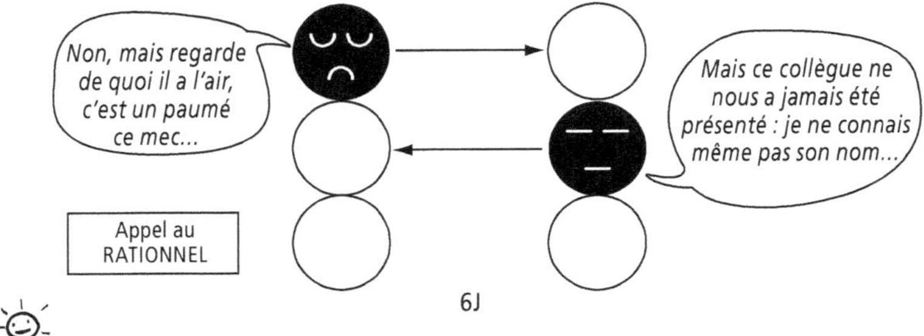

Optimisation : bien s'assurer que le médisant a un bon Adulte, sinon lui préférer un autre état du moi.

En conclusion : réponse à utiliser dès que possible car elle permet de faire prendre à la conversation un tour positif. L'intervention de l'Adulte → Adulte est toujours souhaitable pour engendrer une relation d'égalité et de réciprocité dans la dignité.

Réponses horizontales dans le dialogue de sourds

▶ Les moqueries

Réponse ADULTE → ADULTE

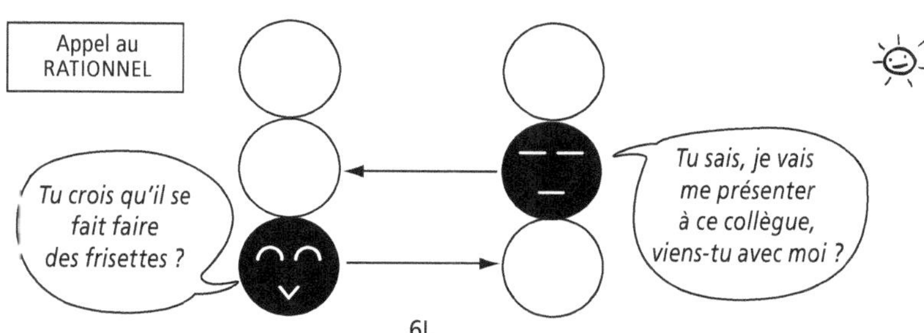

On n'insistera jamais assez sur la qualité de la relation ADULTE → ADULTE lorsqu'elle ne forme pas une transaction croisée.

En conclusion: réponse à utiliser dès que possible pour le tour positif qu'elle permet de faire prendre à la conversation. L'intervention de l'ADULTE → ADULTE dans le dialogue de sourds est facile, performant et toujours souhaitable pour engendrer une relation faite d'égalité et de réciprocité dans la dignité.

La meilleure façon d'éviter une complicité malsaine est d'utiliser le dialogue de sourds.
Ici encore, c'est l'ADULTE qui, changeant de sujet, donne les meilleurs résultats, sous forme de réponses «horizontales» d'égal à égal (6J, 6L):
«Ce nouveau collègue qui te fait tant rire, nous ne le connaissons pas vraiment. Viens ! on va se présenter à lui…».

▨ L'art de faire des généralités

Le dialogue ADULTE-ADULTE permet d'éviter un sujet de conversation en abordant des généralités du type constatations objectives qui n'impliquent pas trop les interlocuteurs et entraînent donc plus facilement leur adhésion (complicité du 1ᵉʳ degré).
Exemples :
« Il est difficile de s'insérer dans une nouvelle équipe. »
« Pourquoi est-on si mal à l'aise avec des inconnus ? »
« On se sent mal dans un lieu de travail où l'on ne connaît personne. »

▨ L'évitement de la complicité avec un supérieur hiérarchique

Malheureusement, l'inconvénient de ces généralités, c'est qu'elles détournent la conversation et peuvent amener l'interlocuteur à mal réagir (*« Change pas de sujet ! »*). De plus, ces réponses horizontales d'égal à égal – dialogue de sourds s'avèrent souvent impossibles avec des supérieurs hiérarchiques qui supportent mal une tentative de relation égalitaire. Et pourtant, ceux-ci recherchent parfois une complicité malsaine avec certains de leurs subordonnés en ironisant ou médisant sur un collègue de ces derniers (procédé souvent utilisé lorsque l'on veut diviser pour régner). Comment échapper alors à ce piège ?
C'est ici que peuvent intervenir d'autres transactions centrées sur l'ADULTE : des réponses semi-diagonales à partir ou en direction de l'ADULTE. En ce cas, le dialogue est moins un dialogue de sourds, les longueurs d'ondes, tout en étant différentes, sont malgré tout plus proches. Nous appellerons ces nouvelles transactions des **quasi-parallèles**.
Puis ces dernières examinées, nous retrouverons une fois de plus pour finir la possibilité d'utiliser les **transactions-rebond** (un état du moi commun) et leurs irremplaçables performances.

Le dialogue de (quasi)-sourds et les transactions quasi-parallèles (T6) : *Aucun état du moi commun*

On obtient ainsi huit sortes de transactions possibles :

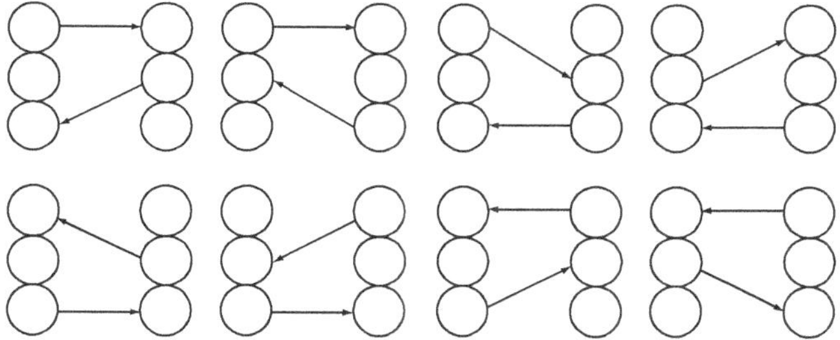

Ni hérisson, ni paillasson ou encore un art de l'esquive

Voyons leurs résultats en ce qui concerne médisances et moqueries, en donnant deux exemples de réponses pour chacune d'elles :
- pages de gauche : les MÉDISANCES,
- pages de droite : les MOQUERIES).

# Réponses semi-diagonales dans le dialogue de sourds à partir de l'ADULTE

▶ Les médisances

Réponse ADULTE ↘ ENFANT

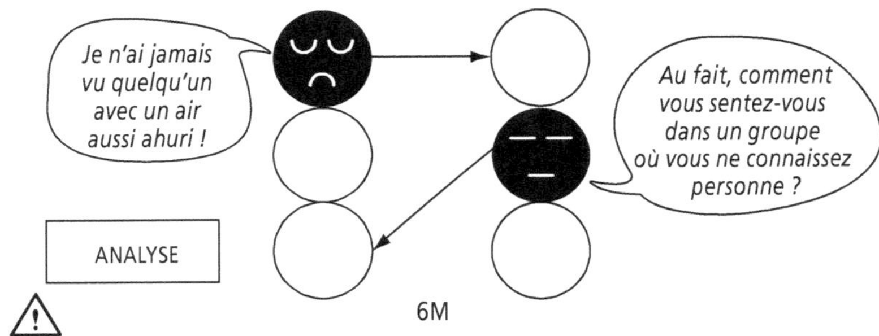

Dans ce style de transaction, il est nécessaire de poser une question à partir de l'ADULTE QUESTIONNEUR (5E) pour solliciter un état du moi non activé, ici l'ENFANT du médisant.

Les difficultés: ce message-réponse les accumule:

– il est descendant;

– il est sous forme de question (5E) et a tout du message «psy» si difficilement supportable en dehors de toute situation thérapeutique.

En conséquence: transaction très difficile, notamment avec un supérieur hiérarchique: à éviter, surtout avec un médisant qui y verra une allusion (la paille et la poutre !). Celui-ci, par projection, croit facilement qu'on pense du mal de lui.

Réponses semi-diagonales dans le dialogue de sourds à partir de l'ADULTE

▶ Les moqueries

Réponse ADULTE ↗ PARENT

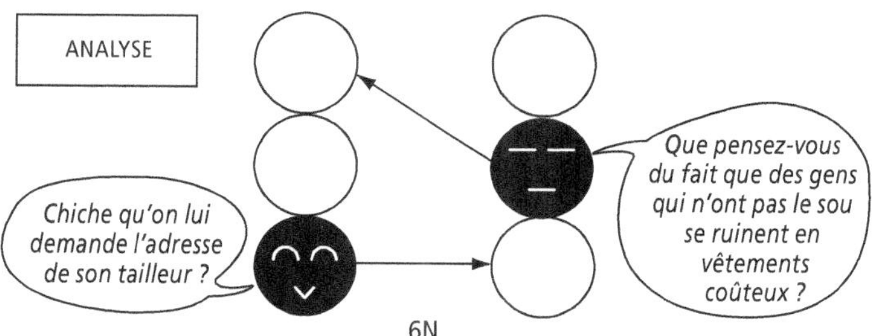

Dans ce style de transaction, il est nécessaire de poser une question à partir de l'ADULTE QUESTIONNEUR (5D) pour solliciter un état du moi non activé, ici le PARENT du moqueur.

La difficulté : que le moqueur voie là une leçon de morale cachée à cause d'une certaine tonalité « psy » due à la forme questionnante.

Cependant cette tonalité est atténuée par le fait que le message est ascendant.

Optimisation : ton neutre, cherchant purement une information peut accrocher quelqu'un qui a un bon PARENT et qui aime à exprimer ses opinions.

En conclusion : à manier avec tact. Serait excellente en forme non questionnante (difficile).

Réponses semi-diagonales dans le dialogue de sourds en direction de l'ADULTE

▶ Les médisances

Réponse ENFANT ↗ ADULTE

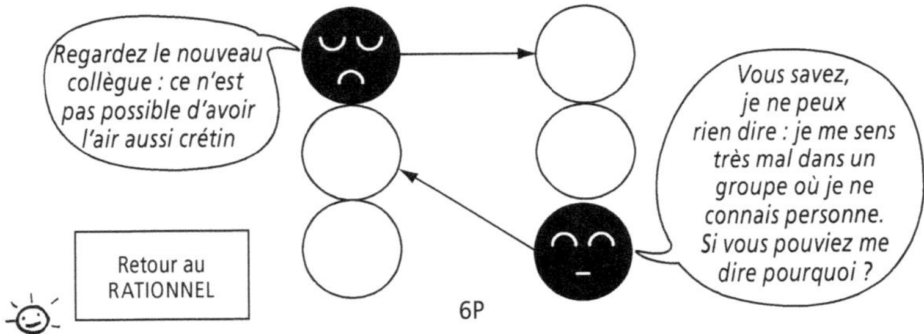

L'astuce : l'attention du médisant est orientée vers un problème d'ordre général.

L'avantage : on reste branché sur le même thème de conversation. De plus, la semi-diagonale est montante : on en a vu les avantages (5F).

Écueil à éviter : ne pas émettre un message qui pourrait être interprété par le médisant comme une diagonale (– +) (ENFANT ADAPTÉ ↑ PARENT CRITIQUE) ; celui-ci a en effet son PARENT CRITIQUE activé et risquerait de rétorquer par un message de supériorité (+ –) (PARENT CRITIQUE ↓ ENFANT ADAPTÉ) : *Mais non, tu es très bien, toi, t'as quand même moins l'air crétin que l'autre…*). Un message ADULTE est destiné à appeler une réponse (+ +). Bien remarquer que l'ENFANT qui s'adresse ici à l'ADULTE est à la fois LIBRE et ADAPTÉ, neutre en quelque sorte.

Optimisation : bien s'assurer que l'interlocuteur a un bon ADULTE, qu'il est sensible aux conversations axées sur la réflexion et le raisonnement logique.

Conclusion : excellente transaction.

Réponses semi-diagonales dans le dialogue de sourds en direction de l'ADULTE

▶ Les moqueries

Réponse PARENT ↘ ADULTE

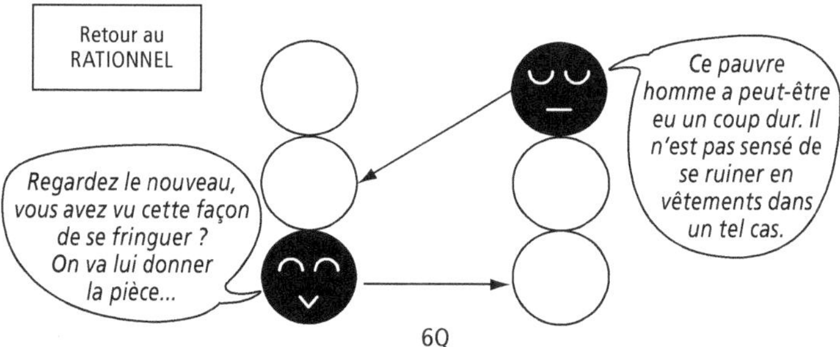

L'avantage : on ne change pas de sujet puisqu'on reste centré sur le même contenu et la même personne, deux raisons pour réussir cette transaction en direction de l'ADULTE.

La difficulté : nous utilisons ici la semi-diagonale *descendante* pour laquelle nous avons émis certaines réserves (5G) : le danger est qu'elle soit perçue par le moqueur comme une réponse de supériorité (+ −)

Optimisation : éviter surtout la forme questionnante du style : *Croyez-vous qu'il soit sensé de se ruiner en vêtements quand on n'a pas le sou ?*

Bien s'assurer que l'interlocuteur a un bon ADULTE, qu'il est sensible aux arguments logiques.

Conclusion : à manier avec précaution.

Les moqueries / Les médisances

Lorsque l'on veut discrètement changer de sujet pour éviter une complicité malsaine, si les réponses «horizontales» d'égal à égal semblent impossibles – avec un supérieur hiérarchique, par exemple – les réponses «ascendantes» ADULTES s'avèrent très efficaces.

Sortir du dialogue de sourds avec les transactions-rebond Adultes (T4)

Nous avons donc vu les différentes manières de sortir de complicités peu plaisantes en pratiquant le dialogue de sourds.
Y a-t-il d'autres manières de procéder ?
Oui, en utilisant des transactions-rebond.
Il n'est bien entendu pas question de pratiquer les réponses diagonales dont nous avons dénoncé (4X et 4Y) les effets pernicieux, telles que :

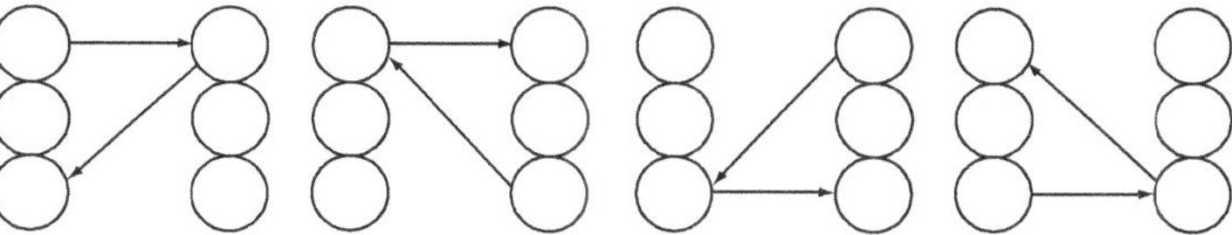

Il reste en effet une autre solution en restant dans l'Adulte : **les réponses-rebond semi-diagonales (T4 p. 96).**

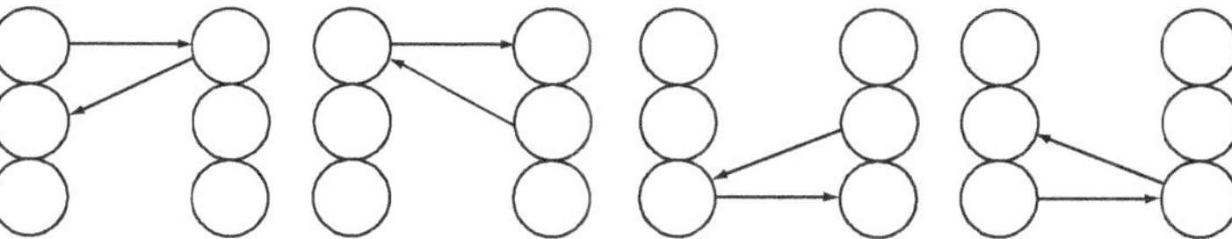

Nous cumulons en ce cas deux avantages :

> *celui de la semi-diagonale, qui fait toujours appel à l'ADULTE et qui donc n'a pas le même effet négatif que la diagonale pure et dure – certes rien ne vaut l'horizontale, mais lorsque celle-ci s'avère impossible…*

> *celui du rebond, c'est-à-dire un état du moi commun aux deux interlocuteurs : nous sortons cette fois du dialogue de sourds.*

Voyons-en les effets sur MÉDISANCES (p. de gauche) et MOQUERIES (p. de droite) :

Réponses-rebond à partir de l'ADULTE (semi-diagonales)

▶ Les médisances

Réponse ADULTE ↗ PARENT

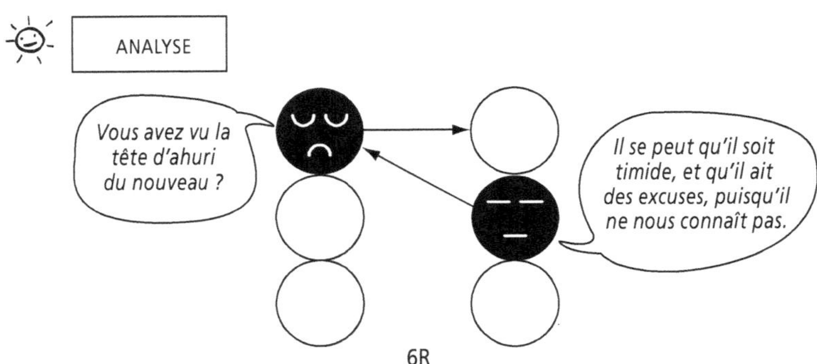

Avantages :

– boomerang qui revient à l'état du moi activé du médisant ;

– semi-diagonale ascendante dont nous savons les performances (5B).

Écueil à éviter : renforcer le PARENT CRITIQUE du médisant qui peut ressentir cette réponse comme légèrement réprobatrice, redoubler de médisances et même répondre par un MESSAGE de SUPÉRIORITÉ (PARENT CRITIQUE ↓ ENFANT ADAPTÉ) : *Vous, vous êtes toujours à excuser tout le monde...*

Optimisation : bien s'adresser au PARENT ⊕ (CRITIQUE NORMATIF) avec peut-être une touche de NOURRICIER DONNANT.

Très efficace avec un interlocuteur qui a un bon PARENT ⊕.

En conclusion : bonne solution de rechange si la transaction ADULTE → ADULTE (5H) se révèle difficile, ou pour l'y amener en douceur. Tout dépend du profil psychologique de l'interlocuteur.

Réponses-rebond à partir de l'ADULTE (semi-diagonales)

▶ Les moqueries

Réponse ADULTE ↘ ENFANT

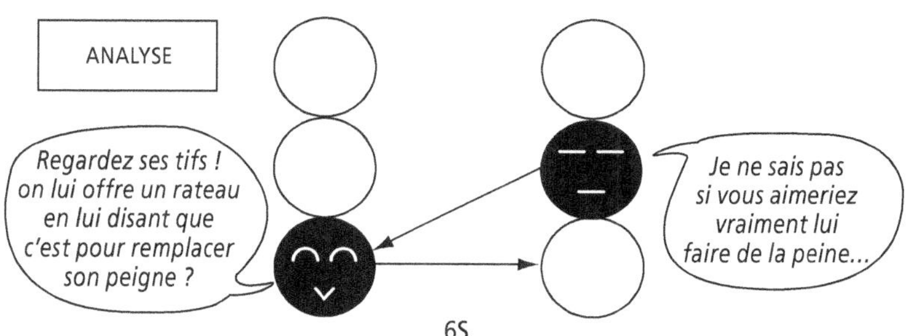

Avantage : boomerang qui revient à l'état activé du moqueur ; l'ENFANT LIBRE peut être méchant mais aussi avoir bon cœur : on reste dans le domaine des sentiments.

L'astuce : précisément, faire appel à son bon cœur !

La difficulté : semi-diagonale descendante dont on a vu les problèmes (p. 89) et qui risque ici d'être perçue comme manipulatrice.

Ne surtout pas procéder sous forme de question afin d'éviter le style psy dont nous savons qu'il est difficilement supportable du genre : *Vous aimez faire ainsi de la peine aux gens ?*

Optimisation : ton des plus neutres très ADULTE sans aucune intonation (+ −) de jugement – réussira si le moqueur a bon cœur.

En conclusion : à manier avec précaution, et pas avec n'importe qui.

Réponses-rebond en direction de l'ADULTE (semi-diagonales)

▶ Les médisances

Réponse PARENT ↘ ADULTE

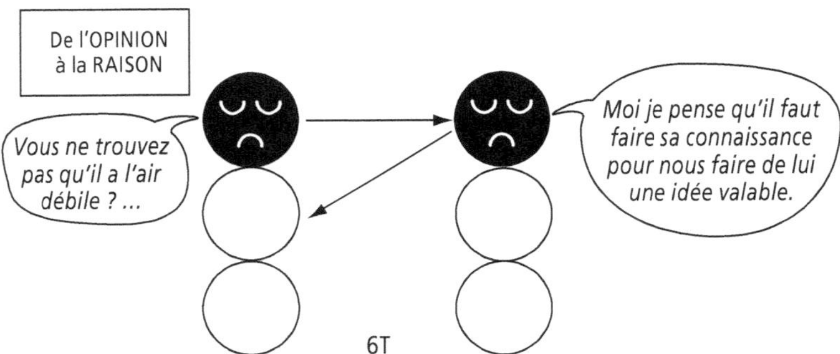

L'avantage: ricochet qui repart bien de l'état du moi sollicité par le médisant – satisfaction de celui-ci de voir l'autre au même diapason.

La difficulté: semi-diagonale descendante ; attention à ce que le médisant ne la ressente pas comme une leçon de morale cachée (+ −) (projection du médisant évoquée plus haut). Éviter pour cela une formulation qui concernerait directement le médisant lui-même, du style : *Je pense que vous devriez faire sa connaissance pour vous faire une idée valable*, qui aurait une tonalité de SUPÉRIORITÉ PARENT CRITIQUE ↓ ENFANT ADAPTÉ.

Optimisation: ton dénué de toute critique pour accrocher l'ADULTE logique ; c'est le PARENT CRITIQUE (+) qui parle. Lui seul peut accrocher correctement l'ADULTE de l'interlocuteur. Cela permet ensuite d'embrayer dans une relation ADULTE → ADULTE, sous forme de généralités : *Ce n'est pas la première impression qui compte*, etc. Ainsi sera esquivée cette complicité malsaine aux dépens d'un inconnu.

En conséquence: transaction performante avec une personne ayant un bon ADULTE.

Réponses-rebond en direction de l'Adulte (semi-diagonales)

▶ Les moqueries

Réponse ENFANT ↗ ADULTE

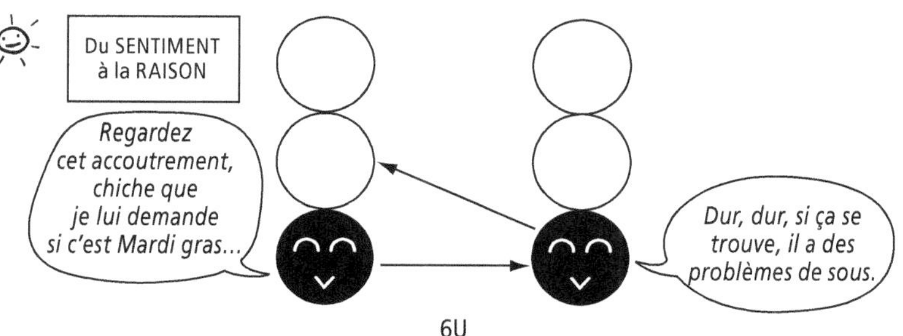

Avantages:

– ricochet qui repart de la même longueur d'ondes que celle du moqueur et caresse sa satisfaction d'ENFANT LIBRE;

– semi-diagonale ascendante (5F) qui évite toute interprétation moralisatrice à la relation.

En conclusion: excellente transaction.

Le mieux est bien sûr de ne pas changer de sujet, ce que permettent souvent les réponses-rebond. L'ADULTE «ascendant» une fois de plus s'avère irremplaçable (6R, 6U):
«Il se peut que ce nouveau collègue soit très timide...»
On peut synthétiser les performances des messages et transactions à réponse Adulte (semi-diagonaux) de la façon suivante:

...	PLUS FACILE	MOINS FACILE
Message semi-diagonal	Ascendant	Descendant
	Affirmatif	Interrogatif
Transaction à réponse semi-diagonale	Rebond	Dialogue de sourds

Il ressort qu'un message-réponse, s'il a une valeur propre, prend cependant toute sa signification en fonction de la transaction dans laquelle il s'insère.

Ainsi un message réponse de même figure, par exemple ENFANT ↗ ADULTE, sera plus performant dans la transaction 6U

que dans la transaction 6P

parce que dans la première il y a réponse-rebond (un état du moi commun), tandis que dans la seconde il y a dialogue de sourds (aucun état du moi commun).

On peut également vérifier que :

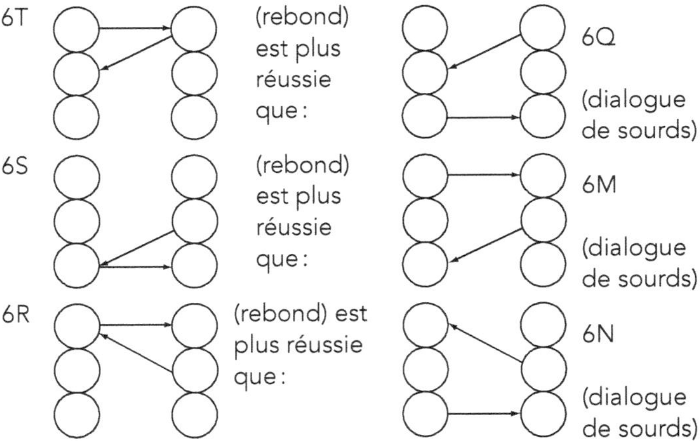

6T (rebond) est plus réussie que : 6Q (dialogue de sourds)

6S (rebond) est plus réussie que : 6M (dialogue de sourds)

6R (rebond) est plus réussie que : 6N (dialogue de sourds)

Le danger d'une réponse difficile comme celle du type ADULTE ↘ ENFANT est plus grand en 6M (sourds) qu'en 6S (rebond) : cette dernière passe mieux parce qu'il y a un état du moi commun entre les deux interlocuteurs et peut donc déboucher sur une conversation plus personnelle ; tandis qu'en 6M, il y a plus de risques que le premier interlocuteur ait le sentiment non seulement d'une malveillance cachée contre lui (danger d'une réponse de sa part de DOMINATION PARENT ↓ ENFANT), mais surtout d'une malveillance gratuite et injustifiée puisqu'il n'y a aucun état du moi commun entre lui et vous.

Bien remarquer enfin qu'il est parfois plus performant d'utiliser un message à risque au sein d'une transaction-rebond (6S par ex.), plutôt qu'un message dit facile au sein d'une transaction de sourds (par ex. 6P).

Face à un message de complicité malsaine que l'on veut éviter, deux formes de réponses se révèlent très efficaces :

– entre collègues, le changement de sujet (dialogue de sourds) à l'aide de réponses «horizontales» Adultes d'égal à égal :

«Ce nouveau qui te fait tant rire, nous ne le connaissons pas vraiment. Viens ! on va se présenter à lui… » ;

– avec un supérieur hiérarchique avec qui il est impossible de dialoguer d'égal à égal, le changement de sujet peut se faire plus discrètement à l'aide de réponses «ascendantes» Adultes :

«Je reconnais que ce nouveau collègue peut prêter à rire, mais il me semble très difficile d'être à l'aise lorsque l'on ne connaît personne.»

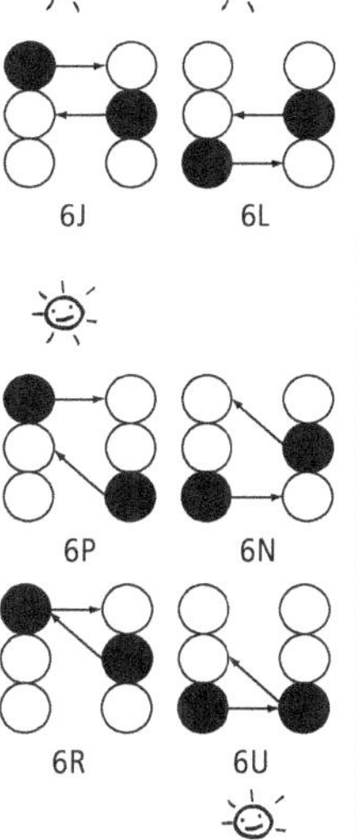

Que répondez-vous pour esquiver une complicité calomnieuse ?

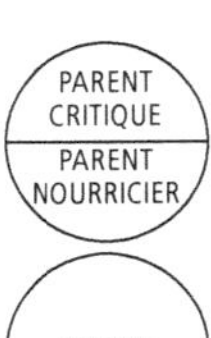

Votre supérieur hiérarchique vous prend à part et commence à médire de votre collègue Camille. Or c'est une personne de valeur, très serviable, que vous appréciez beaucoup. C'est elle entre autres qui a précisément tiré vos photocopies pour vous permettre d'aller au théâtre (p. 65).

Que répondez-vous à votre chef qui est en train de vous dire : *Savez-vous qu'elle a tendance à facilement lever le coude ?* (Message PARENT CRITIQUE ⊖ PERSÉCUTEUR → PARENT CRITIQUE ⊖ PERSÉCUTEUR) :

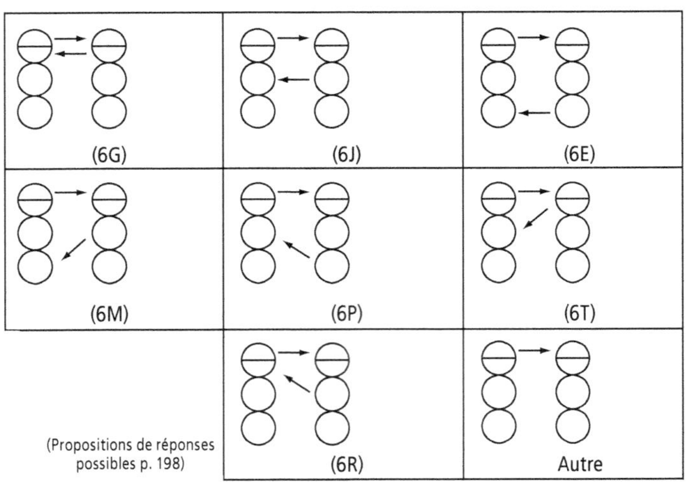

(Propositions de réponses possibles p. 198)

Chapitre 7

L'ART DE NEUTRALISER LES SOUS-ENTENDUS EN DOUCEUR

Mais les choses étaient trop simples ! Et les pires complications vont surgir avec les sous-entendus, ces non-dits de la conversation dont on ne sait jamais s'ils sont émis ou non, mais dont on sait qu'on a tout de même ressenti un message sous-jacent ; on n'ose pas l'exprimer à l'interlocuteur par peur de passer pour… (susceptible, obsédé, parano…). Bref, la déstructuration complète.

Ces sous-entendus, malveillants ou pervers à 90 %, sont les destructeurs de la bonne communication.

Tout le monde a été la victime (ou l'instigateur…) de pointes, piques, vannes, allusions, plaisanteries, ou plus subtilement a pu, au terme d'une conversation anodine et même apparemment joyeuse, être ensuite la proie d'une sensation de malaise diffus et assez inexplicable.

C'est que l'interlocuteur a envoyé, sous le couvert des apparences, des messages cachés qui ne correspondaient pas aux paroles prononcées.

L'Analyse Transactionnelle a bien étudié le phénomène et a identifié ce qu'elle appelle les **transactions cachées**, ou **piégées**, ou à **double fond** (toutes ces dominations étant synonymes).

Manipulation, mauvaise foi, *double-bind*, communication paradoxale, jeux psychologiques : les transactions cachées (T7)

Des transactions qui n'osent pas dire leur nom.

Pour plus de clarté, considérons les cas où :
- *un seul interlocuteur envoie un message caché ;*
- *les deux interlocuteurs émettent chacun un message caché – ce qui complique singulièrement les choses !*

1. Transactions avec un message caché : le sous-entendu

Un exemple arrivé dans une entreprise, secteur Formation des stagiaires : le service a embauché des jeunes qui ne respectent pas toujours scrupuleusement les horaires. Ainsi un matin, le responsable de la formation se poste-t-il dès huit heures – heure du début de la session de formation – à l'entrée de l'établissement.

1. Dupont arrive avec un quart d'heure de retard et le responsable lui demande d'un air neutre :

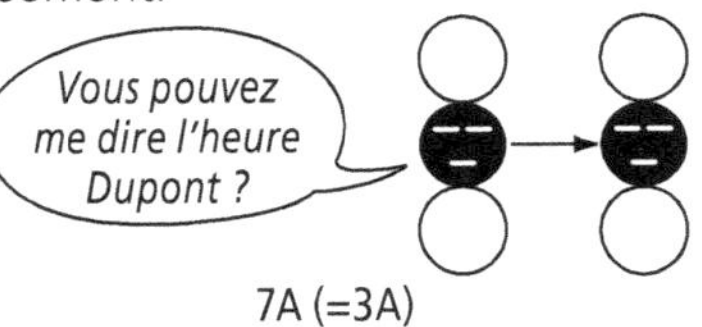

7A (=3A)

2. Dupont, qui vient de lire les pages qui précèdent, décide de faire une transaction parallèle, puisque telle est la condition d'une bonne communication :

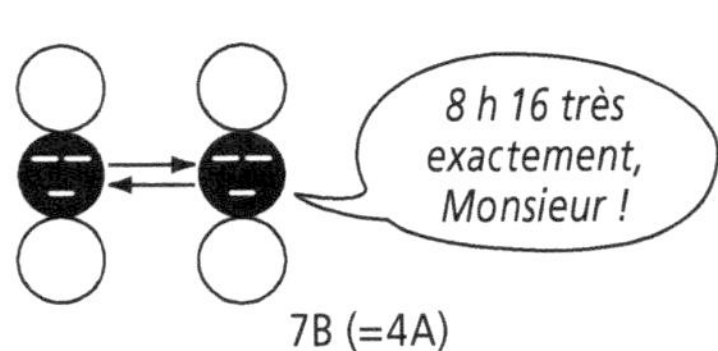

7B (=4A)

3. Et Dupont se fait immédiatement convoquer chez le directeur !

4. Durand arrive cinq minutes après cet incident et se voit poser à son tour la même question : Vous pouvez me dire l'heure, Durand ? Et Durand n'ayant pas lu les pages qui précèdent répond spontanément :

7C (=4G)

5. *Le responsable lui sourit sans rien dire et lui indique la salle dans laquelle il doit se rendre.*

6. *Quelle injustice! Alors que Dupont a établi une transaction parallèle (= bonne communication), tout s'est mal terminé pour lui.*
Alors que Durand a croisé sa transaction (= rupture de la communication), tout s'est bien terminé pour lui! Que s'est-il donc passé?

Il s'est passé qu'il y a eu de la part du responsable un **message caché derrière le message apparent**:
On appelle cela <u>un message à double fond</u>:

- *le message apparent est dit de <u>niveau social</u>;*
- *le message caché est dit de <u>niveau psychologique</u> (celui-ci sera symbolisé dans les schémas par des pointillés). Or en ce cas, c'est le niveau psychologique (message caché) qui est le plus important.*

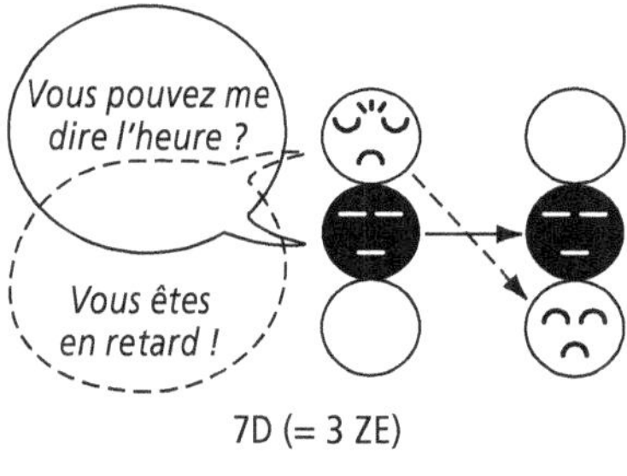

Règle de base
Il faut donc considérer si la transaction est parallèle ou non <u>en fonction du message caché</u> et non du message apparent.

En fait, c'est Dupont qui a croisé sa transaction... (Transaction insolente 4H).

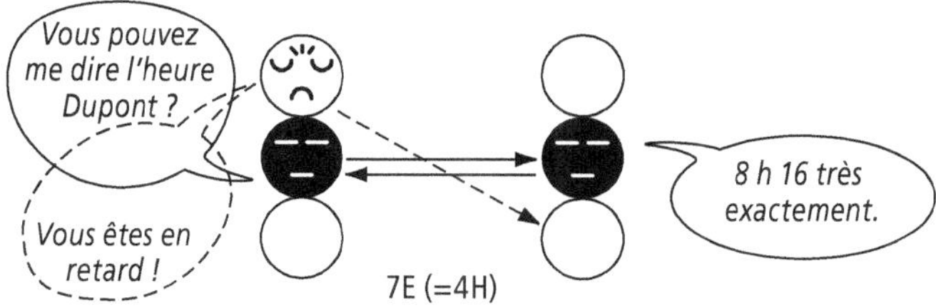

… et c'est Durand qui a en réalité établi une transaction parallèle :

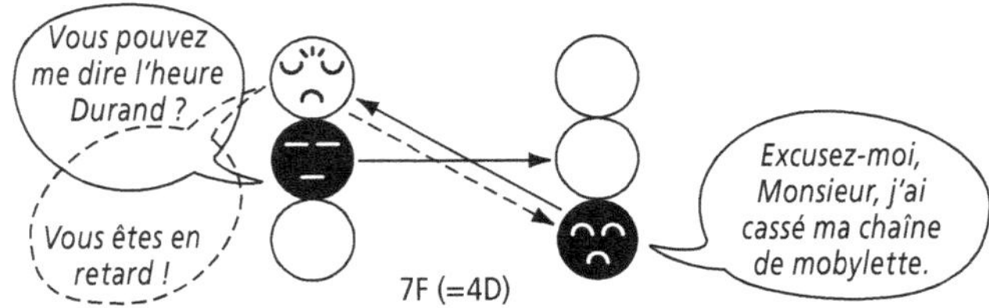

Le message caché peut bien sûr être envoyé par le deuxième interlocuteur en guise de réponse :

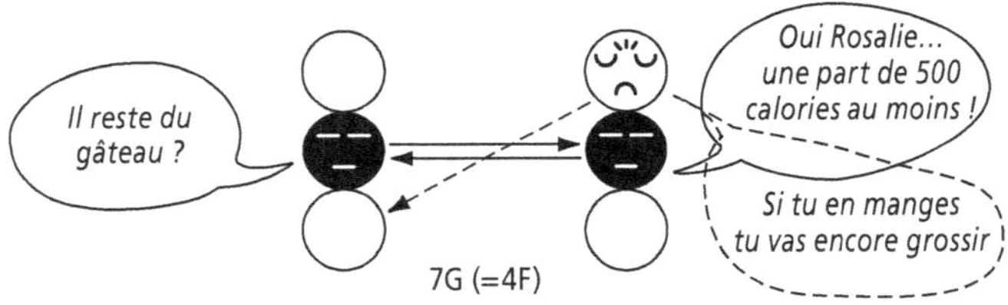

Ici, la transaction apparente est parallèle, mais la transaction cachée est bel et bien croisée (RÉPONSE de DOMINATION 4F).

Toutes ces sortes de transactions sont, pour une raison évidente, appelées parfois TRANSACTIONS PIÉGÉES. Sans compter que certaines personnes peuvent percevoir une transaction piégée… là où il n'y en a pas (ce qui est par exemple le cas dans la transaction 4G).

2. Transactions dites « angulaires » : la manipulation

Il s'agit ici de manipulation voulue et consciente : comment amener telle ou telle personne à agir par elle-même de telle ou telle façon, bref, la manipulation dans son côté le plus péjoratif.

La technique consiste à émettre un message apparent ADULTE → ADULTE derrière lequel se cache un message assez complexe qu'on symbolise, pour simplifier, comme émanant de l'ADULTE pour bien montrer son côté froidement calculé, mais s'orientant vers un autre état du moi du récepteur (l'ENFANT REBELLE le plus souvent).

Prenons un exemple : celui du vendeur qui fait comprendre à son client que *cet article est trop bien pour lui* :

Le vendeur à un Monsieur
accompagné d'une dame :

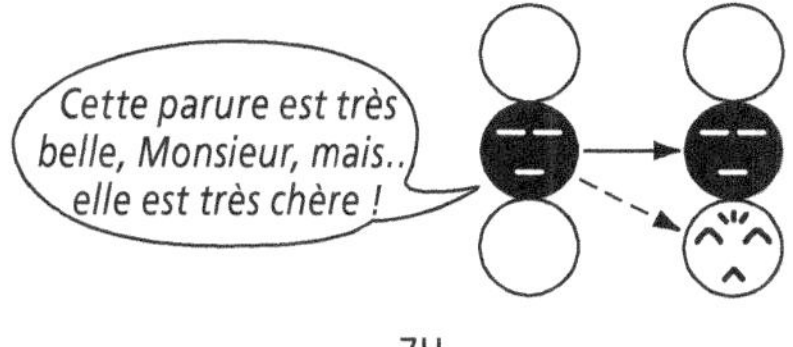

7H

Le vendeur peut donner à son client potentiel l'impression qu'il est
l'objet d'une diagonale de supériorité (+ −) très méprisante et espère
que l'autre va réagir dans son ENFANT REBELLE :

7J *RÉUSSI !* (pour le vendeur)

Là encore bien remarquer que, pour
que la transaction soit bien réussie
(selon le point de vue du vendeur,
bien sûr), il faut que la réponse soit
parallèle au message caché, et non au
message apparent. De plus, la
réponse ne croise pas le message
apparent : une réussite complète !

Pour bien comprendre ce qui s'est passé, il faut aller au-delà du niveau
apparent, certes, mais au-delà également du niveau caché pour
atteindre un troisième <u>niveau</u> dit <u>existentiel</u> afin de considérer la transaction telle que l'a ressentie le client :

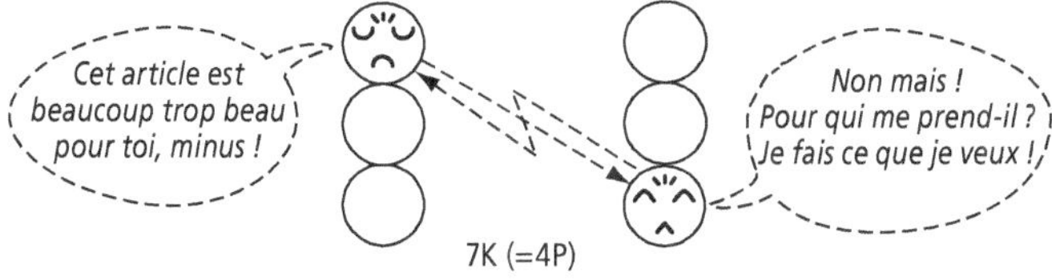

7K (=4P)

En revanche, si le client prend au pied de la lettre le message ADULTE
→ ADULTE du vendeur, il y a grand risque d'échec de la transaction au
sens propre :

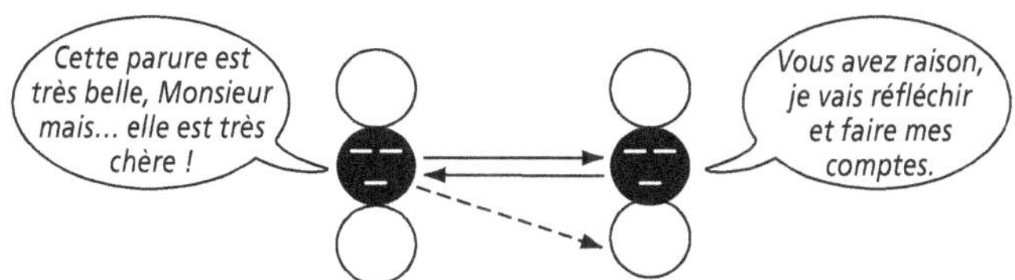

7L (=4A) *MAL PARTI !* (pour le vendeur)

7M (=4D) *RATÉ !*

Et il y a échec total si le client a trop bien compris le message caché (niveau existentiel) et répond parallèlement en ENFANT ADAPTÉ SOUMIS au PARENT du vendeur.

Parfois – tout dépend de la personnalité du client – c'est plutôt le PARENT de celui-ci qui se trouve accroché (il y a de toute façon de grandes affinités internes entre ENFANT REBELLE et PARENT CRITIQUE : ce dernier est souvent un ENFANT REBELLE « sublimé ») :

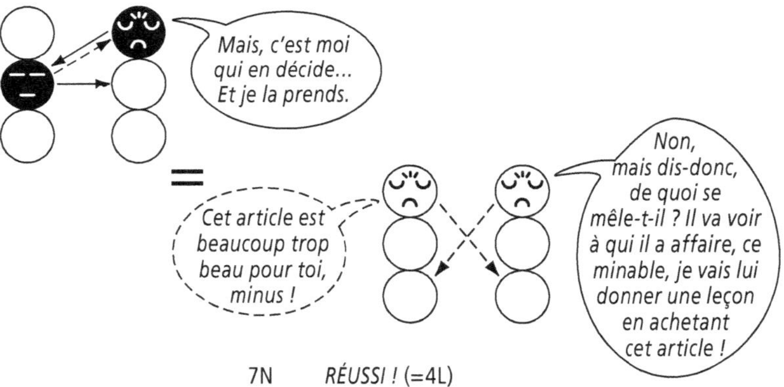

7N   *RÉUSSI !* (=4L)

On peut dire que dans tous ces cas il y a manipulation volontaire et consciente, parce que le message caché déclencheur de l'émetteur est bel et bien ADULTE ↘ ENFANT (ou PARENT) et non PARENT ↓ ENFANT comme le ressent le client au niveau existentiel : car le vendeur n'en pense rien (que c'est trop cher) et espère même qu'il n'en sera rien !

3. Transactions à double message caché : les sous-entendus

Mais les choses peuvent se compliquer encore davantage lorsque... ce sont les DEUX interlocuteurs qui s'envoient des messages cachés ! Cette fois on peut tomber dans tous les cas de figures et on comprend alors la complexité de la communication.
Si ce style de communication peut donner lieu à des catastrophes sans nom, nous verrons qu'il peut également engendrer entre deux partenaires une indicible complicité.

3.1. Transactions apparemment parallèles et en réalité croisées : le conflit larvé

Certains dialogues anodins…

Au chef du personnel :

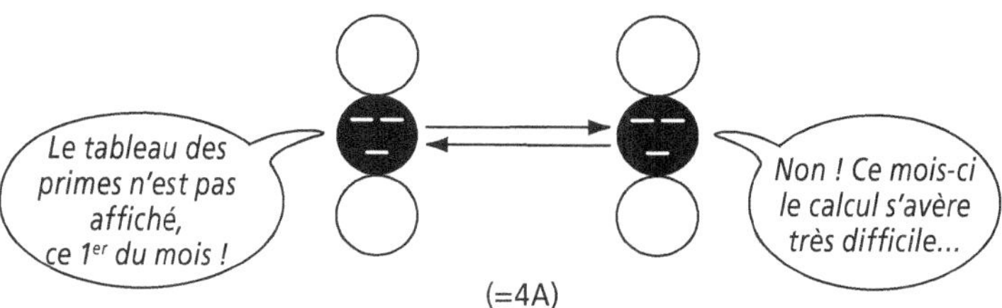

… ne le sont pas toujours :

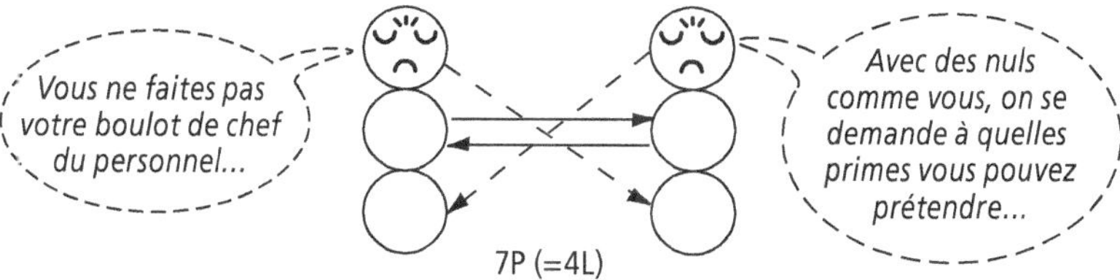

Sous des apparences parallèles, toutes autres transactions cachées non parallèles sont bien entendu possibles.

3.2. Transactions doublement parallèles : une subtile complicité

Certains dialogues, par convenance fort sérieux, cachent des échanges qui… le sont parfois un peu moins :

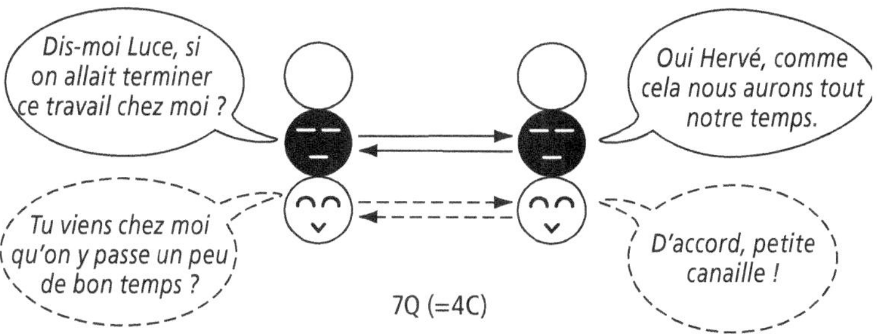

C'est là ce qu'on appelait dans le temps «faire le coup des estampes japonaises».

Ces transactions cachées permettent aux gens de s'adresser des messages (secrètement) complices qui – curieusement – seraient mal acceptés s'ils étaient clairement énoncés (*Hé Luce, tu viens chez moi qu'on y passe du bon temps ?*) ; ils permettent également, en cas de protestation de l'autre, le retrait, la dénégation ou… la mauvaise foi (*Mais qu'est-ce que tu crois ? Je te proposais simplement de venir travailler chez moi !*).

3.3. Transactions apparemment croisées et en réalité parallèles : l'art de donner le change

C'est le fin du fin dans la complicité, puisque les deux interlocuteurs donnent aux témoins extérieurs l'impression d'être en conflit alors qu'ils s'entendent comme larrons en foire :

Deux tricheurs aux cartes (inspirés de Pagnol) :

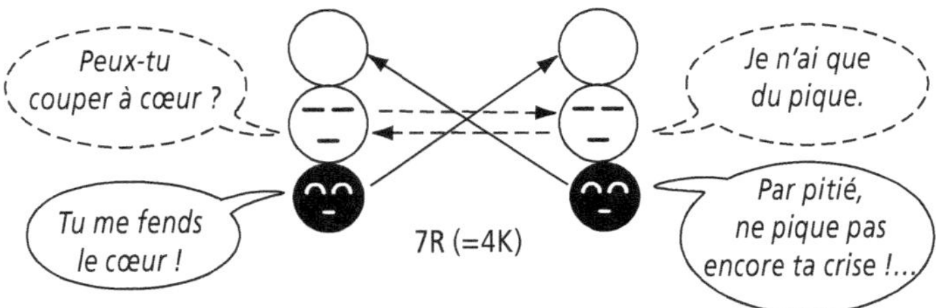

Deux jeunes à une soirée :

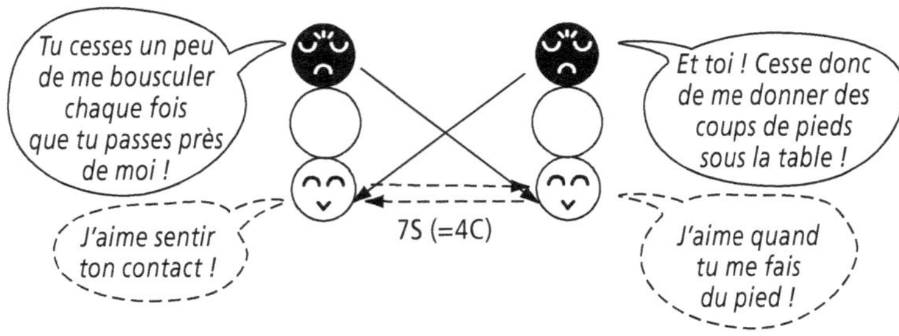

4. La mauvaise foi, le « *double-bind*», la communication paradoxale, et les «jeux» psychologiques

4.1. LA MAUVAISE FOI

Ce sont surtout les TRANSACTIONS de DOMINATION CACHÉES sous des apparences anodines (7D, G, P) qui sont la source des plus gros ennuis dans la vie sociale.

Le côté redoutable du message caché, c'est qu'il permet, s'il est dénoncé par l'interlocuteur, la MAUVAISE FOI de la part ce celui qui l'a envoyé.

Si par exemple Dupont se fâche contre le responsable (7B) et répond en ENFANT REBELLE :

– Mais Monsieur ! J'ai une autorisation spéciale pour ce matin ! Je suis en règle !

Le responsable peut jouer à la victime innocente accusée à tort et répliquer en PARENT CRITIQUE PERSÉCUTEUR :

– Ça ne va pas, Dupont ? Je vous demande juste l'heure qu'il est et vous piquez une crise ! Faut vous soigner !

Et si Rosalie se fâche parce qu'on lui fait remarquer que la part de gâteau qu'elle prend fait 500 calories (7G devenant un croisement caché PARENTS-ENFANTS), elle peut s'entendre rétorquer :

– Qu'est-ce que j'ai encore dit ? Je te donne une information objective et ça te met en colère : va soigner tes nerfs, Rosalie !

L'indice de l'interlocuteur de mauvaise foi, c'est, lorsqu'on répond à son message caché, le *Qu'est-ce que j'ai dit ?* sur un ton (faussement) indigné ou étonné, et non sur le ton informatif de quelqu'un qui cherche à se renseigner.

4.2. LE « *DOUBLE-BIND* »

Mais il y a pire : nous avons vu que pour se sortir sans dommage d'une transaction à double fond, il fallait donner une réponse non au message apparent (comme le fit le stagiaire Dupont en 7E) mais au message caché (tel le stagiaire Durand en 7F).

Or il y a des individus d'une telle mauvaise foi que, même si l'on répond parallèlement à leur message caché, ils réagissent alors au croisement effectué avec leur message apparent, c'est-à-dire reprochent à leur interlocuteur de ne pas répondre à la question posée !

Ainsi Durand qui s'est expliqué de son retard auprès de son responsable de formation qui lui «demandait l'heure» en répondant (7F):

«Excusez moi, Monsieur, j'ai cassé la chaîne de ma mobylette» pourrait s'entendre répartir :

– Je vous ai posé une question, Durand, je ne vous demande pas de raconter votre vie !
Et s'il répond alors au message apparent :
– 8 h 46 très exactement, Monsieur !
on imagine aisément la suite…
C'est pourquoi on appelle parfois ces transactions TRANSACTIONS PIÉGÉES. Envoyer des messages cachés qui contredisent les messages apparents est un moyen très efficace pour déstabiliser un interlocuteur sur qui on a tout pouvoir :

1. Si la personne répond au message apparent, on la taxe d'insolente, et on la sanctionne.

2. Si la personne réagit au message caché en le dévoilant, on la taxe de folle, paranoïaque, obsédée, etc.
Ce processus de message contradictoire est appelé en anglais *double-bind* (double lien = attaché des deux côtés, parfois traduit en français par « double contrainte »).

3. Reste la solution de « s'écraser » et de ne plus rien dire, ne plus rien faire (telle serait l'origine de certaines schizophrénies chez des enfants ayant reçu très jeunes de tels messages contradictoires).
Mais le pire, c'est que cette solution n'est elle-même pas toujours possible, parce que le silence fait lui-même partie de l'interdiction : impossible de ne rien faire, de ne rien dire, surtout s'il y a relation de pouvoir entre les deux interlocuteurs. *Déjà on imagine mal Dupont (7A) se rendre au stage sans répondre au responsable, ou Durand faire demi-tour sans ouvrir la bouche, sûr qu'ils se feraient sévèrement interpeller : « Non, mais dites donc, je vous ai parlé, espèce d'insolent ! »*
Le modèle du genre est celui de *Poil de Carotte* (Jules RENARD) que sa mère ne cesse de harceler. À table par exemple, à son fils qui précisément garde le silence :
– « Poil de Carotte, réponds donc quand on te parle !
– Boui Banban…
– Il me semble t'avoir dit que les enfants ne doivent jamais parler la bouche pleine. »

4.3. LA COMMUNICATION PARADOXALE

Ce style de communication, composée de tels messages contradictoires, est appelé COMMUNICATION PARADOXALE. Certains petits chefs s'y entendent à merveille pour affoler ainsi leur personnel. Ils disposent souvent de toute une panoplie qu'il s'agit de repérer pour mieux la contrecarrer.

▷ L'INJONCTION PARADOXALE : c'est la plus caricaturale des consignes à réaliser. Elle existe encore cependant dans le monde du travail, tel l'exemple de ce routier qui devait impérativement livrer à Paris à 8 heures en partant de Marseille à minuit, avec l'interdiction absolue de dépasser les 90 km à l'heure (*On vérifiera sur le mouchard*).

Mais dans le quotidien, il y a plus subtil pour affoler son monde :

▷ LE MESSAGE CACHÉ QUI CONTREDIT LE MESSAGE APPARENT : le coup classique, c'est celui des responsables qui se fâchent parce que leurs employés ne savent prendre aucune initiative et qu'il faut tout faire soi-même. Mais dès que l'un d'eux prend de lui-même une décision, il se fait réprimander non parce qu'il a pris une initiative – certes – mais parce que celle-ci était mauvaise !

« Mademoiselle, dit ce chef de service très susceptible à sa secrétaire, dans le cadre de la restructuration qui va avoir lieu, vous avez la possibilité de me quitter et d'aller travailler avec mon collègue Dupuis. Je vous le conseille même car chacun sait, hum ! hum ! que les services sont plus modernes que les miens et vous y apprendrez plus de choses, n'est-ce pas ? ».

• Suivre ce conseil, c'est se faire de ce chef un ennemi.

• Ne pas le suivre, c'est – si l'homme est de mauvaise foi – se l'entendre reprocher à tout bout de champ dès qu'il y aura conflit.

• Reste la solution de retrait (*« Monsieur, ce n'est pas à moi de choisir… »*). Le chef actuel, déjà vexé qu'on ne l'ait pas d'emblée choisi, peut interdire cette solution en répliquant : *« Vous savez quel prix nous attachons ici au fait que notre personnel soit capable de prendre des initiatives… ».*

▷ LE MESSAGE APPARENT QUI NIE OUVERTEMENT LE MESSAGE CACHÉ : redoutable, parce que la solution du silence fait partie du double-bind lui-même. C'est le coup de celui qui dit du mal sur un sujet qui est très cher à quelqu'un tout en affirmant qu'il ne dit pas cela pour lui…

« Je sais que vous êtes passionné de rugby, dit ce chef à son employé, et je ne dis pas bien sûr cela pour vous, mais vous êtes précisément bien placé pour reconnaître avec moi que ce sport est stupide et brutal et que ceux qui l'aiment et le pratiquent sont des abrutis, des violents qui n'ont rien dans la tête… ».

• Se défendre est montrer qu'on a l'air touché, ce qui comme chacun sait est très mauvais signe (*Il n'y a que la vérité qui blesse*).

- Ne rien dire est reconnaître que tout le mal qui est dit sur ceux dont on fait partie est vrai, et donc que soi-même, on est, qu'on le veuille ou non, directement concerné.

4.4. LES JEUX

Certaines personnes entretiennent ainsi régulièrement des relations faussées faites de séries de transactions piégées selon des enchaînements répétitifs et stéréotypés qui finalement laissent aux partenaires un goût d'amertume, de rancune ou parfois pire encore, ce qui ne les empêche pas (bien au contraire) de recommencer dès que possible : c'est ce que l'Analyse Transactionnelle appelle les JEUX.

Le mot jeu (*game*) est à prendre dans son acception péjorative, dans le sens où l'on dit : *Je n'entrerai pas dans ton jeu.*

C'est BERNE encore qui a découvert cette notion de jeu (*Des Jeux et des Hommes*, voir bibliographie). Il en a démontré plus d'une trentaine qui sont sources de mésententes, ou même de drames.

On assiste dans ces JEUX à des retournements de situations spectaculaires où les «gentils» deviennent «méchants» et/ou *vice versa*. On dira par exemple qu'un SAUVETEUR devient PERSÉCUTEUR (p. 21) :

– Changez donc de place, Mademoiselle, ici le soleil vous gêne !

– Merci beaucoup, Monsieur le Directeur, je serai effectivement mieux à l'ombre.

– C'est incroyable que vous soyez incapable de le demander vous-même !

Ou bien :

– Mais non Monsieur le Directeur, je suis très bien au soleil.

– C'est bien la peine que je me préoccupe de vous !

La VICTIME peut devenir également PERSÉCUTEUR…

– Je suis épuisée par ce travail au soleil…

– Vous voulez changer de place ?

– Il est bien temps de me le proposer alors que j'ai pour ainsi dire terminé !

… et le PERSÉCUTEUR devenir VICTIME :

– Encore en retard ! C'est moi qui ai dû tout préparer !

– Rien ne vous y obligeait.

– C'est bien la peine, c'est comme cela que je suis remercié…

Ici de nouveau peut intervenir un SAUVETEUR : c'est pourquoi l'Analyse Transactionnelle parle en ce cas de TRIANGLE DRAMATIQUE (PERSÉCUTEUR, VICTIME, SAUVETEUR).

Par bonheur, toutes les transactions cachées ne sont pas JEUX et *DOUBLE-BIND*. Et tous les interlocuteurs ne sont pas de mauvaise foi, c'est-à-dire que si l'on négocie à partir de leur message caché, ils vont réagir tout à fait correctement.

Tel était le cas entre Durand et son responsable (7F). Mais bien entendu, Durand, en stagiaire bien discipliné qu'il était, a fait acte de soumission. Or notre objectif est *ni hérisson, ni paillasson*. Comment alors se sortir du piège du message caché ?

Ni hérisson, ni paillasson ou l'art de sortir en douceur des sous-entendus

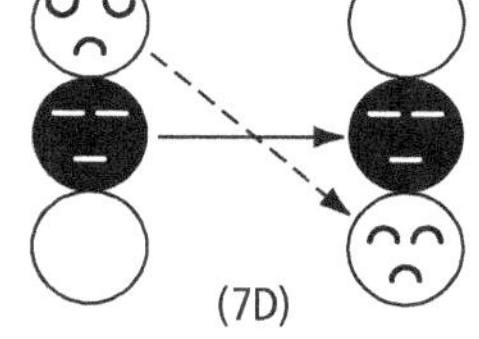

Le message caché le plus conflictuel se présente très fréquemment ainsi : PARENT ↓ ENFANT et plus particulièrement PARENT CRITIQUE ↓ ENFANT ADAPTÉ.

(7D)

Règle de départ
Ne pas répondre à son tour par un message caché. Sortir à tout prix de la transaction cachée.

Ce qu'il faut prendre en compte, avons-nous vu, c'est d'abord le message caché (et non le message apparent) de l'agresseur. Il faut donc de nouveau prendre en considération tout ce qui a été dit au sujet des réparties à faire aux diagonales (+ −) de DOMINATION ou de SUPÉRIORITÉ PARENT ↓ ENFANT et mettre en œuvre une fois de plus les transactions-rebond dont nous n'avons cessé de vanter les prouesses. Ce qui donne :

1. Réponses horizontales : (transactions-rebond T3)

PARENT → PARENT

ou

ENFANT → ENFANT

Ainsi pour le cas Dupont (7E), cela donnera :

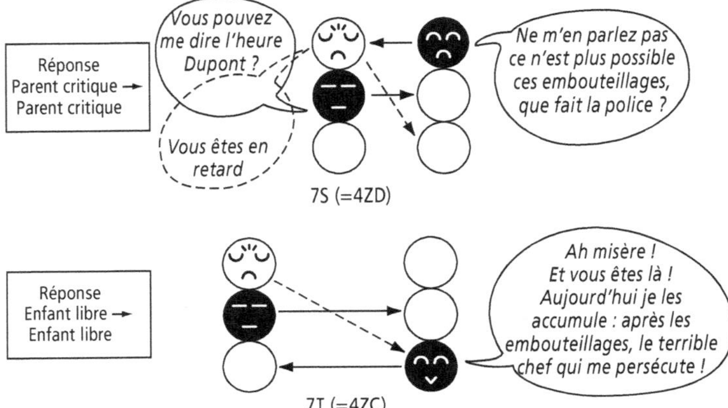

Comme on le constate, ces deux sortes de réponses ont le double avantage :

  ▶ *d'être rebond vis-à-vis du message caché, ce qui est essentiel ;*
  ▶ *de très peu croiser le message apparent, ce qui n'est pas négligeable : un interlocuteur de mauvaise foi, nous l'avons vu dans le* DOUBLE-BIND*, peut saisir l'occasion des apparences pour mieux écraser celui qu'il veut dominer (p. 139).*

C'est pourquoi Durand qui s'est excusé, donc a croisé le message apparent (7F) en disant qu'il a cassé sa chaîne de mobylette, évitera ainsi de risquer de s'entendre rétorquer : « Je vous ai posé une question, je ne vous demande pas de me raconter votre vie. »
De même Rosalie, qui s'est entendu dire qu'il restait «une part de gâteau de 500 calories au moins» *(7G), pourra répondre en retour :*

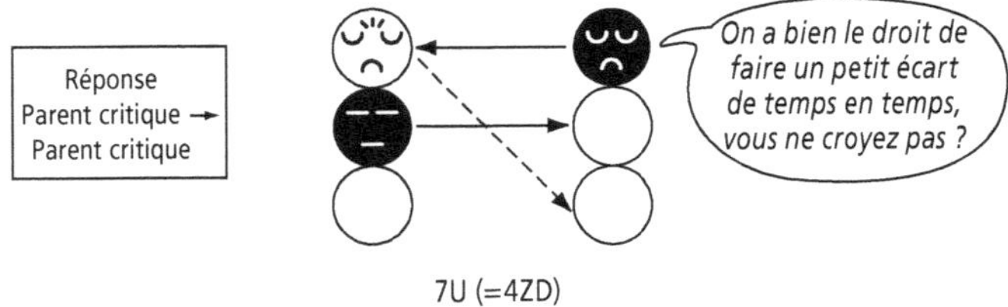

Ou

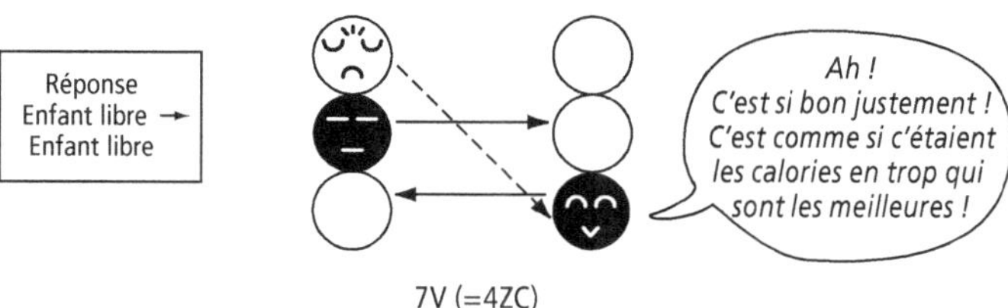

Rosalie peut même, dans ce cas précis (tout est affaire de contexte), tenter une réponse :

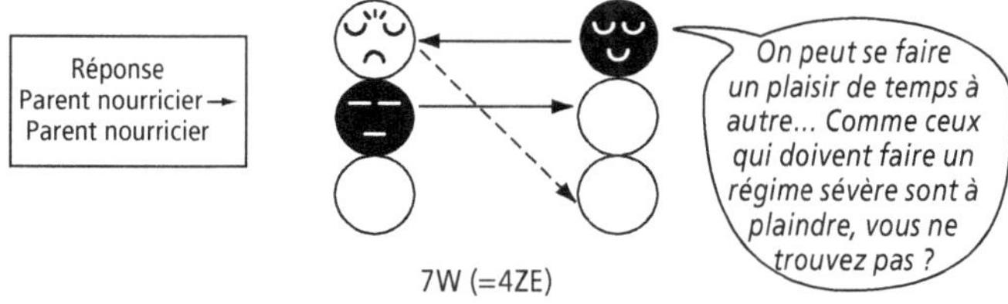

Nous avons fait quelques réserves pour ce style de transaction (4ZE), mais le fait que l'agresseur ait envoyé son message réprobateur sous forme cachée laisse à penser que ce message n'est que relativement sévère puisqu'il n'ose pas totalement s'affirmer ; ce qui induit un bon pronostic quant aux résultats d'une telle réponse PARENT NOURRICIER.

Peut-on encore améliorer la réponse à un message caché de DOMINATION ?

Le seul inconvénient des réponses horizontales ci-dessus, c'est qu'elles forment avec le message apparent d'origine une pseudo-parallèle (T5 DIALOGUE DE SOURDS).

Ce qui permettrait encore une fois, avec un interlocuteur de très très très mauvaise foi, de réagir à la non-réponse qu'il reçoit par rapport à son message apparent : *il pourrait en ce cas répliquer à Dupont qui vient de répondre* horizontalement (7S, 7T) : *« Je ne vois pas le rapport. Je vous ai posé une question : quelle heure est-il ? »*

C'est cette ultime difficulté que va éviter l'intervention de l'ADULTE en RÉPONSE-REBOND une fois de plus.

Ce qui donne :

2. Réponses semi-diagonales ascendantes : (transactions-rebond ADULTES T4)

ADULTE ↗ PARENT

ou

ENFANT ↗ ADULTE

Nous allons constater cette fois que la transaction sera doublement rebond :

- vis-à-vis du message caché ;
- vis-à-vis du message apparent.

Cela signifie que pour l'un comme pour l'autre, il y aura pour chaque interlocuteur :

- *un premier état du moi commun au niveau caché ;*
- *un second état du moi commun au niveau apparent ;*

deux raisons de réussir la transaction !

Ainsi pour Dupont (7E) :

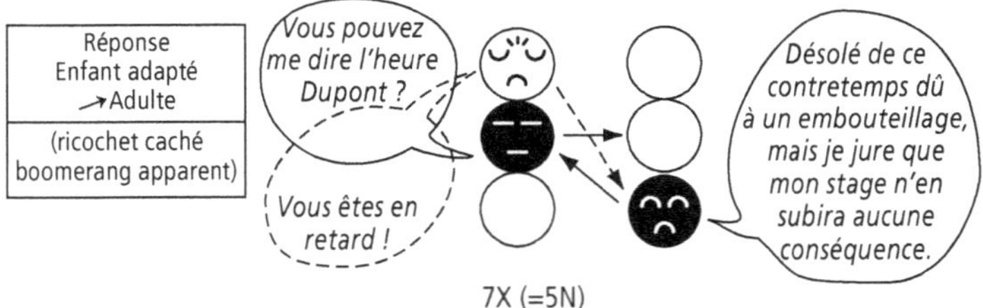

Important : c'est l'ENFANT ADAPTÉ (non SOUMIS) qui répond avec authenticité. Son message est semi-diagonal montant : nous en avons vu les performances (5F).

Ou bien :

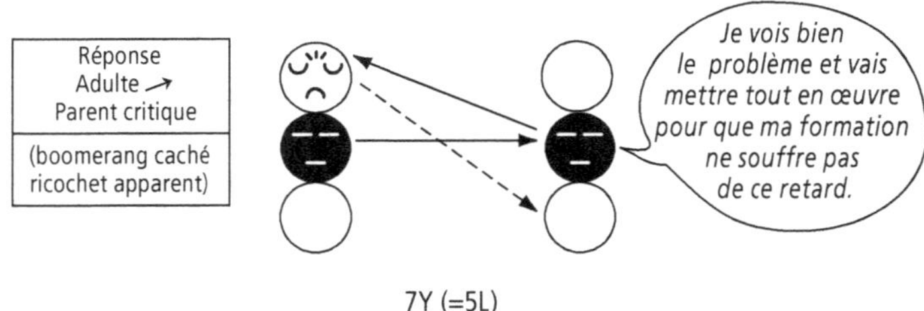

Important: l'ADULTE s'adresse au PARENT CRITIQUE ⊕ NORMATIF avec là aussi authenticité, et sans l'ombre d'un ENFANT. Le message est également semi-diagonal ascendant fort performant (5B).
Et la secrétaire qui se trouvait certainement dans le cas le plus difficile (p. 141) pourra grâce à ce style de transaction se tirer ainsi d'affaire.

Son cas était particulièrement difficile, entre autres parce que le message de son chef de service est à la fois:
- *au niveau apparent: ADULTE → ADULTE : vous avez le choix entre…,*
- *au niveau caché 1ᵉʳ degré : PARENT CRITIQUE – PERSÉCUTEUR vis-à-vis des autres services plus modernisés, <u>hum! hum!</u> que le sien;*
- *au niveau caché 2ᵉ degré (ou existentiel, p. 135), PARENT NOURRICIER – SAUVEUR décelable à l'expression «Je vous conseille». Mais le conseil donné (quitter le service actuel) n'est certainement pas à prendre au pied de la lettre, au contraire même… Le chef est SAUVEUR menaçant et risque de refuser toute aide à sa secrétaire si elle le quitte. Sans que tout cela soit bien conscient de sa part.*

Voici donc ce qu'elle peut faire :

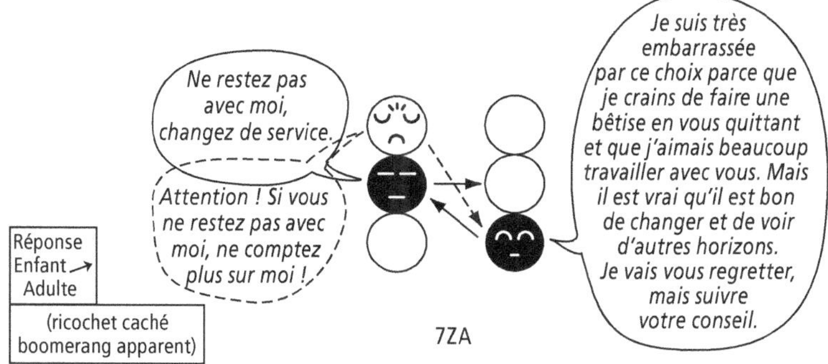

Bien remarquer que c'est l'ENFANT ⊕ mi-LIBRE, mi-ADAPTÉ qui répond avec authenticité sous forme de message semi-diagonal montant (performant, 5F).

Ou bien :

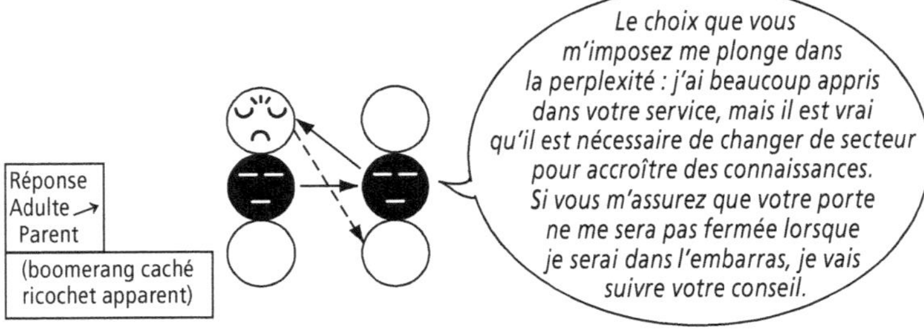

7Z B

Bien remarquer que l'ADULTE s'adresse au PARENT + mi-NORMATIF, mi-DONNANT, ce qui lui confère là aussi une grande authenticité, sous forme de message semi-diagonal montant (performant, 5B).

La métacommunication

Une autre solution souvent préconisée lorsqu'il y a message caché inducteur de conflit est de pratiquer la métacommunication, c'est-à-dire la communication sur la communication.
Elle consiste à dévoiler l'ambiguïté du message apparent en verbalisant sa signification cachée.
Reprenons le cas Dupont (p. 132) :

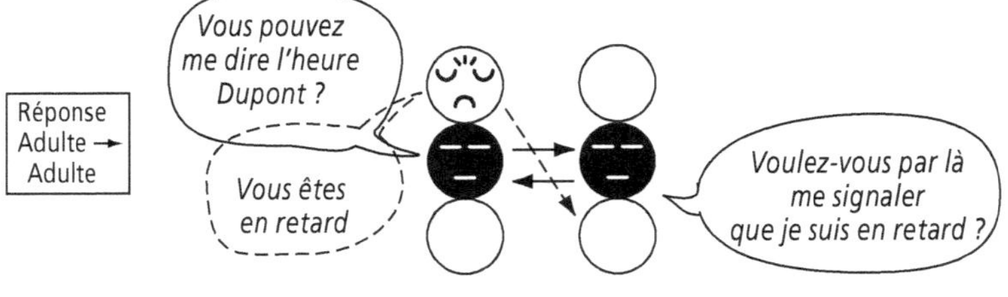

7Z C (=7E)

Or il s'agit là d'une réponse ADULTE → ADULTE qui forme avec le message caché une transaction cachée INSOLENTE (4H) :
Moins risquée, certes que la réponse 7E véritablement insolente, celle-ci peut cependant créer des réactions diverses chez l'interlocuteur du type PARENT CRITIQUE PERSÉCUTEUR ↓ ENFANT ADAPTÉ SOUMIS du style : *C'est moi qui pose les questions, il me semble...*

Là encore, les transactions-rebond Adultes (semi-diagonales ascendantes) vont se révéler d'un précieux recours puisqu'une fois de plus elles ne croisent ni le message caché ni le message apparent et forment double rebond avec l'un comme l'autre :

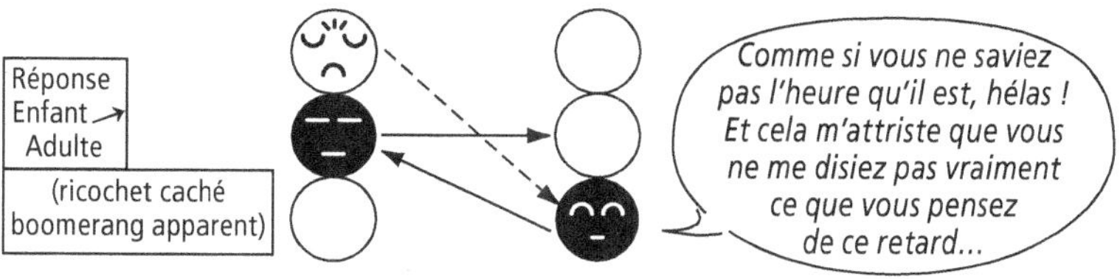

7ZD (=7ZA)

Bien remarquer que, comme en 7ZA, c'est l'Enfant ⊕ qui répond avec authenticité, mi-libre, mi-adapté sous forme de message semi-diagonal ascendant (toujours performant, 5F).
Ou bien :

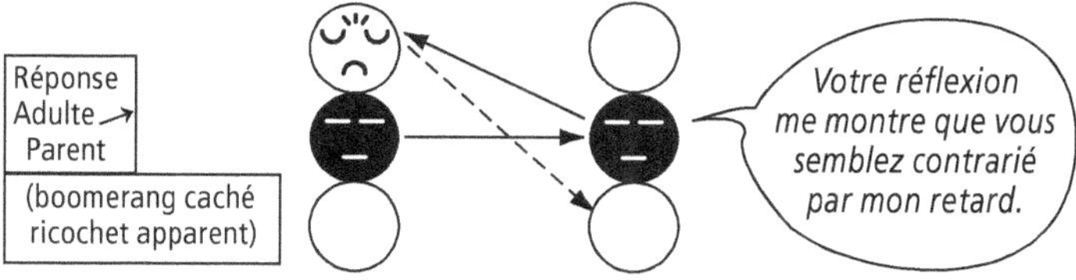

7ZE (=7ZB)

Bien remarquer que, comme en 7ZB, l'Adulte s'adresse au Parent ⊕ normatif et même pour une part donnant, ce qui lui confère là aussi une grande authenticité, sous forme de message semi-diagonal ascendant (5B) dont nous ne cessons décidément de vanter les performances.

En cas de réception d'un message caché (sous-entendu...) :
– Répondre en fonction du message caché et non du message apparent (sans toutefois négliger totalement celui-ci) avec des transactions-«rebond» selon les règles vues dans les chapitres précédents.
– Éviter de répondre en retour par un message caché.
– Éviter d'envoyer de tels messages dans les relations sociales et professionnelles.

 **Que répondez-vous à un supérieur désagréable ?**

À vous de répondre à la place de la seconde secrétaire qui était au soleil (p. 142) :
– Essayez d'enchaîner après :
1 – *C'est incroyable que vous soyez incapable de le demander vous-même.*

> VOTRE RÉPONSE

– et enchaînez après :
2 – *C'est bien la peine que je me préoccupe de vous.*
– mieux : – vous connaissez à présent le sale bonhomme – prévenez l'agression en répondant après la proposition du directeur :

> VOTRE RÉPONSE

3 – *Changez donc de place, Mademoiselle, ici le soleil vous gêne…*

> VOTRE RÉPONSE

Propositions de réponses possibles, p. 200.

DÉCOUVRIR
SON INTERLOCUTEUR

Chapitre 8

L'ART DE S'ADAPTER À SON INTERLOCUTEUR POUR MIEUX MAÎTRISER LA COMMUNICATION

Nous avons vu les multiples possibilités d'envoyer un message qui ne soit porteur ni de conflit (hérisson), ni de soumission (paillasson). Mais quel choix faire parmi toute cette multitude ?

Deux critères guideront vos pas :

▶ *votre propre personnalité : vous vous sentirez plus à l'aise dans tel ou tel type de message ou de transmission, selon que vous avez un PARENT ou ADULTE ou ENFANT prédominant. Ce sera votre critère principal lorsque vous ne connaissez pas votre interlocuteur, pour engager une bonne conversation : très vite vous percevrez ses réactions et par interaction interviendra le second critère :*

▶ *la personnalité de votre interlocuteur : lui-même sera plus ou moins sensible à tel ou tel type de message. C'est lui qui, en fait sera l'ultime critère de choix au nom de la « règle de base » (p. 12).*

Le profil psychologique

Nous avons à de nombreuses reprises attiré l'attention du lecteur dans les pages précédentes en lui signalant par exemple : *Message réponse à n'envoyer que si votre interlocuteur a un bon* ENFANT, *sinon à éviter…*

En effet, selon le profil psychologique du partenaire, il est préférable d'activer son ADULTE ou son PARENT ou son ENFANT : nous avons tous un état du moi plus sensible que les autres et, en fait, une personnalité n'est jamais

mais plutôt

et même

Ce qui signifie que tout un chacun aura tendance à réagir ou se comporter selon un état du moi préférentiel.

D'abord mieux se connaître soi-même : l'égogramme

Un conseil : repérez votre propre état du moi préférentiel.

L'analyse transactionnelle propose pour cela L'ÉGOGRAMME (p. 30).

Cela vous permettra de :
  ▶ *valoriser au maximum votre petit préféré ;*
  ▶ *discerner vos limites actuelles afin de mieux les faire éclater et d'activer tous vos états du moi (avec l'entraînement et la connaissance de son propre profil on progresse dans ce domaine d'une manière surprenante) ;*
  ▶ *mieux connaître les autres en vous connaissant mieux vous-même.*

Pour mieux cerner le problème, examinons d'abord un cas extrême et rare : les exclusions – mais toute extrémité permet de mieux analyser ensuite la réalité quotidienne –, puis un cas beaucoup plus courant : les contaminations.

Un cas extrême : les exclusions

Certaines personnes excluent de leur personnalité tout un sous-état du moi, voire un état du moi entier, et même parfois plus…

PAS DE Parent NOURRICIER « On ne peut jamais lui demander un service »	**PAS DE Parent** CRITIQUE « Il n'a aucune moralité »	**PAS DE Parent** « Ne lui faites jamais confiance »
PAS D'Adulte « Il ne réfléchit jamais »	**PAS D'Enfant** LIBRE « Il ne sait pas s'amuser »	**PAS D'Enfant** ADAPTÉ « Il finira chômeur à vie »

PARENT NOURRICIER PERPÉTUEL *Un bon samaritain !*	PARENT CRITIQUE PERPÉTUEL *Un bon juge !*	PARENT PERPÉTUEL *Un bon curé !*
ADULTE PERPÉTUEL *Un bon scientifique !*	ENFANT ADAPTÉ PERPÉTUEL *Un bon serviteur !*	ENFANT LIBRE PERPÉTUEL *Un bon clown !*

Mais ces cas caricaturaux sont extrêmement rares et n'ont que valeur d'école. Beaucoup moins le sont en revanche les contaminations.

Un cas courant : les contaminations

Subtiles et sournoises sont ces contaminations qui faussent l'équilibre des états du moi *sans se donner à voir*.

Un état du moi est contaminé par un second état du moi lorsque ce second s'exprime sans en avoir l'air sous les apparences du premier. Le plus souvent, mais pas toujours, c'est l'Adulte qui est victime de cette contamination : celui-ci, sous la forme habituelle objective et rationnelle qui lui est propre, exprime en fait des préjugés du Parent, ou des illusions et des peurs de l'Enfant :

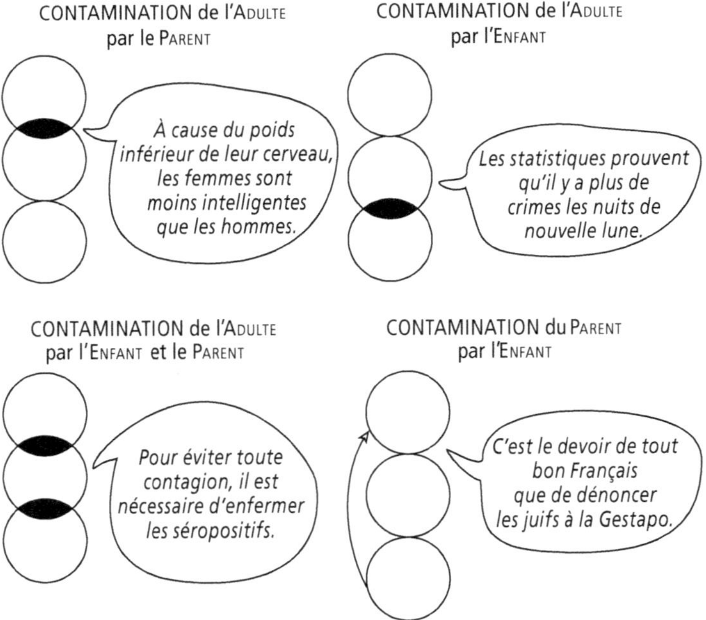

Nous percevons ici l'importance de telles contaminations : c'est en fait le Parent ou l'Enfant contaminant qu'il faudra en ce cas viser subtilement dans la conversation à travers l'état du moi contaminé ; il ne faudra toutefois pas négliger ce dernier afin de sauver les apparences (l'Adulte dans 90 % des cas, mais pas toujours : voir le dernier exemple ci-dessus).

Ni hérisson ni paillasson ou l'art de l'empathie

Reprenons les trois cas les plus simples :

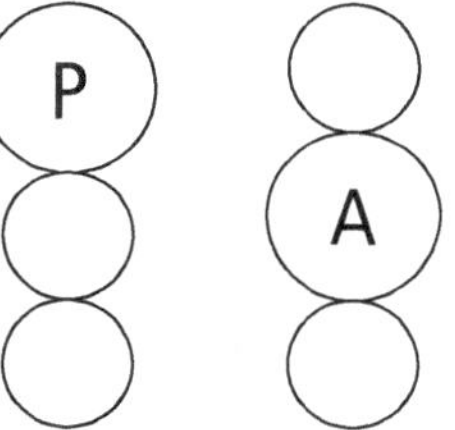
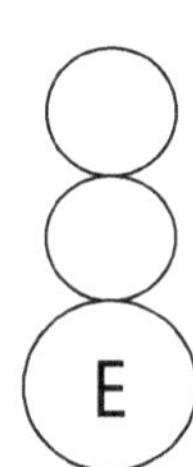

Notre personnalité profonde comporte donc chez la plupart d'entre nous un état du moi prépondérant (qui ressort plus particulièrement lorsqu'on est en état de crise ou de conflit). Mais nous avons également un rôle social à jouer qui exige l'expression d'un état du moi privilégié.

Le personnage social et la personnalité profonde peuvent coïncider. En ce cas, aucun problème, la personne est monolithique, on sait à qui on a affaire : ainsi quelqu'un qui doit exercer une fonction d'autorité – ce qui exige un comportement PARENTAL– et qui a en lui-même un fort Parent.

Mais parfois, plus souvent qu'on ne le pense, des personnes qui exercent le commandement peuvent receler dans leur personnalité profonde un autre état du moi favori (Adulte ou Enfant). Et pour engager avec elles une excellente relation, il sera alors plus performant d'accrocher (subrepticement) non l'état du moi de leur personnage social (ici Parent) mais celui de leur personnalité profonde.

D'où l'intérêt de bien connaître le profil psychologique réel de ses interlocuteurs afin d'en tirer deux règles principales :

Deux règles fondamentales

La première règle est d'évidence : elle consistera à envoyer des messages à la partie préférentielle profonde de l'interlocuteur, c'est-à-dire :

La seconde règle est moins évidente et souffre une exception (le PARENT) : elle consiste à se comporter soi-même selon l'état préférentiel de l'interlocuteur (ADULTE ou ENFANT), comme un miroir.

Ainsi face à un ⊖ on pourra faire partir ses messages de son propre ENFANT (sans pour autant, nous le verrons, forcément viser l'ENFANT de ⊖).

De même pour l'ADULTE.

Seul le PARENT ne supporte pas la chose. Autant un ENFANT aime un ENFANT en face de lui ou un ADULTE apprécie un autre ADULTE, autant un PARENT face à un autre PARENT se sent en général en situation de rivalité et il y a grand risque alors d'échange de transactions croisées.

(Une exception cependant : lorsqu'il y a égalité entre les deux interlocuteurs PARENTS et que ceux-ci échangent alors des messages horizontaux parallèles PARENT → PARENT (3B) dans une relation complice (+ + −) mais attention en ce cas aux situations de MÉDISANCE, p. 104).

Donc, se comporter soi-même selon l'état du moi dans lequel est l'interlocuteur, mais <u>sans pour autant s'adresser à ce même état du moi dans lequel il se trouve</u>. Pourquoi ?

Parce qu'il est parfois nécessaire de tenter de faire changer d'attitude la personne qui est en face de soi : les PARENTS ⊕, certes, mais aussi les ENFANTS ⊖, et même parfois l'ADULTE quand il est trop froid et inaffectif.

Face à une personnalité à fort Parent critique 

Comment la reconnaître : le Parent critique aime à exprimer des opinions sous forme de jugement de valeur (*Je pense, j'estime que c'est bien, mal, scandaleux, admirable ; il faut, on ne doit pas…*). Les faits en soi l'intéressent peu : c'est leur portée morale qui fait l'objet de ses réflexions.

Attitude : sourcils souvent froncés, index tendu, discours ponctué du tranchant de la main.

Expressions typiques : voir p. 21.

Les supérieurs hiérarchiques aiment à donner des ordres et ont une certaine tendance à l'autoritarisme. Ils sont très enclins au commandement.

Aspect relationnel dominant : la DOMINATION, surtout s'il a du pouvoir. Il est facilement en position de supériorité (+ −), et avec les personnes qu'il juge ses égales, en position (+ + −) (p. 5).

Thèmes de conversation qui l'accrochent : considérations portant sur des valeurs (peine de mort, les jeunes, les immigrés, où allons-nous ? etc.).

Messages qu'il aime envoyer :

▶ *Parent critique* ↓ *Enfant adapté*
avec désir de réponse parallèle
E. adapté ↑ P. critique, et ce d'autant plus qu'il se trouve en position de supériorité.

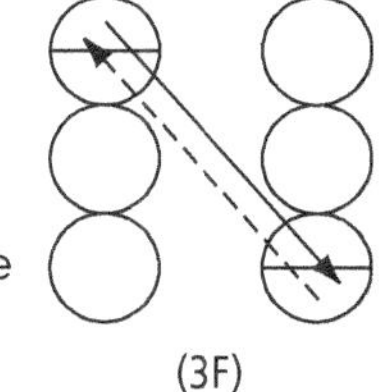

(3F)

▶ *Parent critique* → *Parent critique*
avec désir de réponse parallèle

Attention en ce cas à la complicité (+ + −) entre Parents critiques persécuteurs qui tourne aux MÉDISANCES et parfois aux persécutions réelles. Nous avons vu comment échapper à cette triste complicité (p. 110 et *sq.*).

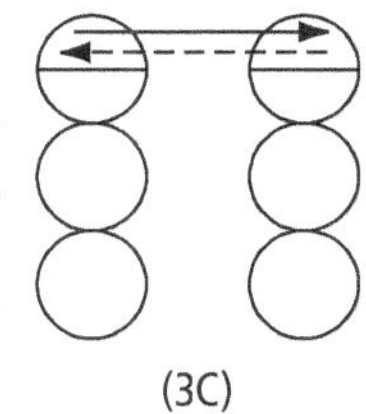

(3C)

Messages performants à lui envoyer : viser, pour une saine communication son côté (+) NORMATIF avec les messages suivants :

▶ *PARENT CRITIQUE* → *PARENT CRITIQUE* : *Il faut que nous soyons vigilants sur la nouvelle répartition des horaires.*

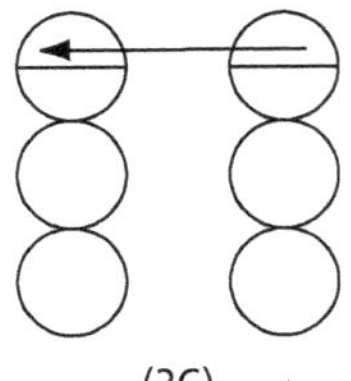

(3C)

▶ *ADULTE* ↗ *PARENT CRITIQUE* (+), surtout avec un supérieur hiérarchique :

Tout est en ordre selon les directives que vous avez fixées. Cela dans le but de passer en ADULTE → ADULTE dès que possible sans INSOLENCE (4H).

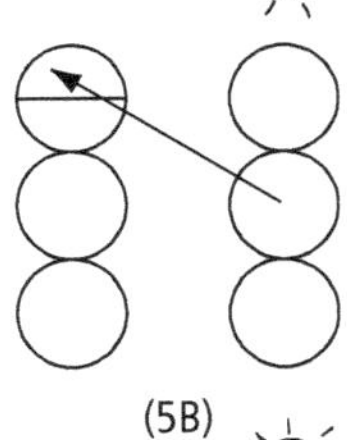

(5B)

Éviter au maximum le message de SOUMISSION (− +) (ENFANT ADAPTÉ ↑ PARENT CRITIQUE) qui ferait certes ses délices par transaction parallèle 4R mais qui mène droit au paillasson :

Merci Monsieur de nous accorder ce changement.

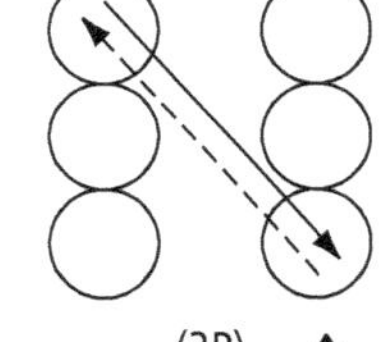

(3P)

Bien entendu, dans une institution, on est toujours contraint de se comporter à certains moments en ENFANT ADAPTÉ. Veiller en ce cas à rester dans l'ENFANT ADAPTÉ (+) qui s'adresse au PARENT (+) NORMATIF ou à l'ADULTE (5F), et à en sortir le plus vite possible en passant en ADULTE → ADULTE.

Proscrire totalement les messages de SUPÉRIORITÉ (+ −) (PARENT CRITIQUE ↓ ENFANT ADAPTÉ) qui seraient ressentis comme transaction croisée (4T), même si l'on a l'initiative de la conversation. Le supérieur hiérarchique verrait dans de tels messages un conflit d'autorité inacceptable pour lui.

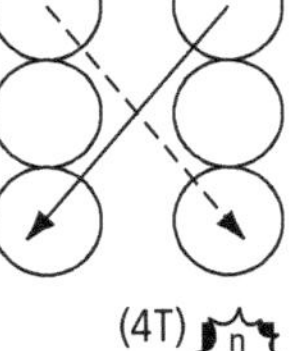

(4T)

Face à une personnalité à fort PARENT NOURRICIER 

Comment la reconnaître : toujours prêt à venir en aide, à apporter secours et protection, plein de souci pour les autres, le PARENT NOURRICIER s'inquiète de leur confort physique et moral avec bonté et générosité.

Attitude : souriante et bienveillante, regard doux et attentionné, voix aux inflexions caressantes.

Expressions typiques : voir p. 22.

Les supérieurs hiérarchiques sont pleins de bienveillance pour leurs subordonnés. Mais possédant le pouvoir, ils peuvent facilement tomber dans le paternalisme, ce qui est l'indice d'une position feutrée de DOMINATION (+ −), et parfois même se transformer en PARENTS NOURRICIERS (−) SAUVEURS, c'est-à-dire imposer leur « gentillesse » à ceux qui n'en ont pas besoin : *Mais si, il vous faut un autre poste, celui-ci est trop fatigant pour vous !*

Aspect relationnel : l'ASSISTANCE aux personnes en difficulté. Il s'épanouit quand il peut rendre service. Avec les collègues, il peut, tout comme le PARENT CRITIQUE, entretenir de subtiles relations (+ + −) complices de supériorité : *Pauvres gosses, pauvres gens ! Il faut que nous les aidions ; sans nous ils ne s'en sortiront pas…* ou même des relations (+ −) type psy par exemple : *Toi tu as un problème, viens m'en parler, je vais t'aider*, ou type bon apôtre charitable (voir note sur la CHARITÉ p. 163).

Thèmes de conversation qui l'accrochent : le PARENT NOURRICIER se laisse séduire par tout propos portant sur la misère de certains, le besoin d'assistance de certains autres ; sur l'action caritative d'organismes tels que Frères des Hommes, Amnesty International. Et sur les malheurs de tout un chacun. Mais jamais les siens : le PARENT NOURRICIER est résolument tourné vers les autres.

Messages qu'il aime envoyer :

    ▶ *PARENT NOURRICIER* ↓ *ENFANT LIBRE*

avec désir de réponse parallèle
ENFANT LIBRE ↑ PARENT NOURRICIER

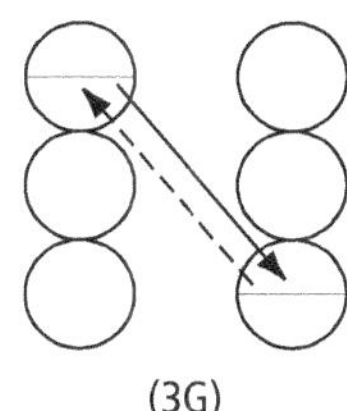

(3G)

❱ *Parent nourricier* → *Parent nourricier*

avec désir de réponse parallèle : complicité bienveillante entre Parents ⊕ donnant ; plus suspecte entre Parents ⊖ sauveurs : complicité (+ + −).

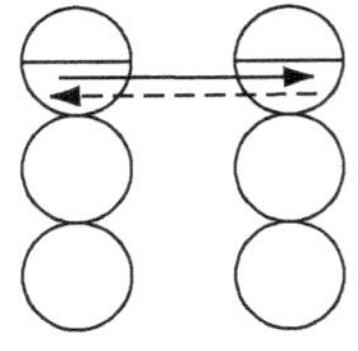

(3D)

Messages performants à lui envoyer : viser, pour une saine communication, son côté ⊕ donnant en utilisant les messages :

❱ *Parent nourricier* → *Parent nourricier* ⊕
Ces gens ont besoin d'un coup de main.

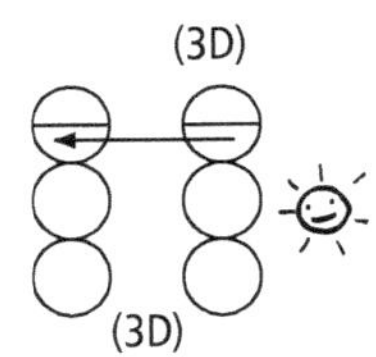

(3D)

❱ *Adulte ↗ Parent nourricier* ⊕ : *grâce à votre aide tout est en ordre.* Avec arrière-pensée de passer en *Adulte → Adulte* dès que possible : *Tout est en ordre selon le planning.*

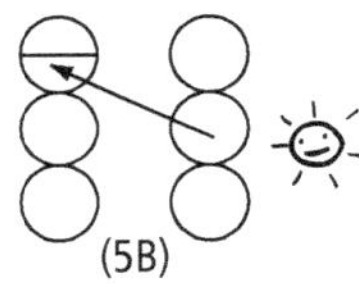

(5B)

À titre passager seulement, ne pas négliger le message :
❱ *Enfant libre ↑ Parent nourricier* : *comme c'est gentil à vous de modifier cet horaire.* Mais sans abus, sinon gare au risque de DÉPENDANCE *(voir réserves faites p. 51 (3Q)).*

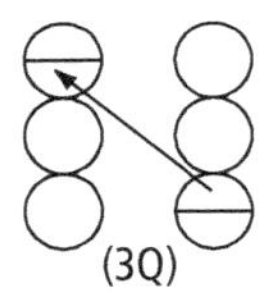

(3Q)

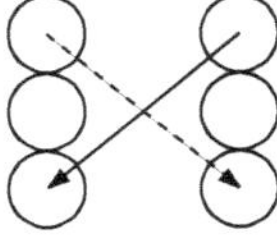

(4V)

Éviter, surtout avec un supérieur hiérarchique, d'être soi-même Parent nourricier ↓ Enfant libre : *je peux vous aider à obtenir…* Comme nous l'avons dit plus haut (p. 159), le Parent, même nourricier, n'aime pas (sauf s'il est très (+ +) donnant) qu'on marche sur ses plates-bandes : il risque de recevoir un tel message de haut en bas comme une transaction croisée (4V) et se sentir en situation de compétition voire de rivalité.

Les dons et la charité

Le simple fait de donner confère un pouvoir sur celui qui reçoit. Il existe certaines sociétés (Trobriandais par ex.) qui expriment leurs rapports sociaux par des échanges de présents. Or ceux qui font les plus beaux cadeaux (les plus riches) exercent un véritable pouvoir occulte sur ceux qui ne peuvent « rendre » ou ne faire que de petits présents. On retrouve le même problème dans le phénomène de charité des siècles derniers où les riches exerçaient ainsi une véritable tyrannie sur les pauvres étouffés de gratitude… et de servitude (il y a de très belles pages de la comtesse de Ségur à ce sujet, par exemple… Très belles à son insu ! Souvenons-nous plus récemment des Dames patronnesses qui portaient bien leur nom). Ainsi le PARENT NOURRICIER ⊕ DONNANT *devient* ⊖ PERSÉCUTEUR.

Essayer ensuite de réorienter la conversation en sortant le plus vite possible de la relation PARENT NOURRICIER : les conversations entre PARENTS, même horizontales, tournent en effet très vite en rond (échanges d'opinions, de jugements de valeur, quand ce n'est pas de médisances) et ne vont jamais très loin. Tenter de passer en ADULTE → ADULTE avons-nous dit ; mais également si ceci est possible (ce ne l'est pas toujours avec un supérieur) ENFANT LIBRE → ENFANT LIBRE : souvent une personnalité à fort PARENT NOURRICIER a également un bon ENFANT LIBRE au nom de la relation interne privilégiée qu'entretiennent ces deux sous-états du moi (p. 27).

Face à une personnalité à fort ADULTE 

Comment la reconnaître : l'ADULTE est logique, objectif, rationnel ; il prend ses décisions en fonction des faits, ne s'emporte pas et ne fait pas état de ses sentiments.
Attitude : plutôt froide, visage inexpressif, voix souvent monocorde.
Expressions typiques : voir p. 19.
Les supérieurs hiérarchiques ADULTES sont froids mais non hostiles vis-à-vis de leurs subordonnés. Ils sont rigoureusement justes et neutres, souvent purs et durs, bref des chefs plutôt indifférents aux problèmes personnels, mais très soucieux des problèmes

d'organisation et de résultats, et très équitables dans l'exercice de leurs fonctions.

Aspect relationnel dominant : l'INTERDÉPENDANCE, c'est-à-dire une indépendance vis-à-vis des influences, des opinions et de toute subjectivité ; mais une prise en compte des faits, des personnes et de la réalité dans leur objectivité. Cette notion d'INTERDÉPENDANCE est assez difficile à percevoir d'emblée, mais c'est l'attitude (jamais totalement atteinte) d'une personne qui mesure parfaitement les événements et l'environnement tels qu'ils sont pour agir en conséquence. Pour certains psychologues, accéder à l'INTERDÉPENDANCE est le terme d'une évolution qui au long de la vie psychique de l'individu a débuté par un stade de DÉPENDANCE, pour passer par celui de CONTRE-DÉPENDANCE fondé sur l'opposition, puis par celui d'INDÉPENDANCE qui a un caractère peu social parce qu'égoïste, pour aboutir enfin à l'INTERDÉPENDANCE qui tient compte d'autrui. Telle est la caractéristique d'une personnalité à fort ADULTE[13].

Thèmes de conversations qui l'accrochent : les conversations de type intellectuel – *Le moteur à injection est-il plus performant que le moteur turbo ?* – et parfois philosophique – *Est-ce ce qui est beau qui plaît ou ce qui plaît qui est beau ?*

Messages qu'il aime envoyer : ADULTE → ADULTE, avec désir de réponse parallèle.

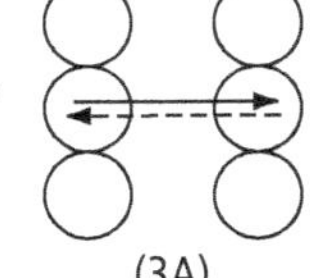

(3A)

Messages performants à lui adresser :

▸ *ADULTE* → *ADULTE, cela va de soi ! Nous avons terminé le programme.*

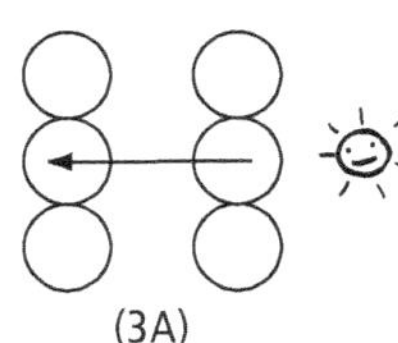

(3A)

Avec un supérieur hiérarchique, on peut être amené à utiliser sans danger des messages :

▸ *ADULTE ↗ PARENT CRITIQUE + NORMATIF : Tout est en ordre selon vos directives.*

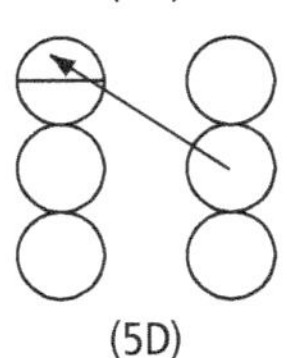

(5D)

---

13. Ce concept a été proposé et développé par V. LENHARDT (*Les sept degrés de l'autonomie.* Éd. Sonothèque-Média) qui décrit l'être humain comme passant de la dépendance (paillasson), à la contre-dépendance (hérisson), à l'indépendance (polisson) pour aboutir à l'interdépendance (unisson). Voir notre conclusion p. 192 : l'ADULTE INTÉGRÉ.

Manier avec délicatesse – surtout avec un supérieur – les semi-diagonales descendantes :

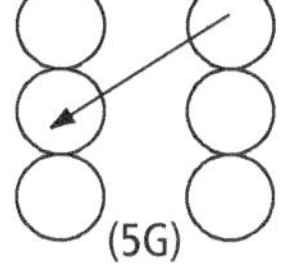

> *Parent* ↘ *Adulte* : *J'ai jugé bon de modifier le circuit : voyez, cela fonctionne maintenant sans incident.*

(5G)

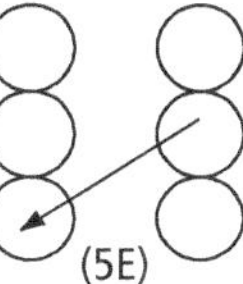

> *Adulte* ↘ *Enfant* : *Votre inquiétude était sans fondement : tout va être terminé à temps.*

(5E)

Tout dépend de la personnalité de l'interlocuteur. De même, prudence en ce qui concerne le message semi-diagonal ascendant dont pourtant nous avons dit le plus grand bien (5F) face à un Parent :

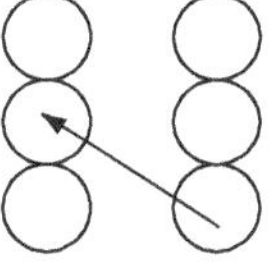

> *Enfant* ↗ *Adulte* : *Je suis tellement heureux que le programme soit bouclé ! En effet, beaucoup d'Adultes sont agacés par les manifestations de l'Enfant ! À vous de voir.*

(5F)

Conclusion : avec l'Adulte, rien ne vaut l'Adulte (3A).

Face à une personnalité à fort Enfant libre

Comment la reconnaître : l'Enfant libre exprime spontanément ses sentiments gais ou tristes, toujours prêt à suivre son impulsion du moment, se souciant peu des conséquences. Son apparence vestimentaire est pleine de fantaisie, d'originalité, de couleurs, parfois d'excentricité.

Attitude naturelle, décontractée, reflétant le sentiment du moment.

Expressions typiques : voir p. 24.

Les supérieurs hiérarchiques à personnalité profonde Enfant libre sont de relation agréable lorsqu'ils sont de bonne humeur... Mais ils peuvent être lunatiques, ce qui est moins agréable, puisqu'ils sont proches de leurs sentiments du moment et ont tout pouvoir pour l'exprimer. De même, ils ne sont pas toujours très équitables avec leur personnel, selon que tel ou telle leur est plus ou moins sympathique.

Un chef ENFANT LIBRE ne se montre pas comme tel, son rôle social le lui interdit, mais porte souvent un masque de (faux) PARENT NOURRICIER (lien interne privilégié ENFANT LIBRE-PARENT NOURRICIER p. 27), c'est-à-dire pose des questions attentionnées à son entourage mais sans forcément écouter les réponses, vous apporte une boisson (ça arrive !) mais oublie le sucre ou les glaçons… Cela le «barbe» plutôt qu'on lui demande de l'aide, contrairement à un vrai PARENT NOURRICIER.

 Quant aux personnalités PETITS PROFESSEURS (p. 23), elles sont blagueuses et… manipulatrices.

Aspect relationnel dominant : l'INDÉPENDANCE avec tout ce que cela comporte de positif (spontanéité, naturel) et de négatif (peu de souci d'autrui et à la limite, peu de respect).

Thèmes de conversations qui l'accrochent : peu importe le contenu, l'«accroche» a lieu par les sentiments, l'appel au divertissement (boire un pot, ce qu'on joue au cinéma cette semaine…). Avec un supérieur, jouer la carte de la fantaisie, l'étonner tout en sachant prendre congé lorsqu'il se lasse…

Messages qu'il aime envoyer :

▶ *ENFANT LIBRE* → *ENFANT LIBRE*
avec désir de réponse parallèle (attention en ce cas à la complicité entre ENFANTS LIBRES ⊖ : MOQUERIES p. 105).

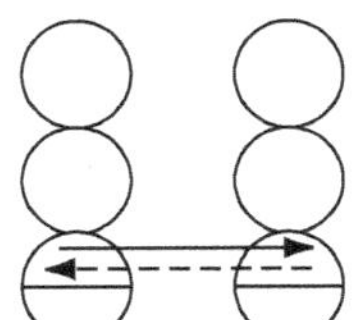

(3D)

▶ *ENFANT LIBRE* ↑ *PARENT NOURRICIER*
avec désir de réponse parallèle, lorsqu'il a besoin d'assistance ou de protection.

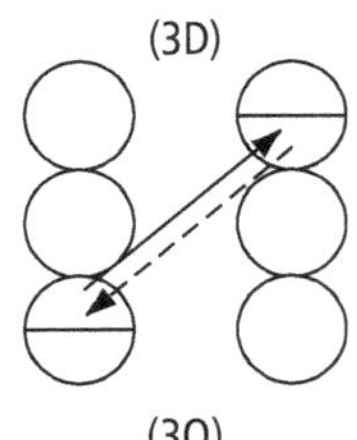

(3Q)

▶ *PARENT NOURRICIER* ↓ *ENFANT LIBRE* surtout de la part d'un supérieur, avec plutôt un désir de réponse ENFANT LIBRE→ ENFANT LIBRE : il n'a pas tellement envie qu'on fasse appel à sa protection (voir ci-dessus).

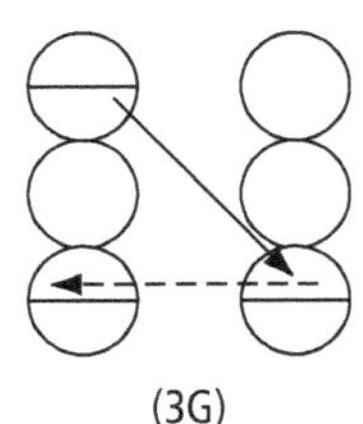

(3G)

Ex. : *Vous avez l'air fatigué… Réponse souhaitée : Bof, après un petit café avec vous, ça ira beaucoup mieux…* et non : *Effectivement, si vous pouviez transférer ce dossier à quelqu'un d'autre…* Ce dernier type de message ENFANT LIBRE ↑ PARENT NOURRICIER ravirait par contre un véritable PARENT NOURRICIER. Là est toute la différence.

Messages performants à lui adresser : viser son ENFANT LIBRE ⊕ :

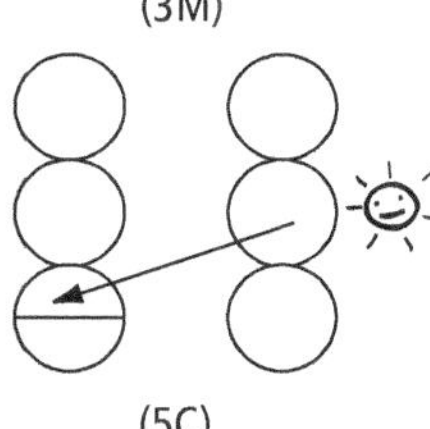

▶ *ENFANT LIBRE* → *ENFANT LIBRE : Cela va de soi ! Je pense qu'un petit café nous fera du bien !*

(3M)

▶ *ADULTE* ↘ *ENFANT LIBRE : Si nous arrivons à terminer en moins d'une heure, nous pourrons descendre nous récompenser d'une petite pause.*

(5C)

Malgré les restrictions faites sur cette semi-diagonale descendante 5C (p. 89), force nous est de reconnaître que face à un ENFANT LIBRE elle fonctionne très bien (même avec un supérieur).
Se comporter soi-même en ENFANT LIBRE face à un autre ENFANT LIBRE et s'adresser à un autre de ses états du moi semble moins efficace, sauf s'il y a CONTAMINATION (p. 156).

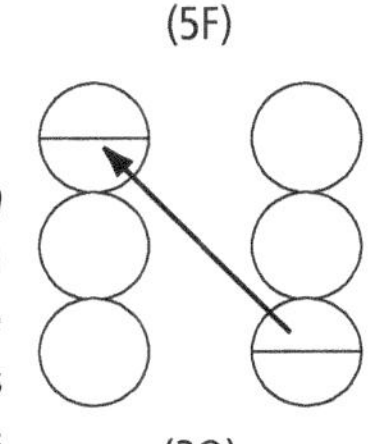

▶ *ENFANT LIBRE* ↗ *ADULTE : Que je suis content, le travail sera terminé ce soir !* (Cette joie peut toucher un supérieur par contamination de l'ADULTE par L'ENFANT).

(5F)

▶ *ENFANT LIBRE* ↑ *PARENT NOURRICIER : J'ai besoin qu'on m'aide, mes idées se brouillent.* Nous avons vu ci-dessus qu'un supérieur ENFANT LIBRE n'apprécie guère ce message même s'il se donne des airs de PARENT NOURRICIER. Avec des collègues, toujours

(3Q)

à cause du lien interne privilégié Enfant libre ↔ Parent nourricier, cela peut être provisoirement efficace, à condition que «ça ne dure pas trop». De toute façon un Enfant libre montrera qu'il en «a marre», et le danger d'un tel message n'est pas bien grand. En revanche, éviter une telle relation avec un véritable Parent nourricier (3Q).

Face à une personnalité à fort Enfant rebelle 

Comment la reconnaître: l'Enfant rebelle aime circuler à contre-courant, se révolte contre toute réglementation et n'a de cesse d'y faire entorse. Il répond NON beaucoup plus que OUI et son premier réflexe dans une discussion est de prendre le contre-pied des propos émis.

Attitude tendue: barre verticale entre les sourcils. Il se déguise souvent en Parent critique ⊖ persécuteur (au lieu de dire *«je suis révolté»*, il exprimera plutôt *«c'est révoltant»*).

Expressions typiques: voir p. 25.

Les supérieurs hiérarchiques Enfants rebelles sont très rares: s'ils accèdent par hasard à un poste de responsabilité et ne changent pas en ce cas de personnalité (cela peut arriver), ils sabotent tout, eux-mêmes y compris, par refus du système.

Aspect relationnel dominant: la contre-dépendance. L'Enfant rebelle se complaît dans des situations de dépendance pour le plaisir de s'y opposer.

Thèmes de conversations qui l'accrochent: toutes les histoires de bagarres dans l'entreprise et, plus globalement, de révolution, d'anarchie, de contestations.

Messages qu'il aime envoyer:

▶ *Enfant rebelle* → *Enfant rebelle*

avec désir de réponse parallèle.

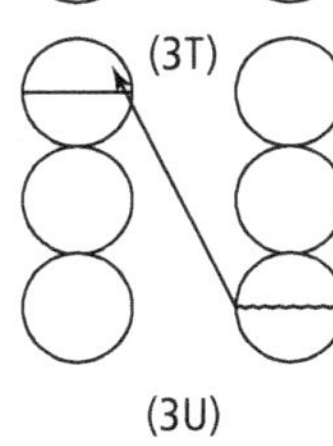

▶ *Enfant rebelle* ↑ *Parent critique*
en général, c'est plutôt une réponse qu'il fait au Parent critique persécuteur dont il ne supporte pas la tyrannie et auquel il veut «clouer le bec».

(3T)

(3U)

Messages performants à lui adresser : Dur ! Dur ! L'ENFANT REBELLE peut en effet envoyer paître tout le monde, c'est-à-dire :

- un PARENT CRITIQUE qu'il trouve trop tyrannique. C'est même son morceau de choix ! Mais aussi...
- un PARENT NOURRICIER qu'il trouve trop paternaliste ;
- un ADULTE qu'il trouve trop rasoir ;
- un ENFANT LIBRE qu'il trouve trop spontané ;
- un ENFANT ADAPTÉ qu'il trouve trop paillasson.

Reste une solution : lui adresser un message complice :

- ENFANT REBELLE → ENFANT REBELLE : *C'est révoltant, ces nouveaux horaires !* (Et encore, il peut rejeter un autre ENFANT REBELLE parce que sa révolte ne rejoint pas la sienne !)

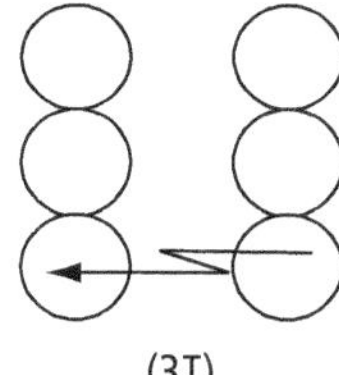

(3T)

Bien viser l'ENFANT REBELLE ⊕ : attention sinon à la complicité REBELLE – qui tourne aux récriminations stériles (p. 106).
Monter ensuite le plus vite possible en ADULTE → ADULTE, relation qui prend objectivement en compte l'objet de la révolte et détermine alors s'il y a vraiment lieu à révolte : *Examinons soigneusement ces nouveaux horaires.*
Autre solution possible :
ENFANT REBELLE → ENFANT LIBRE : *Tu as raison ! Dégoûtant ! On va amener des lits de camp au bureau...* En effet, l'ENFANT REBELLE est souvent proche de son ENFANT LIBRE et a en conséquence un certain humour. Message utile si sa révolte semble excessive ; pour passer ensuite dans une relation ENFANT LIBRE → ENFANT LIBRE qui dédramatise les faits : *Et attention ! Des lits de camp à deux places, si tu vois ce que je veux dire...*

Face à une personnalité à fort ENFANT ADAPTÉ

Comment la reconnaître : l'ENFANT ADAPTÉ est toujours préoccupé par le règlement, très soucieux de la hiérarchie et respectueux de « ce qui se fait » ou « ne se fait pas ». Il exprime facilement son admiration pour tel ou telle qui le « dépasse ».

Attitude plutôt «rentrée» : regard souvent dirigé vers le bas, jambe rarement croisée lorsqu'il est assis avec mains sagement posées sur les genoux.

L'ENFANT ADAPTÉ est cependant «très bon public» : rarement enjoué spontanément (il ne s'y autorise pas), il aime s'amuser sur l'initiative des autres et rira facilement (même s'il ne trouve pas cela follement drôle, par simple convenance…).

Expressions typiques : voir p. 25.

Les supérieurs hiérarchiques ENFANTS ADAPTÉS lorsqu'ils doivent exercer le commandement se réfèrent constamment aux ordres supérieurs (dont ils s'excuseraient presque à l'extrême : ce n'est pas leur faute si…). Ce sont d'excellents sous-chefs fort dévoués qui en cas de déso-béissance de leurs subordonnés menacent d'en référer à la hiérarchie supérieure (sous-entendu dont ils sont eux-mêmes victimes). Ils peuvent alors prendre le masque de PARENT CRITIQUE PERSÉCUTEUR (*cf.* son lien interne privilégié avec l'ENFANT ADAPTÉ p. 27).

Aspect relationnel dominant : la DÉPENDANCE. Il recherche à quelles consignes, quelles personnes se référer. L'ENFANT ADAPTÉ ⊕ nage comme un poisson dans l'eau parmi le règlement qu'il suit à la lettre avec une facilité et un bonheur déconcertants.

Thèmes de conversations qui l'accrochent : la hiérarchie, les règle-ments, les lois, les critiques artistiques, tout ce qui vient d'en haut.

Messages qu'il aime adresser :

> ▌ *ENFANT ADAPTÉ* ↑ *PARENT CRITIQUE*

avec souvent désir secret de réponse plutôt PARENT NOURRICIER ↓ ENFANT LIBRE. Cela est particulièrement perceptible chez l'ENFANT ADAPTÉ ⊖ SOUMIS : *Mon travail est-il suffisant pour ce soir ? = Je suis fatigué, plaignez-moi.* Sous couleur de soumission, il y a demande de protection.

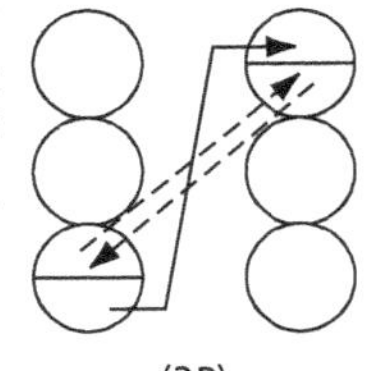

(3P)

> ▌ *ENFANT ADAPTÉ* → *ENFANT ADAPTÉ* avec désir de réponse parallèle (attention en ce cas aux jéré-miades complices entre ENFANTS ADAPTÉS ⊖ : (p. 106).

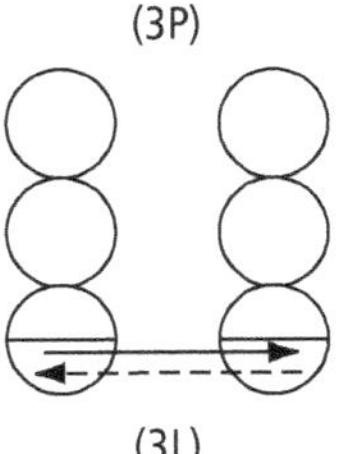

(3L)

Messages performants à lui adresser : viser son ENFANT ADAPTÉ ⊕ ou se comporter soi-même en ENFANT ADAPTÉ ⊕

▸ *ENFANT ADAPTÉ* ⊕ → *ENFANT ADAPTÉ* *Peut-on s'absenter sans risque avec un certificat médical ? Bien viser l'*ENFANT ADAPTÉ ⊕ *pour éviter les jérémiades.*

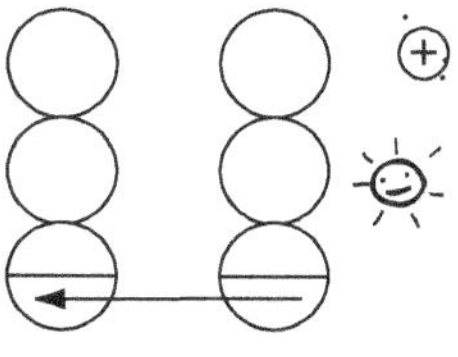

(3L)

▸ *ENFANT ADAPTÉ* ⊕ ↗ *ADULTE : Pensez-vous qu'il soit sans inconvénient que je parte en avance si j'ai bouclé le programme ? Semi-diagonale dont nous avons déjà signalé les performances (5F). Attention en ce cas à ne pas éveiller sa* SOUMISSION : *être très* ⊕.

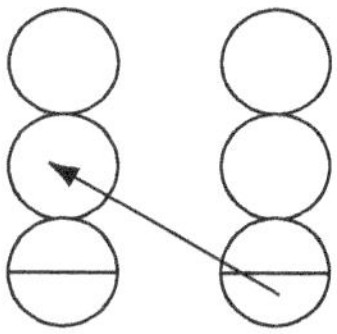

(5F)

▸ *ADULTE* ↘ *ENFANT ADAPTÉ* ⊕ : *Si vous arrivez une demi-heure en avance, il est logique que vous vous permettiez de partir une demi-heure en avance. Semi-diagonale descendante (5C) bien perçue par l'*ENFANT ADAPTÉ *sauf s'il est supérieur hiérarchique ! À éviter soigneusement en ce cas !*

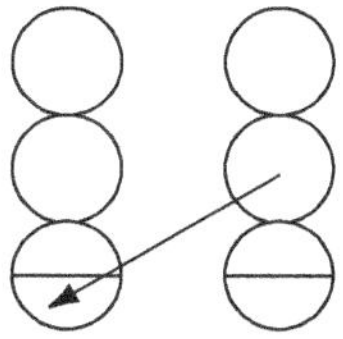

(5C)

Ces deux derniers messages permettront d'embrayer une relation ADULTE → ADULTE souhaitable : en effet, les conversations entre ENFANTS ADAPTÉS même ⊕ ne vont jamais très loin : elles tournent autour de l'institution, des ordres, des règlements, des valeurs établies sans jamais rien remettre en question. La seule préoccupation de l'ENFANT ADAPTÉ est : comment s'adapter au mieux à l'ordre établi ?

Ne pas oublier qu'un ENFANT est un ENFANT (!) et qu'il peut donc facilement passer dans son ENFANT LIBRE : on peut engager facilement avec certains interlocuteurs une relation ENFANTS LIBRES (*Viens boire un pot, personne ne nous verra !*) sauf avec un supérieur bien sûr !

Éviter la relation PARENT ↓ ENFANT : votre interlocuteur ENFANT ADAPTÉ accrochera certainement dans l'immédiat, mais à long terme, le malaise puis le conflit risquent de surgir (p. 70).

Face à une personnalité à forte dominante PARENT, ADULTE *ou* ENFANT, *la règle de base est de se placer dans le même état du moi que son interlocuteur et de lui adresser des messages «horizontaux» d'égal à égal.*

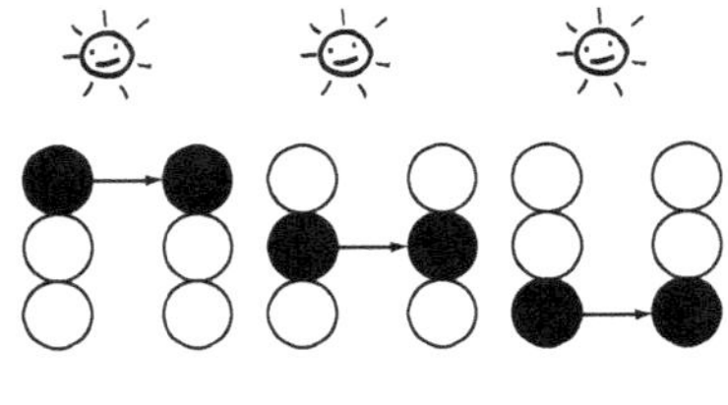

Ainsi communique-t-on sur la même longueur d'ondes.

Si cela est impossible (face à un fort PARENT *ou* ENFANT*), deux solutions au choix :*

*– vous placer dans le même état du moi que votre interlocuteur (*PARENT *ou* ENFANT*) mais vous adresser à son* ADULTE*. Ainsi peut-on faire changer d'attitude la personne en face de soi* (et il y en a qui en ont bien besoin !)*;*

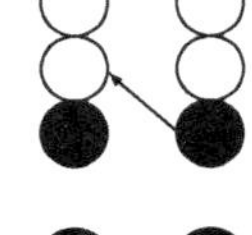

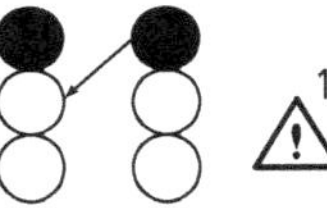

– vous placer dans votre ADULTE *et, à partir de celui-ci, vous adresser à l'état du moi dominant de votre interlocuteur (son* PARENT *ou son* ENFANT*). Ainsi préserve-t-on son intégrité personnelle.*

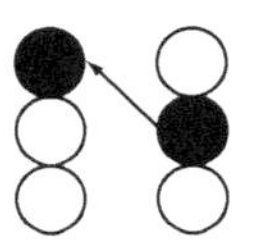

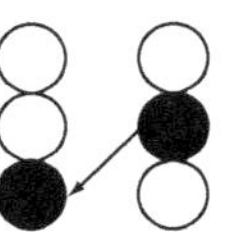

---

14. ⚠... sans oublier la difficulté de ce message descendant. Mais à ce stade de votre lecture, plus rien ne vous arrête !

Que répondez-vous à un supérieur qui risque de vous retarder ?

C'est cette fois votre supérieur hiérarchique qui vous demande d'aller lui faire une tonne de photocopies. Or (p. 36) vous êtes en retard et avez rendez-vous au théâtre…

C'est un chef soucieux de son autorité. Imaginez quelques habiles réponses vous permettant d'esquiver cette corvée et de vous en tirer à bon compte.

Face à un chef PARENT CRITIQUE :

Face à un chef ADULTE :

Face à un chef PARENT NOURRICIER :

Face à un sous-chef ENFANT ADAPTÉ :

(Propositions de réponses possibles p. 201).

Chapitre 9

L'ART DE DÉCOUVRIR LES RICHESSES INTÉRIEURES D'AUTRUI

Nous le disions déjà en début de chapitre 1, il ne faut pas considérer tout ce qui précède comme un ensemble de recettes applicables au coup par coup, mais plutôt comme un système d'introduction à une bonne communication qui deviendra peu à peu naturelle et spontanée, un système destiné en cas de difficulté à ne pas rompre la relation avec autrui sans toutefois faire soi-même des concessions à sa propre dignité :

▶ *d'abord parce que le monde du travail oblige à entretenir des relations avec des personnes vers lesquelles on n'est pas naturellement attiré ; autant alors établir avec ces gens-là une communication réelle, l'ambiance en sera immédiatement métamorphosée et l'on connaît l'importance ne serait-ce que pour la santé d'un bon climat relationnel au travail ;*

▶ *ensuite, parce qu'à force de ne pas rompre ou fuir la communication avec des personnes qui a priori semblaient peu intéressantes, on se met à découvrir des univers très différents du sien propre, des univers qui finissent qu'on le veuille ou non par nous enrichir de cette différence précisément. À rester en permanence avec des personnes semblables à soi-même, on finit par gentiment ronronner et… ne plus évoluer.*

Cela sous-tend un état d'esprit positif (+ +) tel que nous l'avons décrit au chapitre 1. La récompense, c'est que lorsqu'on a goûté à cette richesse de la différence, cela peut entraîner toute une philosophie de vie nouvelle, motivée par une curiosité intellectuelle de plus en plus grande de l'autre. Ce qui entraîne un développement plus vaste de soi-même tant sur le plan affectif que sur le plan cérébral, un épanouissement de la personne tout entière qui sort d'elle-même pour se tourner vers autrui. Ce qui la rend désirée par chacun et recherchée par tous. Qui n'a pas rencontré de telles personnalités, avec lesquelles la conversation n'est jamais tout à fait banale ? et qui mieux est, nous donnent l'impression d'être nous-mêmes plus intelligents qu'à l'habitude ?

Bien communiquer, c'est rechercher et explorer les différences

L'humanité se compose de deux catégories principales de personnes :
- *celles qui accueillent la différence et acceptent les autres en tant que tels avec leur originalité et leur unicité ;*
- *celles qui refusent la différence et rejettent tous ceux qui ne sont pas semblables à eux-mêmes en les ignorant ou les méprisant ou en cherchant à les convertir.*

Les premières s'enrichissent au contact de la diversité, persuadées que chacun possède des qualités propres dont la mise en commun peut profiter à tous, convaincues que c'est la diversité et non l'uniformité qui fait la richesse d'une société.

Les secondes se stérilisent dans leur intolérance faite d'exclusion, persuadées d'être les seules à être dans le Vrai, convaincues que seules l'uniformité et la conformité à une normalité font la beauté d'une société. Entre ces deux extrêmes, il y a des réalistes qui, bien que fortement attachés à leurs valeurs personnelles, ont compris que le temps de l'individualisme pur et dur était bel et bien terminé pour qui veut réussir sa vie sociale et professionnelle en ce début de siècle ; ils ont pris conscience que ceux qui connaissent succès et réussite sont à présent les personnes qui possèdent des qualités leur permettant une vie de groupe harmonieuse débouchant sur un travail productif dépourvu de querelles paralysantes dues la plupart du temps à la méconnaissance de l'autre.

Rien dans notre éducation malheureusement ne nous a disposés à accepter la différence et il est vrai que le simple fait de ne pas comprendre autrui engendre souvent irritation et rejet. Apprendre simplement à connaître comment fonctionnent des personnalités différentes des nôtres amène très vite à une véritable écoute et compréhension d'autrui. Non point qu'il s'agisse de renier nos convictions propres. Mais les confronter sincèrement à la différence se révèle vite d'un enrichissement sans pareil. Cela amène à mettre bas ces normes souvent inconscientes qui nous entravent dans la perception de ce qui nous est étranger et nous dépasse. Quand la citadelle est faible, on en renforce les murailles et... on s'étiole à l'intérieur ; quand elle est forte, au contraire, commencent les échanges, le commerce, l'épanouissement et l'enrichissement.

Mais cela demande tout un apprentissage et rien de sérieux ne nous y a préparés : l'école en particulier fonctionne encore à 90 % selon des critères de travail individualistes : compétition personnelle, travaux de groupe quasi inexistants, collaboration spontanée des enfants taxée de tricherie, etc. L'école ouvre peu aux notions de relativité et diversité en imposant encore un modèle culturel unique et en se référant à des valeurs présentées comme universelles. C'est pourquoi ensuite, dans le véritable univers, celui du monde du travail, les entreprises de pointe doivent à prix fort cher organiser des cycles de formation destinés à apprendre à leurs salariés à écouter, accepter, comprendre, bref à communiquer ; et à instaurer, tant à l'intérieur dans les équipes qu'à l'extérieur avec la clientèle, de bonnes relations. Parce que là, compétitivité oblige, on a maintenant compris que fini le temps de l'individualisme borné et des rivalités intestines : à l'époque où sciences et techniques entrent dans une telle complexité que personne ne peut plus même dans son propre domaine tout savoir sur tout, seul un travail d'équipe harmonieux, c'est-à-dire où s'effectue une véritable communication, peut amener une entreprise à la réussite.

Malheureusement, tous n'ont pas droit à ces super-recyclages. Et ce parmi ceux qui en auraient peut-être le plus besoin : des enseignants (qui n'ont même pas eu de formation psychopédagogique à la communication), des médecins, des fonctionnaires, des salariés, des professions commerciales, etc. Ceux qui veulent percer ou simplement sortir de la médiocrité doivent parfois se doter, à grands frais, d'un recyclage personnel.

Puisse ce livre leur donner toute facilitation pour atteindre une véritable maîtrise de la relation à autrui.

■ Ces gens qui donnent la sensation d'être soi-même plus intelligent...

Les personnes qui savent communiquer réellement font don de cet épanouissement intellectuel qui est le leur : ce sont ces merveilleux interlocuteurs qui nous donnent le sentiment, lorsque nous conversons avec eux, d'être nous-même plus intelligent qu'à l'habitude, ou du moins qui savent nous faire donner, intellectuellement parlant, le meilleur de nous-même, comme s'ils avaient le don d'extraire au plus profond de leur partenaire un monde de richesse insoupçonné.
Nul doute que ces personnes-là savent pénétrer la pensée d'autrui, s'en imprégner et engager avec lui un véritable dialogue. Comment ?
C'est que d'abord elles ont su comprendre leur interlocuteur en l'écoutant réellement. C'est ce travail d'écoute que nous nous proposons maintenant d'analyser et d'approfondir.

■ Bien communiquer, c'est d'abord savoir écouter

Très souvent il arrive, si vous êtes de bonne compagnie, que quelqu'un vienne vous exposer un problème qui le préoccupe. En général, dans un cas pareil, les messages dominants de la personne en question sont ENFANT ↗ ADULTE.
Exemple :

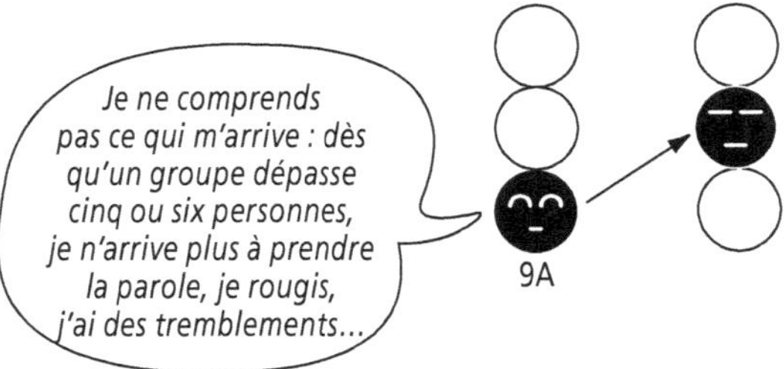

En ce cas, l'attitude de celui qui reçoit un tel message est déterminante.

Le psychologue PORTER a repéré six comportements du plus bloquant au plus encourageant. Nous allons les présenter interprétés à la lumière de l'Analyse Transactionnelle. Nous en ajouterons un septième remarquable par ses performances sur le plan relationnel.

Trois comportements PARENT

La réponse – évaluation

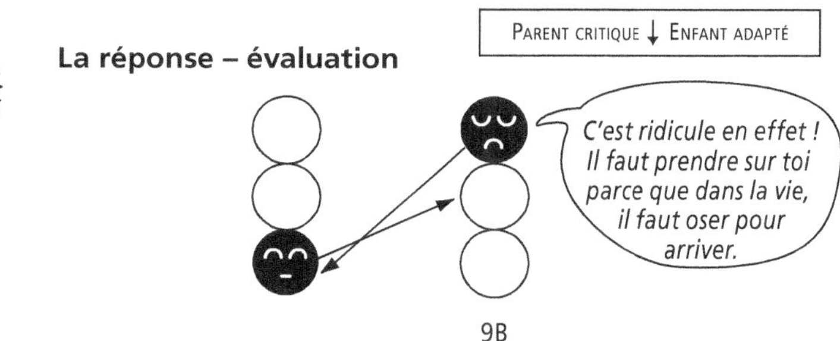

C'est la réponse la plus bloquante parce qu'elle consiste à porter des jugements de valeur sur ce que dit l'autre au lieu de l'aider à résoudre son problème. C'est en fait une réponse de DOMINATION, diagonale descendante (+ –), bien connue à présent du lecteur pour ses « qualités » destructrices (p. 42).

Certes, parfois le jugement peut être positif, mais tout jugement reste un message de domination qui enfonce autrui dans la dépendance.

La réponse – soutien

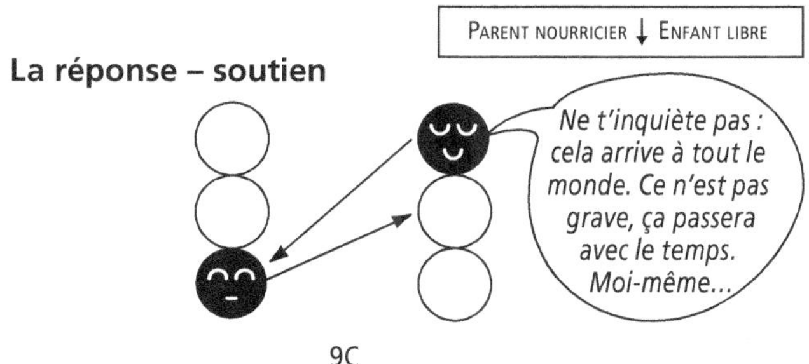

Très encourageante dans un premier temps, puisqu'elle apporte aide et soutien à l'interlocuteur. Elle fait souvent référence à une communauté d'épreuves (*Moi-même aussi tu sais...*).

Mais c'est malgré tout un message de SUPÉRIORITÉ, diagonale descendante (+ −) qui même en ce cas finit toujours, nous l'avons vu, par entraîner la DÉPENDANCE chez autrui.

De plus, dans la réponse-soutien à tout prix, il y a risque de banalisation du problème (*Ne t'en fais pas, ce n'est rien*), et l'interlocuteur ne se sent pas pris au sérieux.

C'est pourquoi, si cette attitude de dialogue peut à court terme libérer l'autre en l'encourageant à s'exprimer, elle ne résout cependant pas son problème et l'enferme encore plus dans ce dont il voudrait précisément se libérer.

La réponse – solution

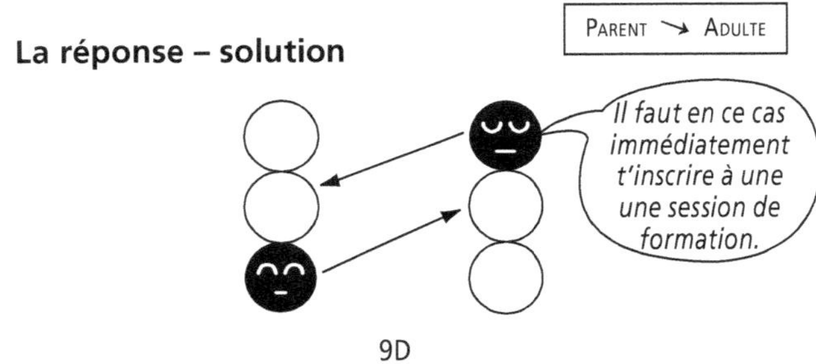

9D

Cette réponse part d'un bon mouvement : la réponse expose un problème, on lui trouve une solution (rapide et efficace). C'est un message PARENT (+) ↘ ADULTE qui part souvent du PARENT CRITIQUE NORMATIF, mais parfois également du PARENT NOURRICIER DONNANT (pp. 21-22).

Malheureusement ce message semi-diagonal descendant (5G) rend rarement service à l'interlocuteur : une solution si rapide se révèle souvent inadaptée et les personnes qui cherchent ainsi des issues immédiates aux problèmes des autres sont mal à l'écoute de ceux-ci. D'avance ils cherchent la solution selon l'idée personnelle qu'ils se font de l'autre (une projection de soi-même le plus souvent), au lieu de chercher à le comprendre réellement, lui, et à mieux pénétrer son problème dans sa perspective propre.

La transaction qui s'ensuit montre d'ailleurs qu'il y a dialogue de sourds (pseudo-parallèles mais qui au lieu d'être horizontales sont semi-diagonales).

Par ailleurs, le danger de la réponse – solution est qu'elle dégénère en PARENT (−) ↓ ENFANT (−) ADAPTÉ SOUMIS : *Tu dois te soigner immédiatement en allant à l'institut Carnegie. Je te prends immédiatement un*

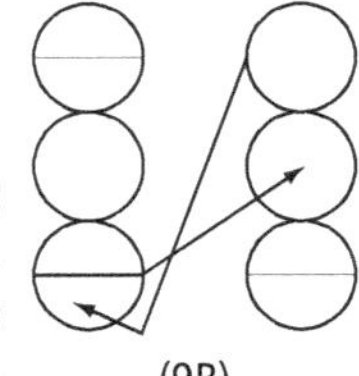

(9B)

rendez-vous! LE PARENT est alors devenu CRITIQUE PERSÉCUTEUR et/ou NOURRICIER SAUVEUR. On en revient en fait à la réponse-évaluation 9B.

Trois comportements ADULTES

La réponse – explication

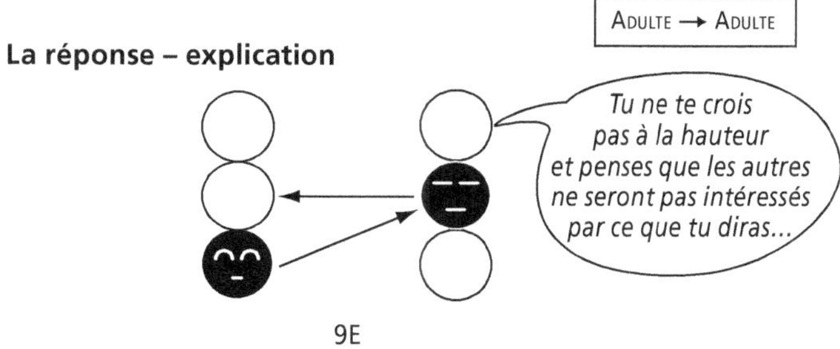

Cette réponse fournit une explication au problème de l'interlocuteur. Le message est horizontal, la transaction est rebond : tout pour réussir la communication. L'intention donc est bonne à condition de ne pas être une explication hâtive qui se réfère plus aux critères de celui qui répond qu'à ceux du partenaire et qui en ce cas peut tomber tout à fait à côté.

Attention : une réponse explication doit bien être ADULTE → ADULTE (elle propose une explication objective dénuée de tout jugement de valeur), sinon on tombe sur le même écueil énoncé pour la transaction précédente (9D), mais en plus larvé, parce que cela peut donner lieu à un message caché de type $\boxed{+ -}$, et peut dégénérer en réponse-interprétation « psy sauvage » du style : *Tu es comme cela parce que tu as peur qu'on ait une mauvais opinion de toi et que tu veux être le meilleur!*

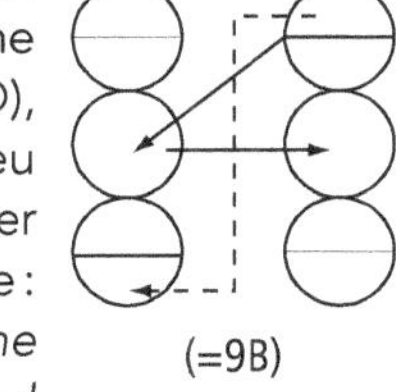

(PARENT CRITIQUE ↓ ENFANT ADAPTÉ). On en revient plus subtilement à la réponse évaluation (9B), mais de façon cachée avec toutes les possibilités pernicieuses de mauvaise foi que cela permet (p. 139).

Par ailleurs, nous avons dénoncé le « mal vécu » des interprétations « psy » en situation non thérapeutique : c'est un véritable acte de violence psychique qui entraîne vexation et conflit. Certaines personnes s'y entendent à merveille hélas, surtout lorsqu'elles détiennent un pouvoir hiérarchique…

La réponse – information

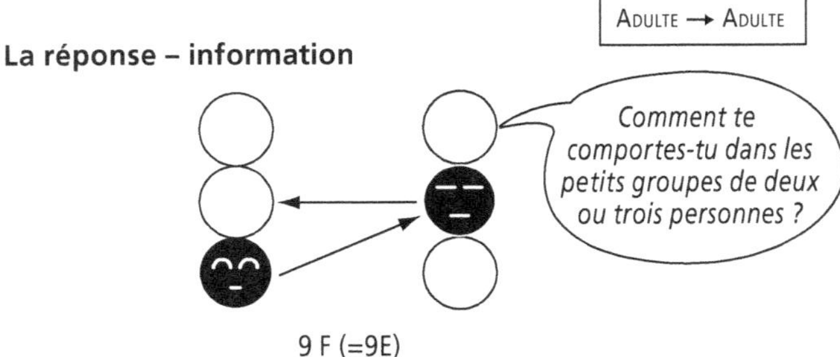

Ce genre de réponse consiste à poser des questions pour mieux comprendre le problème de l'autre. Cette attitude peut être très positive en permettant de mettre au jour des aspects du problème qui avaient échappé à l'interlocuteur.

Bien entendu, ce style de réponse ne peut se suffire à lui-même et devra déboucher sur une autre attitude d'écoute et de dialogue (voir ci-dessous).

Attention : les questions ne doivent pas pleuvoir comme grêle sur un innocent : cela pourrait tourner à l'interrogatoire, ce qui est mal perçu en général…

La réponse – reformulation (empathie)

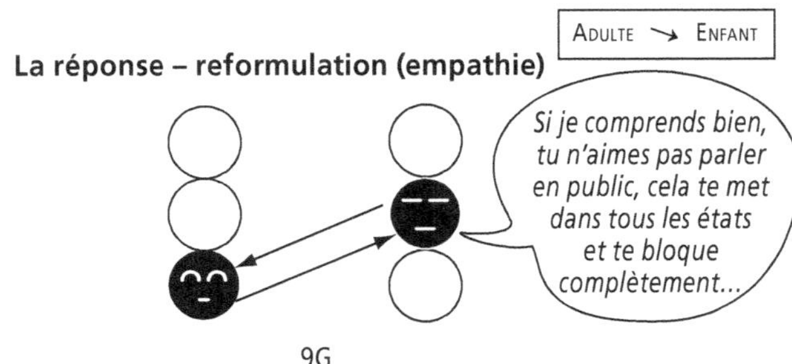

Cette réponse reprend les propos de l'interlocuteur, mais reformulés en d'autres termes : elle peut les résumer, les synthétiser, etc. mais ne jamais les trahir. Rien n'est alors plus agréable pour autrui qui se sent vraiment pris en compte et profondément compris.

Cette action de pénétrer et partager la pensée de l'autre s'appelle EMPATHIE.

Cette technique a été mise au point par Carl ROGERS qui pensait que la relation ADULTE → ADULTE (5E, F) était réfrigérante face à l'ENFANT qui s'adresse à vous. De plus, cette relation Adulte → Adulte use parfois d'interprétations abusives (voir ci-dessus). Pour Rogers, seul celui qui expose son problème peut trouver la solution, aidé «simplement» par le miroir de celui qui l'écoute.

On constate que la transaction est parallèle, ce qui est l'indice d'une bonne communication.

À la longue cependant, ce style de réponse en semi-diagonale descendante (5C) risque de devenir pénible pour l'interlocuteur si elle est systématiquement utilisée (il ne faut en fait jamais abuser d'une stratégie unique même si elle est bonne, car elle est vite perçue par autrui comme un artifice) : il peut être agaçant de voir sans cesse sa pensée reformulée (*Suis-je donc si peu clair ?*) et qu'on le veuille ou non, toute semi-diagonale descendante marque de la part de celui qui répond une position de supériorité objective et peut finir par être perçue par celui qui la reçoit comme étant vaguement Parentale (*Il a l'air de dire que je m'exprime mal…*).

Que faire alors ?

Les tenants de l'Analyse Transactionnelle utilisent souvent un septième style de communication :

Un comportement double Adulte & Enfant

La réponse – participation (sympathie)

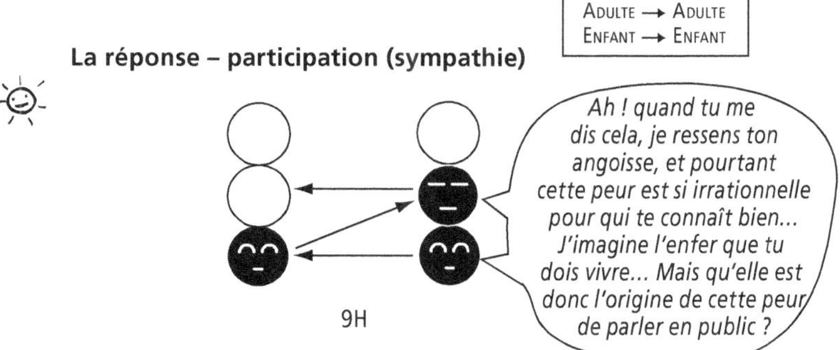

C'est ici l'Enfant libre (sentiments) de celui qui répond qui s'exprime en même temps que son Adulte (rationalité) : il s'agit ici de *sympathie* au sens étymologique (partage des émotions et sentiments) de l'Enfant qui vient se rajouter à l'*empathie* de l'Adulte faite de compréhension purement intellectuelle. Ainsi tout à la fois, l'Enfant vibre au diapason de l'autre tandis que l'ADULTE cherche à comprendre : la transaction est doublement rebond (à la fois ricochet et boomerang) ce qui fait deux états du moi communs : ENFANT et ADULTE.

L'ENFANT, ici, semble plutôt LIBRE, mais pas exclusivement : si le premier interlocuteur est dans son ENFANT ADAPTÉ, l'écoutant partagera ce même sous-état du moi : *Comme je comprends que tu n'oses pas…* ; il peut s'agir également d'une communauté d'ENFANTS REBELLES : *Oui, c'est dégoûtant qu'on nous oblige à parler en public sans nous avoir donné de formation !* Il est vrai cependant que pour être libérateur ce type de dialogue devra tendre vers l'ENFANT LIBRE.

L'ADULTE pourra quant à lui utiliser dans ce contexte, de temps à autre et à bon escient, les réponses ADULTE → ADULTE *EXPLICATION* sous forme d'hypothèse (*Ne penses-tu pas que…*) et *INFORMATION* sous forme de questionnement d'approfondissement (*Y a-t-il eu une occasion où cela ne t'a pas gêné ?*). <u>Sans abus</u> de l'un ou de l'autre.

En équilibrant bien les horizontales ENFANTS et ADULTES, ces transactions doublement rebonds deviendront également doublement parallèles : une communication qui a donc beaucoup d'atouts.

Ce style de relation était particulièrement utilisé par A. S. NEILL[15] qui remettait sur les rails les enfants à problèmes de son école. L'exemple le plus frappant est celui de ce jeune garçon qui brisait les vitres de l'établissement en envoyant régulièrement un caillou dans les fenêtres. Un jour NEILL le surprend et, pris d'une impulsion subite, ramasse quelques pierres et se met à les jeter dans les carreaux en invitant l'enfant à faire de même ! Moment de communication suprême entre NEILL, qui y prend lui-même un plaisir extrême, et le gamin qui pour la première fois se sent compris et accepté à part entière (ENFANT → ENFANT). Ensuite ils discutèrent (ADULTE → ADULTE). NEILL admit que c'était follement amusant, mais que malheureusement ce jeu répété risquait d'entraîner la ruine de l'école, etc. Jamais plus cet enfant ne cassa un carreau.

---

15. A. S. NEILL, *Libres Enfants de Summerhill*, Maspero.

Les différents styles de psychothérapies

La relation à un professionnel n'entre pas dans le même cadre que les relations interpersonnelles : c'est pourquoi les psychothérapeutes peuvent généraliser un style de communication qui serait insupportable dans une relation courante.
On peut dire que chaque école thérapeutique a son style de réponse.

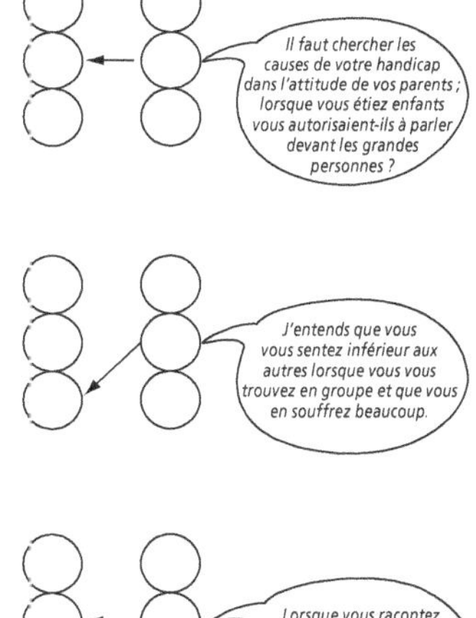

L'école freudienne

L'analyse des réponses données par l'école freudienne en termes d'analyse transactionnelle montre qu'elle privilégie la réponse Adulte → Adulte.

L'école rogérienne

est centrée sur l'écoute et l'empathie ; en termes d'analyse transactionnelle, elle privilégie la relation Adulte ↘ Enfant (en certains cas Adulte ↗ Parent).

Les écoles humanistes

(Analyse Transactionnelle, Gestalt, etc.) privilégient le partage des sentiments et des explications rationnelles qui y président : Adulte → Adulte/Enfant → Enfant.

▨ Jouer, sur tous les tableaux

En fait, si ce dernier style de réponse est très performant, il ne faut pas pour autant complètement rejeter les autres comportements : une bonne écoute sera faite d'un panachage de tous les styles de réponses dont aucun ne devra être exclusif par rapport aux autres. Seul le dernier décrit (*PARTICIPATION*) peut être majoritairement utilisé sans danger de rupture de communication.
Nous le disions déjà plus haut, les comportements Adultes sont très utilisables si on procède discrètement : quelques questions

d'*INFORMATION*, quelques propositions d'*EXPLICATION* sous forme d'hypo-thèses (surtout pas d'affirmations péremptoires !), le tout de temps en temps synthétisé et *REFORMULÉ* peut grandement faire avancer le dialogue.

Ne pas négliger non plus quelques touches PARENTALES : quelques pro-positions de *SOLUTION* (pas d'affirmations péremptoires là non plus !) assorties de *SOUTIEN* moral chaleureux peuvent être très efficaces. Le tout sans excès pour ne pas infantiliser l'interlocuteur : l'assistanat n'a jamais rendu service à personne. Seule la réponse *ÉVALUATION* a été sévèrement stigmatisée : voire… parfois un *bref* jugement *positif* peut être source de… ressourcement. À utiliser avec précaution cependant.

L'ensemble à manier par touches légères et alternatives avec une préférence pour l'ADULTE, le tout sur fond de *PARTICIPATION/SYMPATHIE*. À partir d'une telle attitude d'écoute, non seulement vous rendrez ser-vice à autrui, mais vous pénétrerez dans un univers de découvertes insoupçonnées aux ressources illimitées.

Pour dialoguer efficacement avec un interlocuteur qui vous expose un problème personnel :
– Évitez la réponse-évaluation (9B) ;
– Utilisez toutes les autres réponses de façon aussi répartie que possible ;
– Privilégiez la réponse-participation (9H).

Que répondez-vous à un collègue démoralisé ?
Votre collègue Camille (p. 130) est « retourné(e) » : il (elle) vient d'ap-prendre les bruits que faisait courir sur lui (elle) son supérieur – le vôtre par la même occasion – sur sa soi-disant propension à boire. Accablé(e) il (elle) vous confie : *Quoi que je fasse, il ne voit que le côté négatif. Et ça me rend malade de ne pas avoir son estime, alors que je me défonce au travail…*
Que lui répondez-vous spontanément ?

Analyser cette réponse selon le descriptif du chapitre.
Formulez-en d'autres, peut-être meilleures, en vous inspirant des transactions de 8A à 8H.

(propositions de réponses possibles p. 202)

SE DÉVELOPPER SOI-MÊME

Le cadeau-bonus d'une bonne communication : un plus grand développement intellectuel

Mieux communiquer avec les autres devient, nous l'avons vu, une quasi-nécessité sociale à notre époque. Mais au-delà des avantages relationnels qu'une telle maîtrise procure, il y en a un autre et pas des moindres : un progrès intellectuel sans pareil dû au fait que toute personne qui se décentre d'elle-même pour s'ouvrir aux autres voit son intelligence faire un bond prodigieux en avant.

Il faut ici se référer aux travaux de PIAGET[16] sur l'intelligence, dont un des aspects les plus intéressants est de montrer que le développement de l'individu passe par une série de décentrations successives qui lui permettent de sortir peu à peu de sa propre subjectivité pour assimiler celle des autres et de s'ouvrir ainsi à la richesse de la diversité d'autrui en faisant sienne une multitude d'approches différentes telles, disait

---

16. PIAGET (1896-1980) : épistémologue, comme il se qualifiait lui-même, c'est-à-dire chercheur sur la connaissance : comment celle-ci vient-elle à l'individu ? C'est pour répondre à cette question qu'il observa avec son équipe de Genève des centaines d'enfants afin de comprendre la construction de l'intelligence chez l'être humain et sa façon d'assimiler, d'organiser les connaissances.

Montaigne[17] qui parlait déjà de «tête bien faite», *les abeilles qui pillottent deçà delà les fleurs mais qui en font après le miel qui est tout leur; ce n'est plus thym ni marjolaine.*

C'est ainsi que pour Piaget l'enfant puis l'adolescent doit effectuer, plusieurs «révolutions coperniciennes»: c'est là la condition *sine qua non* de l'accession à l'intelligence adulte.

Trois révolutions coperniciennes pour tout dire:

La première, entre 0 et 2 ans, se passe au niveau du corps et relativise chez le nourrisson ses sensations et perceptions qu'il croyait d'abord partagées par tous (égocentrisme n° 1): j'ai faim, j'ai mal et pas maman… elle ne s'en aperçoit pas, ne vient même pas… Et lorsque je joue et me cache la tête sous l'oreiller et qu'on n'y voit rien, on m'aperçoit quand même et on me trouve…

La deuxième, de 2 à 7 ans, relativise la prise de conscience que l'enfant se fait du monde qui l'entoure qu'il pensait d'abord universelle par rapport à l'idée qu'il en a (égocentrisme n° 2): non, la lune ne me suit pas vraiment lorsque je marche, ce qui est à gauche (à MA gauche) peut être en même temps à droite (de papa), et Marseille peut être aussi au Nord! Essayez d'expliquer à un enfant de quatre ans que *cette fourmi-là, regarde comme elle est forte de traîner cette paille vingt fois plus lourde qu'elle!*

Il vous rira au nez et vous expliquera (avec une certaine condescendance) que *non, vraiment non, une paille c'est vraiment pas lourd!*

Le troisième, propre à l'adulte, c'est la relativisation des concepts, théories et valeurs qu'adolescent on pensait d'abord universels (égocentrisme n° 3). Les idéaux, les religions, les systèmes sociaux, l'espace et même le temps sont relatifs…Tout dépend du point de vue où l'on se place, des critères auxquels on est attaché.

Cette dernière révolution est celle où l'on est censé parvenir à se doter d'instruments de compréhension pour tout ce qui est différent de nous-même. C'est celle qu'on n'achève jamais totalement: combien se déchirent encore pour prouver que ce sont eux qui ont Raison, qu'ils sont dans le Vrai et que leur propre mode de pensée est le seul valable (égocentrisme adulte).

Or c'est par la communication qu'on se décentre le plus de sa propre subjectivité et de son égocentrisme, en confrontant ses pensées à

---

17. Montaigne (1533-1592): *Essais I,26, De l'institution des enfants.*

celles des autres. Les plus ouverts à autrui deviennent ainsi, dans cette perspective piagétienne, les plus intelligents, l'intelligence étant alors définie comme la faculté de pouvoir construire dans sa tête le plus de solutions possibles afin de résoudre les problèmes d'un maximum de situations : c'est l'accès à la pensée hypothético-déductive, summum, d'après les psychologues, de la performance intellectuelle.

Cela est valable aussi bien pour l'enfant que pour l'adulte : pour tous, c'est la confrontation à la pensée d'autrui qui fait avancer sur le plan mental. Et cette confrontation, c'est par la communication qu'on la réalise. Non pas la communication conflictuelle où l'on reste enfermé dans son propre système parce qu'on cherche uniquement à plier les autres à soi-même, ni la communication soumise qui n'est qu'un rempart à l'agression et qu'on laisse glisser sur soi pour mieux l'oublier… ; mais la communication réelle et authentique faite d'échanges véritables – ce qui n'est pas toujours facile – et que ce livre s'est employé à décrire des techniques propres à faciliter ce véritable échange.

L'Adulte aux commandes

Pour en arriver là, le lecteur a pu constater que, lors de toute situation difficile, nous n'avons cessé de faire appel à l'état du moi Adulte.

Mais quel Adulte au juste ?

Le profil social idéal d'une personne serait-il celui d'un Adulte hypertrophié par rapport au Parent et à l'Enfant ?

Non ! La réalité sensible est plus complexe : un tel Adulte serait froid et inaffectif, nous l'avons vu[18], et peu propice à des relations sociales chaleureuses ou du moins équilibrées.

En fait, l'Adulte a besoin d'être nourri de l'énergie du Parent pour alimenter ses valeurs et de celle de l'Enfant pour s'énergétiser de sentiments.

Un Adulte contaminé, donc[19] ?

Non plus, un tel Adulte est un faux Adulte qui tranche, affirme, généralise au nom de principes qui n'ont que l'apparence du rationnel mais qui ne représentent que des expériences personnelles qui ne sont souvent que des blessures mal cicatrisées.

---

18. pp. 19 et 163.
19. p. 156.

Il s'agit ici d'un autre ADULTE, dit ADULTE INTÉGRÉ, un ADULTE qui *« intègre les deux autres états du moi comme un beau tableau intègre les lois esthétiques qui régissent la couleur et la perspective dans la peinture »*[20].

L'ADULTE INTÉGRÉ : un modèle de personnalité ?

Ce qui distingue l'ADULTE INTÉGRÉ de l'ADULTE HYPERTROPHIÉ, c'est qu'il est en contact avec ses émotions (intégration de l'ENFANT) et ses valeurs (intégration du PARENT) et saura les exprimer en toute occasion.

Ce qui distingue l'ADULTE INTÉGRÉ de l'ADULTE CONTAMINÉ, c'est qu'il exprime ses sentiments et valeurs, mais avec un certain recul, sans faire corps avec eux, en les secondarisant en quelque sorte, parce qu'il prend conscience que ceux-ci ne sont que le fruit d'une expérience personnelle et sont par là même tout relatifs. Ce qui l'amène à considérer les opinions et les passions d'autrui avec la même sérénité pour la même raison. Un ADULTE, bref, en passe d'achever sa (troisième) révolution copernicienne et qu'on reconnaît entre autres à une manière très spécifique de s'exprimer.

Cette relativisation dans la conduite de la pensée mène l'ADULTE INTÉGRÉ à ne plus affirmer péremptoirement la nécessité universelle de telle ou telle attitude, de telle ou telle décision, mais à avoir un comportement montrant que tout passe par la relativité de la représentation personnelle. Bref, un ADULTE dynamisé par des sentiments et valeurs, mais qui les présente comme siens et somme toute une fois de plus comme relatifs.

Son attitude sociale n'est donc plus, bien entendu, la dépendance ni la contre-dépendance, ni même l'indépendance centrée sur le moi. Elle tient compte d'autrui et du contexte social : c'est *l'interdépendance*[21].

Cela conduit à des *« décisions rationnelles négociées en commun et fondées sur des faits mais aussi des valeurs et des sentiments acceptés comme tels »* et non présentés comme des principes généraux ayant valeur universelle. Bref, la révolution copernicienne enfin achevée…

---

20. C. RAMOND. Ce passage et ce qui suit s'inspirent d'un remarquable article de cet auteur paru dans la revue *Actualités en Analyse Transactionnelle*, vol.16, n°63, 1992.
21. Voir p.164.

Une attitude idéale, vers laquelle on ne peut que tendre. Mais une attitude qui en vaut la peine parce qu'elle vous donne réellement accès à la communication vraie et ses ineffables richesses qui vont, nous l'avons vu, jusqu'à faire croître l'intelligence dans sa structure même.

Quant à l'affectivité…

…est-il utile d'en parler? Qui n'a pas connu ce bonheur que procure une relation faite de profonde compréhension et d'extrême complicité? C'est peut-être là le plus beau cadeau d'une véritable communication.

Une petite histoire simplement. Celle d'une personne dont le talent relationnel et le degré d'empathie/sympathie était tel qu'elle avait acquis la faculté de faire LE cadeau qui fait terriblement plaisir. Pas le plaisir «merci d'avoir pensé à moi», mais le plaisir du «comment avez-vous pu ceviner?». Tout le monde dans son entourage faisait appel à elle, lors c'une fête, d'un départ, d'une retraite. Et l'une des moindres consécuences fut que les échanges de cadeaux étaient devenus là où elle travaillait beaucoup plus nombreux que nulle part ailleurs. Cela avait été pour cette personne sa façon à elle de développer un talent relationnel cu'au début elle n'avait pas. Elle ne s'est bien entendu pas arrêtée là. Ce sont de telles personnes qui créent les enchantements de certaines entreprises…

Sans aller jusque-là, il suffit parfois d'un court dialogue, d'un simple mot parfois, d'un bref éclair de complicité pour donner un sentiment de bonheur indicible. Ces moments-là, il ne faut pas simplement les attendre, il faut aussi les créer afin d'ensoleiller sa vie. Il y a chez l'être humain un besoin fondamental de relation, et plus celui-ci est comblé de façon réelle et authentique, plus l'épanouissement de la personne est grand et son rayonnement intense.

RÉPONSES AUX TESTS

TESTS du ch.2 p. 35 : *Identifiez quelques états du moi.*

1. ENFANT LIBRE
2. PARENT CRITIQUE
3. ADULTE
4. ENFANT ADAPTÉ
5. PARENT NOURRICIER

... p. 36 : *Que répondez-vous à un collègue qui risque de vous retarder ?*

ADULTE	*Non, je ne peux vraiment pas. Regarde, il me reste tout cela à terminer et ne peux rester après l'heure : je dois aller au théâtre. Une prochaine fois où j'aurai le temps je te rendrai ce service sans problème.*
PARENT CRITIQUE	*Tu as trop de travail et moi aussi. Je ne peux, tu vois, prendre en charge le tien. Trop c'est trop, il faut que nous en référions là-haut parce qu'ils abusent vraiment de nous.*
PARENT NOURRICIER	*Oh ! ma pauvre vieille (mon pauvre vieux) ! Toi tu vas craquer ! Et je ne peux t'aider : j'ai trop de boulot moi aussi. Je vais demander à Camille s'il peut faire cela pour toi.*
ENFANT REBELLE	*Non ! Impossible ! Regarde : moi aussi ! Surchargé(e) ! Y'en a marre de tout ce boulot à rendre en si peu de temps. Viens ! On va en parler à qui de droit, il va nous entendre !*
ENFANT LIBRE	*Non, désolé(e), je ne peux pas, je ne peux pas. Moi-même tu vois... et mon théâtre ce soir Seigneur ! J'allais même te demander de l'aide parce que j'ai réellement la panique.*
ENFANT ADAPTÉ	*Oh ! Totalement impossible : regarde ce que je dois terminer pour demain ! Et le chef ne plaisante pas. D'ailleurs il n'aime pas trop qu'on se prête le travail. Il va falloir que tu restes là ce soir...*

TEST du ch.3 — p. 65 : *Faites une demande délicate*

ADULTE → ADULTE

Je suis très en retard et j'ai promis à Dominique de lui faire ses photocopies. Mais je ne vais pouvoir tenir ma promesse car j'ai un rendez-vous au théâtre. Peux-tu le faire à ma place, à charge de revanche ?

PARENT NOURRICIER → PARENT NOURRICIER

Dis donc, j'ai promis à ce(tte) pauvre Dominique de lui faire ses photocopies. Mais je suis surchargé(e) et connais mal le fonctionnement de la machine. Pourrais-tu t'en charger, il (elle) serait si heureux(se) ?

ENFANT LIBRE → ENFANT LIBRE

Dis, tu veux bien aller à ma place faire quelques tirages parce que j'ai rendez-vous ce soir avec qui tu sais... Et tu verras le nouveau petit (la nouvelle petite) qui s'occupe de la reprographie, mm... je ne te dis pas...

TEST du ch. 5 p. 93 : *Identifiez les réponses communication*

(3)	Réponse ADULTE ↗ PARENT CRITIQUE	(=5B)
(4)	Réponse ENFANT LIBRE → ENFANT LIBRE	(=3M)
(7)	Réponse ENFANT ↗ ADULTE	(=5F)
(10)	Réponse PARENT CRITIQUE → PARENT CRITIQUE	(=3C)
(12)	Réponse ENFANT ↗ ADULTE	(=5H)
(14)	Réponse ADULTE ↗ PARENT CRITIQUE	(=5D)

TEST du ch. 6 p. 130 : *Que répondez-vous pour esquiver une complicité calomnieuse ?*

(=6G) Réponse PARENT NOURRICIER → PARENT NOURRICIER
Quand on en arrive là, c'est qu'on a de gros problèmes. Nous devrions tous l'aider à s'en sortir.

(=6J) Réponse ADULTE → ADULTE
C'est la première fois que j'entends cela et pourtant je le (la) connais bien. Jamais personnellement je n'ai constaté un tel état de fait.

(=6E) Réponse ENFANT LIBRE → ENFANT LIBRE
Qui n'a pas eu ses petits moments de faiblesse ? Et les bons vivants ont un excellent caractère. Et si ce n'était pas vrai d'abord ?

(=6M) Réponse ADULTE ↘ ENFANT
Et d'avoir appris cela, quelle impression cela vous fait-il, M. le Directeur ?

(=6P) Réponse ENFANT ↗ ADULTE
Cela me fait mal d'entendre une chose pareille… Mais d'où peuvent venir ces bruits ?

(=6T) Réponse PARENT ↘ ADULTE
Si cela est vrai, c'est ennuyeux. Mais il faut d'abord vérifier si ce qui me semble pure calomnie est réellement fondé.

(=6R) Réponse ADULTE ↗ PARENT
Je n'ai jamais constaté cela, mais si c'était vrai, ne pensez-vous pas qu'il serait pardonnable avec les problèmes qu'il (elle) a eus ? Sans oublier que c'est l'élément dynamisant de l'équipe.

On peut également tenter une réponse parallèle au niveau des PARENTS CRITIQUES ⊕ NORMATIFS si le chef accepte ce genre d'égalité :

Réponse PARENT CRITIQUE → PARENT CRITIQUE
Notre premier devoir serait de nous assurer que ces bruits ne sont pas de purs ragots.

TEST du ch. 7 p. 150 : *Que répondez-vous à un supérieur désagréable ?*

Réponse 1 (=4ZC)

Enfant libre → Enfant libre

Pas du tout, M. le Directeur! Vous perturber dans votre travail pour un détail aussi anodin, vous n'y pensez pas! Savez-vous que je m'apprêtais même à oser me déplacer sans vous en demander l'autorisation!

Réponse 2 (=5N/P)

Enfant ↗ Adulte

Oh! M. le Directeur! Vous savez à quel point je suis sensible à vos conseils. C'est tout simplement que le soleil ne me gêne réellement pas.

Réponse 3 (=7ZB, ZE)

Adulte ↗ Parent critique ⊕ normatif

Je vous remercie beaucoup, M. le Directeur. Je me proposais de vous en parler mais vous me devancez toujours. Je suis à bonne école avec vous.
(Ne voyez là aucun message caché SVP! Ton froid et neutre).

TEST du ch. 8 p. 173 : *Que répondez-vous à un supérieur qui risque de vous retarder ?*

▶ *Face à un chef* PARENT CRITIQUE (ADULTE ↗ PARENT CRITIQUE ⊕) :
D'accord pour le faire le plus vite possible, mais si vous le permettez, pas cet après-midi. Vous m'avez demandé le travail sur lequel je mets actuellement la dernière main pour demain 8 h et je tiens à être de parole vis-à-vis de vous. Laissez-moi ces photocopies, je m'en occuperai demain si vous en êtes d'accord.

▶ *Face à un chef* ADULTE (ADULTE → ADULTE) :
Je ne le puis pas tout de suite ; vous savez l'importance du travail que je dois terminer pour demain 8 h : il m'est mathématiquement impossible de l'achever et de tirer ces photocopies.

▶ *Face à un chef* PARENT NOURRICIER (ENFANT LIBRE ↑ puis ADULTE ↗ PARENT NOURRICIER) :
Aïe ! Dur, dur ! C'est cela ou mon rendez-vous au théâtre manqué parce que je vais devoir alors rester tard ce soir. Je vous avoue que je ne m'en sens pas la force. Si, en revanche, vous aviez la bonté de reculer cette échéance pour demain 8 h, c'est avec plaisir que je m'occuperai de vos photocopies car j'aurai le temps nécessaire pour faire le tout impeccablement.

▶ *Face à un sous-chef* ENFANT ADAPTÉ (ENFANT ADAPTÉ → ENFANT ADAPTÉ) :
C'est avec plaisir que je l'aurais fait, mais vous savez que je dois rendre mon travail actuel pour demain 8 h et je tiens à vous le faire signer avant 17 h ce soir de façon à ce que vous puissiez le présenter à la direction dès l'ouverture comme promis. Sinon vous imaginez les réactions là-haut…

TEST du ch. 9 p. 186 : *Que répondez-vous à un collègue démoralisé ?*

Réponse-évaluation (=8B)

Écoute, tu charries aussi parfois avec la boisson à la cantine. Du coup il en oublie tout ce que tu fais de valable et c'est dommage parce que tu bosses bien.

Réponse-soutien (=8C)

Ne t'en fais pas : à force de travailler et d'animer l'équipe comme tu le fais, je t'assure qu'il finira par reconnaître ta valeur réelle.

Réponse-solution (=8D)

Nous allons intervenir auprès de lui pour qu'il reconnaisse tout ce que tu fais dans l'équipe et que cessent ces bruits sur ta soi-disant intempérance.

Réponse-explication (=8E)

C'est le coup classique : le moindre défaut fait oublier les plus grandes qualités. Et beaucoup de supérieurs pensent qu'il est bon de ne relever que les défauts de leurs subordonnés.

Réponse-information (=8F)

Mais comment as-tu appris cela ? Et qu'est-ce qui peut lui faire dire que tu bois ?

Réponse-reformulation (EMPATHIE) (=8G)

Oui je comprends : cela te blesse profondément de ne pas être jugé(e) à ta véritable valeur et qu'il colporte de telles calomnies sur toi…

Réponse-participation (SYMPATHIE) (=8H)

Ah ! mon pauvre vieux (ma pauvre vieille), j'en suis retourné(e) pour toi ! Se sentir ainsi non reconnu(e) et injustement accusé(e) alors que c'est toi qui fais marcher l'équipe. Voyons ce que nous pouvons faire pour que cesse cet état de choses.

BIBLIOGRAPHIE

Les classiques de l'Analyse transactionnelle

Berne E., *Que dites-vous après avoir dit bonjour ?* éd. Tchou, 1977.
Une vue exhaustive de l'Analyse transactionnelle par son créateur.

Berne E., *Des jeux et des hommes*, éd. Stock, 1975.
Sur les « jeux ».

Steiner C., *Des scénarios et des hommes*, éd. EPI, 1984.
La manière dont une personne programme inconsciemment sa vie.

Autres ouvrages de référence

Cardon A., Lenhardt V., Nicolas P., *L'AT, outil de communication et d'évolution*, éd. Eyrolles, 2015.
Apprendre à se connaître pour mieux se positionner dans ses relations.

Chalvin D., *Les outils de base de l'Analyse transactionnelle*, éd. ESF, 2009.
Avec beaucoup d'exercices.

Le Guernic A., *Sortir des conflits grâce à l'AT*, éd. InterÉdition, 2009.
Pacifier ses relations avec l'Analyse transactionnelle.

Ramond C., *L'homme inachevé*, éd. Desclée de Brouwer, 2009.
Pour une éducation émotionnelle.

Dépôt légal : Février 2016
Imprimé en Allemagne par BoD

44400 Rezé

www.ingramcontent.com/pod-product-compliance
Lightning Source LLC
LaVergne TN
LVHW010628060726
842527LV00013B/3132